银行营销实训系列

营销能力训练

宋炳方　著

经济管理出版社
ECONOMY & MANAGEMENT PUBLISHING HOUSE

图书在版编目（CIP）数据

营销能力训练/宋炳方著 . —北京：经济管理出版社，2014.5
ISBN 978 – 7 – 5096 – 3052 – 5

Ⅰ . ①营… Ⅱ . ①宋… Ⅲ . ①市场营销学 Ⅳ . ①F713. 50

中国版本图书馆 CIP 数据核字（2014）第 067966 号

组稿编辑：谭 伟
责任编辑：谭 伟 王 琰
责任印制：黄章平
责任校对：超 凡

出版发行：经济管理出版社
（北京市海淀区北蜂窝 8 号中雅大厦 A 座 11 层 100038）
网 址：www. E – mp. com. cn
电 话：（010）51915602
印 刷：北京银祥印刷厂
经 销：新华书店
开 本：720mm×1000mm/16
印 张：21. 25
字 数：296 千字
版 次：2014 年 10 月第 1 版 2014 年 10 月第 1 次印刷
书 号：ISBN 978 – 7 – 5096 – 3052 – 5
定 价：55. 00 元

关于本丛书的几点说明

一、本丛书以银行营销人员为主要阅读对象，以可操作性和实践性为着力点，围绕"如何做营销"（营销方法）和"用什么做营销"（银行产品）两大主题组织内容，基本涵盖了银行营销人员开展业务所需的主要方面。

二、本丛书的部分内容以我曾经公开出版过的著作为底本，纳入本丛书时，做了相应的修改与完善。

三、本丛书参考了众多金融类和非金融类图书，并得到了众多金融同业人士的帮助与指点，在此深表谢意。不当之处，亦敬希谅解。

四、本丛书利用业余时间完成，时间较紧，加之水平有限，肯定仍有不甚完善之处，今后如有机会将再加以认真修订。

五、为广大银行营销人员提供更多更有价值的帮助，是作者多年以来的心愿，希望本丛书的出版能达到该目标。

六、本丛书各册内容简介如下：

1.《营销方法新说》：本书基于中国历史文化传统，立足于中国当前社会现实，提出了一种用来指导银行营销人员如何开展营销工作的新框架，并分析了这一营销框架的运作基础。本书还提供了指导"个人"开展营销工作的具体策略。

2.《营销基础述要》：本书尽可能详细地介绍了银行营销人员应该掌握的基础内容，包括：客户经理制度、学习方法、素质提升方法、银行产品分类、营销工作规则、金融学及管理学等基础知识。

3. 《营销能力训练》：本书对银行营销人员营销技能类别及内容、作为营销技能提升重要途径的案例整理与观摩分别进行了介绍，并附大量试题供读者自测使用。

4. 《营销流程与技巧》：尽管银行营销人员的营销工作是高度个性化的，但了解营销工作的一般流程仍非常必要。本书将客户营销流程概括为确定客户拓展战略、搜寻和确定目标客户、拜访客户、围绕目标客户调研、识别客户风险、评价客户价值、同客户建立合作关系、合作关系维护众八个依次进行的环节，并对每个环节中应该掌握的工作技巧进行了介绍。

5. 《授信与融资》：本书在介绍授信知识及其操作要求的基础上，对流动资金贷款、法人账户透支、固定资产贷款、项目贷款、银团贷款、并购贷款、杠杆融资、信贷资产转让等常见的融资产品进行了介绍。此外，本书还专门分析了房地产融资这一银行当前非常重要的业务品种，并对银行如何向政府平台公司、普通高等院校、船舶制造企业、文化创意企业和中小企业等具有一定特殊性的客户提供融资服务进行了介绍。

6. 《票据融资》：本书在介绍商业汇票理论知识的基础上，对普通商业汇票贴现、买方与协议付息票据贴现、无追索权贴现、承兑后代理贴现、承兑与无追索权贴现组合、商业汇票转贴现与再贴现等票据融资具体业务品种进行了重点介绍。

7. 《供应链融资》：本书首先介绍了供应链及供应链融资的基础知识，然后分权利融资、传统贸易融资和新型贸易融资三部分对特别适合于向中、小企业提供的融资品种进行了介绍

8. 《信用金融》：本书主要介绍了承兑、开征、保函、承诺与代理五大类信用金融业务。

9. 《智慧金融》：智慧金融与融资、信用金融相辅相成，构成了完整的银行业务体系。本书重点介绍了财智管理、顾问咨询和同业合作三大类智慧金融业务。

前　言

解放战争时期，中国人民解放军所向披靡、势如破竹，打得国民党军队兵败如山倒，原因何在？记得陈毅在介绍争取国民党俘虏为我所用的时候，大致说过这么一段话：我们的士兵缴获了敌人的大炮，作战中明明用眼睛瞄准了，可就是打不准目标。被俘获的国民党士兵拿根小树枝，在地上比比画画，然后调整大炮的角度，一打一个准。原来被俘获的国民党士兵是在运用几何学原理来测量目标的距离以确定炮口，只有角度合适，打出去的炮弹才能正好落在目标上。用眼睛瞄得再准，由于炮弹不是平飞，肯定打不准。我们的士兵不懂得这个道理，而国民党士兵懂得。这从一个侧面说明国民党士兵的文化水平相对要高一些。当时国民党方面不仅士兵如此，将校军官更是如此。军校毕业，甚至从国外学成归国的比比皆是。而我方除少数高级干部有过留学或军校学习经历，绝大部分干部士兵是农民出身，大字不识一个。文化水平高的败给了文化水平低的原因，除民心向背、我方各条战线配合得好等因素外，关键原因是我军虽然文化水平低，但实战经验和技能丰富，争取胜利的信心足、动力大、作战勇猛。我军的作战经验和技能主要不是从书本中学来的，虽然我们党在当时也办有抗日军政大学等学校，但受到教育的毕竟是少数。我们大部分干部士兵的作战经验与技能哪里来的呢？毛泽东在《中国革命战争的战略问题》中说过一段话："读书是学习，使用也是学习，而且是更重要的学习。从战争学习战争——这是我们的主要方法。没有进学校机会的人仍然可以学习战争，就是从战争中学习。革命战争是民众的事，常常不是先学好了再干，而是干起来再学习，干就是学习。"毛泽东的这段话精辟地说明了实践才是提升技能的最重要的方式。当然，毛泽东也不否定借鉴经验的作用："读书是学习。"实际上，他也非常重视间接经验的借鉴，他酷爱读书，曾说不能一日无书。当年在瑞金，红军战士每次出征都给毛泽东带回一些报纸和图书，这使他高兴不已。

我军战胜国民党军队的经验和毛泽东对学习途径的论述对我们认识营销技能训练大有帮助。银行营销人员大都受过高等教育，缺的不是书本上的理论知识，缺的是实实在在的营销技能。因此，银行营销人员要提升自己的营销技能，就要积极参与到营销实践中去。只有客户见得多了、与客户打交道多了，才能找到营销的感觉。有关营销的书读得再多，如果没有亲身实践，见了客户也可能不知道说什么，更不要说把客户营销做到位了。但为了少走弯路，银行营销人员在积极从事营销客户实践的同时，也不要忘了学习别人的经验，即间接经验。当然，这时候读的书主要不应该是理论性较强的教材，而应该主要是与实践紧密结合的实践导向型书籍。

因此，本书介绍了大量营销技能与案例（这些案例也是从实践中来的），立意及出发点是鼓励银行营销人员多从营销实践中汲取提升营销技能的营养。

目　　录

上篇 营销技能储备

为增强自身的市场拓展能力，银行营销人员有必要掌握一些专门的技能，包括客户调研技能、客户评价技能、产品和服务组合技能、客户关系维护与管理技能、客户营销技能、人际沟通技能、展业技能、投标技能、行业分析技能、报告撰写技能、财务分析技能等。

★ 常见技能

一、调查技能

在进行具体调查前，应根据调查需要及调查对象的特点搞好调查指标与调查指标体系的设计。在进行此项工作时，还应注意重点完成以下工作：确定调查指标的名称、含义、内容与范围；确定调查指标的计量单位；确定调查指标时间界限和空间范围。

如采取问卷的形式开展调查，还应搞好询问表的制作。制作询问表时应该使编制的问卷达到全面、精确、易回答、有逻辑性的要求。在进行询问时，关键是要创造融洽的气氛。

一般来讲，调查内容包括市场环境调查（竞争者情况、技术发展状况、行业发展状况、政策环境状况等）、市场需求及容量调查、消费者调查、产品调查及企业调查。

在调查结束后，可采用简单分组和复合分组的方法对调研资料进行整理。

二、产业、行业及企业分析技能

分析方法主要有：

1. 判别分析法

这是一种定性分析方法。

2. 回归分析法

即估计自变量影响因变量变化的程度，如价格下降对销售额增长的影响程度，价格是自变量，销售额是因变量。当自变量只有一个时，称为简单回归；当自变量有多个时，称为多样回归。

3. 聚类分析法

这种方法的核心思想是把相关因素集合在一起加以分析。

4. 趋势分析法

即对未来发展前景进行预测。

5. 描述性模型

即运用过去调查形成的模式进行调查。

在进行产业和行业分析时，需注意的事项包括：

（1）在分析本产业（行业）现状及发展趋势时，应考虑相关产业对本产业的影响。

（2）产业（行业）分析应重点放在产业（行业）的地区分布、发展概况及存在问题、产业（行业）的经济特征、近些年的运行态势、产业（行业）内竞争状况、产业政策、产业（行业）的技术装备、制约其发展的因素、发展潜力与前景、产业（行业）内主要企业分析、国际产业（行业）状况及其影响。

（3）产业（行业）分析报告要数据充分，有说服力，避免空洞。

（4）要同开展投资银行业务的机构加强个人联系，从中获取有价值的研究报告。因目前各企业都对商业秘密加以保护，故有些情报极不易获得，故应加强同这些机构的私人联系。

在进行企业分析时，应注意的事项有：

（1）企业分析同产业（行业）分析既有相同的地方，也有不同的地方。区别之一就是，企业分析深入到经济的微观面，比产业（行业）分析更为具体，因此要求分析人员务必要对企业多调查，必要时要深入企业内部进行蹲点调查。

（2）企业分析的范围要同要求人对分析的要求结合起来，即要有针对性，有时不必非常全面。

（3）分析重点一般应放在企业的经营范围、外在环境、企业产品的市场状况、企业产品的技术含量、相关产品对本企业的冲击、企业在本行业中的地位、企业竞争优势与劣势、顾客反映、竞争对手状况、企业发展面临的关键问题、企业的发展前景、企业人员素质、企业经营能力及市场竞争能力、面临的风险、财务状况、企业文化等方面。上市公司还要分析其上市表现。

（4）企业分析的落脚点应放在提建议上。分析问题是为解决问题，企业分析人员应根据分析结果提出高质量的对策建议。尤其要在企业发展战略是否需要调整、财务如何安排、企业文化如何形成等方面多费笔墨。

三、展业程序与技巧

开展业务之前，一般要经过以下程序：

1. 建立专门机构、配备人员并搞好职责分工

开展一项大的工作，需设置以下小组：业务规划与公共关系组、市场调研与报告撰写组、项目储备组、业务洽谈组和作业推进组。同时，在业务开展初期，配备 3~5 人，以做到精干高效，之后随着业务开展可适当增加人手。此外，业务开展还要与制度建设匹配起来，以做到有章可循，如制定业务操作规程、奖惩规则。

2. 展开市场调研

3. 确定市场需求

4. 储备项目资源

项目资源应具有信誉好、效益佳、发展潜力大的特点。

5. 银行优势

开发银行优势主要包括：管理经验、管理艺术、管理组织、管理人员、管理效果等方面的管理优势；经营人员素质、经营资源状况、营业网点分布、技术水平、经营信誉等方面的经营优势；人员素质高、不同专业人才搭配等方面的人才优势；业务开发优势。

6. 与潜在客户接洽，展开公关

7. 对客户进行"诊断"，找寻"突破口"

8. 签订合作合同或协议

合同内容主要包括：合同双方名称；双方合作的基础、基本内容

和必要条件；双方合作的组织方式；双方合作的交流方式；合作双方的权利和义务；费用支付或索取方式；争议的解决；违约及违约责任；合同的生效及终止；合同有效期限；等等。

9. 开展品种设计，确定是向客户提供专项金融服务还是一揽子金融服务

10. 设计运作方案

11. 组建运作联盟（充当牵头人）以化解风险

12. 开展具体操作

13. 品种更新运作，建立长期合作关系

基本作业方案设计完成后，业务的具体操作步骤为：

（1）签订合作协议。

（2）安排债务专移。

（3）形成各方认可的重组方案，报有关部门批准。

（4）协调债权人关系，确定债务剥离方案。

（5）对作业对象拟进入重组企业的资产进行评估。

（6）有关方出资到位，组建新公司。

此外，在开展业务时需讲求作业技巧。下述技巧可供大家参考：

（1）选拔知识面宽、业务技能强、社会关系广、责任心和事业心重的人组成展业队伍。

（2）做好业务开展规划，使开展业务工作有极强的目的性和计划性。

（3）抓好项目储备工作，最好选择那些与银行有信贷关系的企业作为展业对象，目的在于保障银行信贷资产的安全。

（4）搞好与政府有关部门及会计师事务所、审计师事务所、资产评估事务所、投资公司、信息咨询机构的关系，争取他们的支持。

（5）在业务谈判中，要争取主动权，晓之以情、动之以"利"，并始终把银行利益最大化放在第一位。

（6）在展业过程中切勿急躁，要循序渐进，抓一个项目就要搞好一个项目，抓一个企业就要搞好一个企业，要树立信誉，培养稳定的基本客户。

（7）在展业初期，要多同相关部门商洽，争取其支持。

（8）要把培养外围专家群作为一项重要任务来抓。可与各科研院所加强联系。一些作业方案可事前征求他们的意见。

（9）在开展业务时，最好向企业提供一揽子金融服务，以达到全面合作的目的，如暂时达不到，在做某一项专门服务时，也应努力做好，以树立银行在该企业中的良好形象。

（10）要狠抓调查研究技能的提高，信息工作对银行开展公司金融业务至关重要，要逐步建立自己的信息网络。

四、客户调研技能

客户调研技能包括确定调研目标、制订调研计划和方案、选择调研方法、进行资料收集、分析调研资料、撰写调研报告等。一般来讲，调查内容包括市场环境调查、市场需求及容量调查、客户调查、产品调查及银行产品使用情况调查等。

有时由于自身力量有限、客观条件限制等原因，营销人员可采取委托外部机构进行调查的方式。此时应特别注意和被委托者的沟通，以免出现调查结果不符合调查要求等情况。

专栏 1-1

毛泽东"调查研究"思想及其启示

毛泽东的"调查研究"虽然主要是针对社会经济情况而言的，但其调查研究思想却可运用到银行的客户调研工作中。

一、毛泽东的"调查研究"思想

毛泽东的"调查研究"思想集中体现在他的两句名言"没有调查，没有发言权"，"不做正确的调查同样没有发言权"。

毛泽东在为《农村调查》写的序言中提到：

"要了解情况，唯一的方法是向社会作调查，调查社会各阶级的生动情况。……要做这件事，第一是眼睛向下，不要只是昂首望天。没有眼睛向下的兴趣和决心，是一辈子也不会真正懂得中国的事情的。"

"第二是开调查会。东张西望，道听途说，决然得不到什么完全的知识。……开调查会，是最简单易行又最忠实可靠的方法，我用这个方法得了很大的益处，这是比较什么大学还要高明的学校。到会的人，应是真正有经验的中级和下级的干部，或老百姓。……这些干部、农民、秀才、狱吏、商人和钱粮师爷，就是我的可敬爱的先生，我给他们当学生是必须恭谨勤劳和采取同志态度的，否则他们就不理我，知而不言，言而不尽。开调查会每次人不必多，三五个七八个人即够。必须给予时间，必须有调查纲目，还必须自己口问手写，并同到会人展开讨论。因此，没有满腔的热忱，没有眼睛向下的决心，没有求知的渴望，没有放下臭架子、甘当小学生的精神，是一定不能做，也一定做不好的。必须明白：群众是真正的英雄，而我们自己则往往是幼稚可笑的，不了解这一点，就不能得到起码的知识。"

"所以，一切实际工作者必须向下作调查。对于只懂得理论不懂得实际情况的人，这种调查工作尤有必要，否则他们就不能将理论和实际相联系。'没有调查就没有发言权'，这句话，虽然曾经被人讥为'狭隘经验论'的，我却至今不悔；不但不悔，我仍然坚持没有调查是不可能有发言权的。有许多人，'下车伊始'，就哇喇哇喇地发议论，提意见，这也批评，那也指责，其实这种人十个有十个要失败。因为这种议论或批评，没有经过周密调查，不过是无知妄说。我们党吃所谓'钦差大臣'的亏，是不可胜数的。而这种'钦差大臣'则是满天飞，几乎到处都有。"

毛泽东在《反对本本主义》一文中写到：

"没有调查，没有发言权。你对于某个问题没有调查，就停止你对于某个问题的发言权。这不太野蛮了吗？一点也不野蛮，你对那个问题的现实情况和历史情况既然没有调查，不知底里，对于那个问题的发言便一定是瞎说一顿。瞎说一顿之不能解决问题是大家明了的，那末，停止你的发言权有什么不公道呢?"

"怎样纠正这种本本主义? 只有向实际情况作调查。"

"很多人的调查方法是错误的。调查的结果就像挂了一篇狗肉账，像乡下人上街听了许多新奇故事，又像站在高山顶上观察人民城郭。这种调查用处不大，不能达到我们的主要目的。"

关于"调查的技术"，他写到: "①要开调查会作讨论式的调查。只有这样才能近于正确，才能抽出结论。那种不开调查会，不作讨论式的调查，只凭一个人讲他的经验的方法，是容易犯错误的。那种只随便问一下子，不提出中心问题在会议席上经过辩论的方法，是不能抽出近于正确的结论的。②调查会到些什么人? 要是能深切明了社会经济情况的人。以年龄说，老年人最好，因为他们有丰富的经验，不但懂得现状，而且明白因果。有斗争经验的青年人也要，因为他们有进步的思想，有锐利的观察。以职业说，工人也要，农民也要，商人也要，知识分子也要，有时兵士也要，流氓也要。自然，调查某个问题时，和那个问题无关的人不必在座，如调查商业时，工农学各业不必在座。③开调查会人多好还是人少好? 看调查人的指挥能力。那种善于指挥的，可以多到十几个人或者二十几个人。……④要定调查纲目。纲目要事先准备，调查人按照纲目发问，会众口说。不明了的，有疑义的，提起辩论。所谓'调查纲目'，要有大纲，还要有细目，如'商业'是个大纲，'布匹'，'粮食'，'杂货'，'药材'都是细目，布匹下再分'洋布'，'土布'，'绸缎'各项细目。⑤要亲身出马。……⑥要深入。……⑦要自己做记录。调查不但要自己当主席，适当地指挥调查会的到会人，而且要自己做记录，把调查的结果记下来。假手于人是不行的。"

毛泽东在《寻乌调查》一文中写到:

"要拼着精力把一个地方研究透彻，然后于研究别个地方，于明了一般情况，便都很容易了。倘若走马看花，如某同志所谓'到处只问一下子'，那便是一辈子也不能了解问题的深处。这种研究方法是显然不对的。"

二、对银行客户调研工作的启示

（1）银行营销人员要认识到不经过调查研究就不能了解客户，就不能掌握客户的真实情况，就容易给银行带来业务或其他方面上的风险，甚至损失。

（2）找客户中尽可能多的相关人员了解情况，如果对方同意，应尽量召开座谈会。座谈会的参会人员要有选择，要有代表性。

（3）要与客户中的相关人员处好关系，以备调查之需。

（4）调研要事前做准备，要有调研提纲，调研提纲要尽可能地详细，切忌泛泛而谈，不得要领。

（5）调研工作不能走马观花，要深入到调研对象中去，掌握调研对象的真实情况。

（6）要有主持会议的技能，能调动参会人员畅所欲言的积极性。

（7）主持调研会议时，要尊重每一个参会人员。

（8）要亲自记录下与会者的谈话要点。即使安排有专门记录员，自己也要尽可能记录下来，记录员的记录内容可用作自己所记录内容的参照。

五、客户评价技能

借助客户的财务报表、规章制度、访谈资料、媒体报道、行业研究等资料对客户进行以法人评价、财务评价、市场评价为主要内容的全面评价，寻找和发现客户的核心竞争优势和价值，作为培育此客户的依据。

六、产品和服务组合设计技能

根据客户情况、客户需求、银行所能提供的产品以及所能调动的外部资源进行产品和服务的组合设计，为客户特别定制合身的金融产品套餐，满足客户个性化的金融需求。

七、客户关系维护与管理技能

运用各种工具维护并扩大客户同银行的合作关系，留住现有客户，增加回头客，发展新客户。

八、客户营销技能

营销技能具体包括寻找和识别目标客户、说服客户、与客户达成合作意向、处理客户异议、维护客户关系、与客户谈判等技能。

专栏 1 -2

朱自清论"说话"

银行营销人员做营销，虽然不能全凭"说话"，但"说话"是避免不了的，甚至主要还是靠"说话"。"说话"是怎么回事？如何"说话"？朱自清先生写有散文《说话》，专谈"说话"，对我们做银行营销的，很有些启发。现摘录部分如下：

"说话并不是一件容易事。天天说话，不见得就会说话；许多人说了一辈子话，没有说好过几句话。"

"人生不外言动，除了动就只有言，所谓人情世故，一半儿是在说话里。"

"说话到底有多少种，我说不上。约略分别：向大家演说，讲解，乃至说书等是一种，会议是一种，公私谈判是一种，法庭受审是一种，向新闻记者谈话是一种；——这些可成为正式的。朋友们的闲谈也是一种，可成为非正式的。正式的并不一定全要拉长了面孔，但是拉长了的时候多。这种话都是成片断的，有时竟是先期预备好的。只有闲谈，可以上下古今来一个杂拌儿；说是杂拌儿，自

然零零碎碎，成片段的是例外。闲谈说不上预备，满是讲话搭话，随机应变。说预备好了再去'闲'谈，那岂不是个大笑话？这种种说话，大约都有一些公式，就是闲谈也有——'天气'常是闲谈的发端，就是一例。但是公式是死的，不够用的，神而明之还在乎人。会说的教你眉飞色舞，不会说的教你昏头搭脑，即使是同一个意思，甚至同一句话。"

"中国人对于说话的态度，最高的是忘言，但如禅宗'教'人'将嘴挂在墙上'，也还是免不了说话。其次是慎言，寡言，讷于言。这三样又有分别：慎言是小心说话，小心说话自然就少说话，少说话少出错儿。寡言是说话少，是一种深沉或贞静的性格或品德。讷于言是说不出话，是一种浑厚诚实的性格或品德。这两种多半是生成的。第三是修辞或辞令。至诚的君子，人格的力量照彻一切的阴暗，用不着多说话，说话也无需乎修饰。只知讲究修饰，嘴边天花乱坠，腹中矛戟森然，那是所谓小人；他太会修饰了，倒教人不信了。他的戏法总有那伟大的魄力，可也不至于忘掉自己。只是不能无视世故人情，我们看时候，看地方，看人，在礼貌与趣味两个条件之下，修饰我们的说话。这儿没有力，只有机智；真正的力不是修饰所可得的。我们所能希望的只是：说得少，说得好。"

朱自清先生关于"说话"的上述见解，放在我们银行营销人员身上也是适用的。概言之，就是：①重视说话，把话说好，因为说好话不容易，因为说好关系到"人情世故"；②公开场合的说话也不必总板着面孔，要能与客户以闲谈方式拉近距离；③说话之前多思量，尽量说些质量高的话语，并且话不要太多。

九、新闻报道撰写技能

营销人员成功营销一个大客户后，应及时撰写新闻报道，并通过银行内部媒体或外部公开媒体进行报道。这样一来，可起到扩大影响、鼓舞士气的作用。营销人员不仅要能营销、善营销，而且要让别人知道你能营销才行。新闻报道力求简洁，寥寥数语就应把事情的来龙去脉讲清楚，切忌长篇大论。

专栏 1-3

我行与××市政府签署战略合作协议（样本）

×月×日，我行与××市政府签署战略合作协议。×××董事长和××市×××市长出席签字仪式，×××总经理和××市×××副市长分别代表双方签字。总部有关部门负责人、××市有关单位主要领导参加了签字仪式。

×××董事长在致辞中回顾了我行在××市的业务发展状况，对××市各界给予我行的支持表示感谢，对近几年××市取得的重大成就表示祝贺。他指出，我行近年来加大改革发展步伐，已步入历史新时期。我行将以签署战略合作协议为契机，进一步整合内部资源，发挥金融优势，积极支持×××市的经济社会发展。×××市长在致辞中指出，目前××市正在按照党中央和国务院的要求，加快经济增长方式转变和经济结构调整，重点围绕新能源等重点产业来发展经济。他希望我行充分发挥金融优势，一如既往地对×××市的经济金融发展提供支持。

此次我行与×××市战略协议的签署，对树立我行品牌，增进外部合作，推动我行在××市的业务发展将发挥积极作用。

（××供稿）

十、人际沟通技能

人际沟通技能包括提问、倾听、反应、解释等。营销管理人员应能调动下级营销人员的工作积极性、协调好工作小组成员间的关系。

★ 投标技能

优势客户往往通过招标选择合作银行，为此，在银行竞争日趋激烈的情况下，学会投标技能非常重要。

一、领会招标文件的基本精神

参与客户组织的招标活动，首先要了解客户在"招"什么。要拿到客户的招标文件并细细阅读，切实领会招标文件的基本精神。比如财政招标：财政收入收缴与支出是财政与银行关系最密切的业务内容，而当前财政收入收缴与支出制度改革的出发点在于规范财政收支行为，加强财政收支管理监督，提高财政资金使用效率。从这一要求出发，我国财政收入收缴与支出制度改革的主要内容就是建立国库单一账户体系，所有财政性资金都纳入国库单一账户体系管理，收入直接缴入国库或财政专户，支出通过国库单一账户体系支付到商品和劳务供应者或用款单位。国库单一账户体系主要由财政部在人民银行开设的国库单一账户、财政部在商业银行开设的零余额账户、财政部为预算单位在商业银行开设的零余额账户以及财政部在商业银行开设的预算外资金财政专户等账户组成。地方财政部门在设计财政业务改革思路时也大都是比照此模式进行的。

客户举办招标活动一般都伴随着自身的改革，都有一系列的制度或方案做支持，因此能及时获得这些制度与方案并认真加以学习是十分必要的。

二、了解客户对投标银行的基本要求

客户举办招标活动，需对投标人提出在资格、业务办理水平等方面的要求。招标内容不同，招标人对投标人的要求也会有所不同。还是拿财政投标来作介绍，从财政收入收缴与支出制度改革的主要内容看，商业银行在其中作用明显。商业银行要为财政部门及预算单位开立账户并按财政部门要求具体办理款项收缴及款项拨付。可见，财政收入收缴与支出制度改革离不开商业银行。正是因为商业银行在财政收入收缴与支出制度改革中具有如此重要的意义，财政部门才决定通过招标活动选择代理银行，以确保代理银行能满足财政收缴及支付业务的需要。代理银行为保证代理业务的顺利进行，要在资金汇划能力、网点分布、制度建设、人员培训、责任分工、信息系统建设等方面做好必要的准备。

三、相关注意事项

（一）与客户密切联系，摸清客户的需求

客户的改革要经过酝酿、形成初步方案、讨论试点、正式推行等很多环节，因而是渐进的。银行应从平时就关注客户的改革动向，了解客户改革的最新进展，将工作做在平时，使招标工作正式启动时银行能以最快的速度获得信息。应了解客户具体负责招标工作的部门、人员，建立并维护同他们的日常往来，争取与厅局长、处长及具体经办人建立起多层次的日常往来关系。另外，招标活动通常由客户委托一家招标公司进行，因而还应摸清招标公司的情况。

（二）得知客户通过招标选择合作银行的信息后，立即组织专人组成工作小组具体负责投标事宜

在得知客户通过招标选择合作银行的信息之后甚至以前，银行就应组成专门工作小组具体负责投标事宜。该小组一般由主管领导牵头，公司业务部门、会计结算部门、电脑技术部门、头寸调度部门及营业部门的人员组成。小组内部一般按投标文件起草者、投标文件汇总者、对外联络营销者、投标现场演讲者组成。小组每个成员要有高度的责任心、敬业精神和团队精神。每个岗位要各司其职，确保各自负责分工内容在保证质量的前提下按时完成。

（三）工作小组要认真阅读招标文件，明确投标要求，按招标文件的要求认真编制投标文件

投标文件准备得是否完备、到位，直接影响到能否中标，而招标文件是投标者据以制作投标文件的重要依据，因此投标文件起草者必须认真阅读招标文件，严格按招标文件的要求编制投标文件。一般来讲，投标文件由投标函、投标保证书、法人代表授权书、投标方案、投标书附件及投标方案简介组成。投标方案是整个投标文件中最为重要的部分，一定要囊括招标文件对投标方案要求的所有内容，不能有任何遗漏。招标文件对投标方案的附件编写也有要求，除要求的内容外，银行还应在附件中重点加上网上银行、对公结算产品、业务处理系统介绍等内容。投标方案附件的编写一定要全面，要突出银行的重点与特色。投标方案简介是供陈述人大会陈述用的，一般包括银行介绍、业务优势、所做的准备工作、服务承诺等要素，文字应高度精练，确保涵盖投标方案的主要内容，并能在规定的时间内陈述完。

对投标文件内容的编写任务，要落实到人，明确工作要求及完成时限，投标文件总撰完成后，要自己或交由专门的广告公司进行印制，包括文件的排版、印刷、装帧、外包装及封条的贴封等。一般来讲，这些公司是事前联系好的，要选择那些创意好，具有标书制作经验的公司承担此项工作。如果选择广告公司制作标书，还要留出一周左右的时间供其完成工作。投标文件制作完成后，还要完成银行内部程序，包括各种法律文件的签字盖章。分行参加投标，一般需取得总行的授权，该授权书往往作为投标文件的组成部分。由于招标文件的发布时间与开标时间间隔一般都很短，对投标文件制作的要求却很高，因此，工作小组肩负的责任很大，最好做一个完整的工作方案，确保在开标前能完成投标文件的制作。

（四）充分利用各种渠道，了解客户相关信息，有针对性地开展营销工作，争取他们对银行的理解与支持

制作出一流的、比其他银行有明显优势的投标文件是夺得业务资格的重要条件，但不是唯一条件。能否最终获得中标资格，信息的获得及利用也相当重要。信息包括客户的业务需求信息及相关人员信息。工作小组获得并利用这些信息，满足客户的业务需求，将有助于中标资格的取得。

（五）授权代表人在指定时间到达指定开标地点，履行投标职责

现场陈述人一般为主管领导。主管领导应带领工作小组成员及其他相关人员在指定时间到达开标地点。一般应尽量提前，给广大评委一个本银行重视此次投标的良好印象。在开标现场，银行人员在开标前应注重与其他投标行的交流，学习他们投标的经验，并在规定时间前将投标文件交至秘书处；大会陈述时应注意保持会场秩序，聆听其他行陈述人的陈述内容，注重他们的陈述技巧，以备下次投标时借鉴。陈述人在陈述时应注意语速、语调，一般应在规定时间前半分钟左右陈述完毕，不可超过规定时间。

（六）中标后要积极组织专人开展对相关规章制度的制定、修改、下发及专门信息管理系统的开发，确保能为客户提供高质量的服务

如能中标，招标公司将会书面通知银行。银行收到中标通知后，应立即与客户相关人员联系，力求早日签署协议。同时，应摸清客户的详细需求，积极组织科技力量按投标文件中的承诺进行业务信息管理系统的开发。开发完成后，要组织相关部门进行上线前的测试，测试通过后再上线运行。另外，应组织公司业务、会计结算等相关部门对相关规章制度进行修订，然后正式下发作为业务开展的标准。对员工要进行业务开展前的培训工作，最好请客户的有关领导、预算单位领导及改革方案的起草者来进行授课。

（七）认真维护与客户的关系，提高客户对银行服务的满意度

业务一定要落实到具体的部门和人员。对柜台人员、会计清算人员、系统维护人员及营销人员要进行明确的职责划分。营销人员作为银行与客户日常关系的维护人员，一定要为客户提供到位的服务，摸清他们的详细需求并及时反馈行内相关部门，能解决的要及时加以解决，如暂时不能解决要说明原因并列出解决问题的时间表。维护的手段包括电话维护、登门拜访等。每个参与维护的人员要珍惜来之不易的工作成果，确保客户满意本银行的代理服务。

专栏 1-4

参与客户举办的招标活动

一、案例背景

某航空公司为国内大型骨干航空公司,其航线已延伸到国外众多国家和地区。为购置飞机用于客货运输,该公司决定通过招标来选择融资银行。为此,向各家银行发送了投标要求,并列明了金额、期限等具体要求。

二、案例过程

(1)银行接到投标邀请后,立即召集相关部门(主要是风险管理部门)进行讨论,集体审议通过了该笔授信,决定参与此次投标活动。

(2)成立投标小组,下设若干小组,指定项目负责人并进行具体分工。营销工作组主要负责追踪客户招标进展,及时反馈有关信息供领导决策;标书制作组主要负责投标文件的起草、定稿、校对及最终印制。要求标书制作组按投标邀请的有关要求高质量制作标书。投标小组同时要制定详细的时间进度,确保在投标日期截止前将标书送达客户指定地点。

(3)完成投标方案的制作。投标方案内容主要包括:①简要介绍银行的经营特色与优势所在;②融资的期限、利率、金额、还款方式、结息方式等,详细阐述本行能提供的各项优惠措施;③延伸服务,用银行相关产品满足客户其他服务;④机构、人员等方面的配套保障;⑤相关承诺;⑥相关附件,在正文中不宜过多解释但又必须提供的内容可放在附件中向企业提供。

(4)将投标文件在截止时间前送达指定地点,按照招标书的要求与顺序履行投标程序,完成投标。

三、案例经验

(1)随着金融市场竞争的日趋激烈,优质客户往往通过招标方式来选择银行提供某种特定服务。营销人员只有了解了招标的要求，掌握了投标的技巧，才能为这些客户提供服务。

（2）投标是让各家银行在同一起跑线上竞争同一种业务，为此，营销人员应在投标书中将本银行所能提供的优惠详细列明，使客户能方便地阅读到这些优惠。如条件许可，应做到知己知彼。

（3）投标能否成功，取决于多种因素，是参与竞争的多家银行各自综合实力的体现。营销人员应多关注投标以外的工作。

★ 报告撰写技能

学习撰写分析报告对提高营销人员的业务素质与技能、规范营销人员的业务行为具有重要的意义。定期或不定期地撰写分析报告，应该成为营销人员一项经常性的工作。

营销人员需撰写的与其工作有密切联系的分析报告主要有四类：业务拓展报告（汇报）、重大事项专题报告、客户价值分析报告、工作总结与展望报告、行业分析报告。

一、业务拓展报告（汇报）

此报告用于营销人员向上级汇报自己的业务进展情况，一般是取得阶段性成果之后再进行撰写。业务拓展报告（汇报）的主要内容如下：

（1）题目。如：关于与××公司开展业务合作进展情况的报告（汇报）。

（2）客户基本情况介绍。

（3）介绍从不认识客户到同客户接触的整个过程。

（4）拓展此客户的意义，重点分析客户可能给银行带来的利益。

（5）同其他竞争者相比，本银行在拓展此客户时的优势与劣势。

（6）至报告撰写时止的业务拓展情况总结。包括：和客户的哪些决策者进行了接触；进行了几次会谈，每次会谈取得了哪些共识；对拓展进程的总体评估。

（7）下一步工作面临的困难。

（8）下一步工作计划。

（9）需要领导或相关部门提供哪些支持。

（10）结语。

二、重大事项专题报告

重大事项专题报告是营销人员为反映客户拓展过程中的重大事项而撰写的专门报告。营销人员应在重大事项发生后尽可能快地提交书面报告。报告应准确描述事件、分析事件，重点分析可能导致营销人员工作失败的因素，提出处理意见或建议。

营销人员业务拓展中需专题报告的重大事项主要有：

（1）可能对客户产生重大影响的政策出台。

（2）客户同其他银行签署了合作协议或合作洽谈取得了重大进展。

（3）客户本身在经营、管理等方面发生了重大变更，与之进行合作的基础不再存在。

（4）同客户的合作洽谈取得了重大进展或遇到了重大障碍且营销人员自身无法解决。

（5）需要银行高层领导同客户签订合作协议时，也需进行专门报告。

三、客户价值分析报告

客户价值分析报告是营销人员在对客户的调研资料进行整理、分析的基础上撰写的，是营销人员在对客户进行调研、价值分析后的一个阶段性总结。营销人员据此报告可以判断银行同客户的合作潜力，且此报告也是营销人员开展业务的一个基础材料。

（一）客户价值分析报告的撰写原则

（1）对分析材料作深入分析，应有营销人员的独到见解，不应是材料的堆积或事实的罗列。

（2）报告要有合理的结构，要靠清晰的思路把材料及见解组织起来。注意以下三点：①封面要精美、实用；②要列出清晰明了的提纲，通过提纲能知道报告的主体内容；③要有精练、简洁的摘要，能通过摘要明了报告的总体概貌。封面、提纲、摘要应放在报告正文的前面。

（3）要多用数字和比率说话，并恰当地运用各种图表。

（4）语言要准确、平实，句式易精短，词语忌冷僻，应直截了当而不绕圈子，可有可无的话坚决不要，更不能写成散文。

（5）避免尽善尽美，要突出特色、突出重点。

（二）客户价值分析报告的基本格式

（1）封面、目录、提纲与摘要。封面上要注明客户名称、评价人员、评价时间、密级、有效期、编号等；摘要应对报告的主要结论、论证分析过程、采用的分析方法进行总结性阐述，在摘要中还可声明报告的适用条件、使用报告应注意的问题；目录应将报告中每一部分的名称、页码标出来供查阅。

（2）客户基本情况介绍。本部分主要介绍客户名称、所属行业、注册地点、营业执照号、法人代表、联系电话、开户银行、历史沿革、业务范围、组织类型、注册资本、出资人、技术水平、管理水平、文化特点等企业基本情况。

（3）外部环境分析。本部分主要包括行业分析和地区分析。行业分析主要侧重于技术、经济、政策方面；地区分析则主要侧重于地区发展等小环境方面。

（4）内在条件分析。本部分主要包括法人评价、市场评价、财务评价和重大事件评价。市场评价主要分析国内外市场状况与前景、竞争优势与劣势、供应商/顾客分析；财务评价主要分析盈利、运营、偿债、发展潜力，客户在银行的负债情况和过去的经营记录以及与银行的业务往来；重大事件评价包括体制改革、法律诉讼、人事变动、经营决策等。营销人员根据上述分析，初步测算授信额度及可能给银行带来的利益，并进行客户价值描述。

（5）与客户建立合作关系的具体设想。

（6）小结与附件。结论不应拖泥带水，应精练、准确；报告中用到的原始资料可附在正文后面，注意对附件进行编号，以便查询。

四、工作总结与展望报告

此报告主要用于总结过去一个阶段工作取得的成绩与不足、希望领导给予支持的地方及下一步的工作打算。一般在年终时，营销人员应撰写此报告。

专栏 1–5 是身处一家银行总行的营销人员在上半年即将结束时写的工作报告，目的在于回顾上半年的工作，安排下半年的工作。该营销人员领导着一个服务团队。在报告中，该营销人员称其所领导的团队为部门。

专栏 1–5

客户拓展工作报告（回顾与展望）

一、工作成效

（1）以年初单位为我部门下达的授信 180 亿元、贷款 100 亿元的任务为工作目标开展工作。截至 6 月 30 日，我单位向×××等大客户提供授信 90 亿元、发放贷款 42 亿元，提前完成上半年经营任务。

（2）做深、做透一个行业，而不单单是一个企业。我部门选择了与集团客户密切相关的财务公司行业作为突破口，与大多数财务公司建立了日常联系，并专门针对财务公司设计了"理财方案"，作为服务财务公司的特色产品。该方案以理财为特色，联合保险公司、证券公司、信托公司为财务公司提供综合理财方案。

（3）选择重点行业，寻求重点突破，以跨地区、跨行业（产品销售、原材料供应、组织结构等方面）的大客户为营销重点，以"服务方案＋私人关系＋产品跟进"为营销手段。我部门在人员有限的情况下，不能全面出击抓所有行业，也不可能抓重点行业中的所有客户，因此，选择了石油化工、电力、交通中的若干企业作为营

销重点。在具体客户方面，选择了×××、××××等企业。

（4）加强客户储备，广泛收集客户信息。将××××、××××等客户纳入下半年营销范围。

（5）客户营销与产品创新并重，在营销过程中挖掘客户需求，进而转化成银行产品。

①我部门从××××等客户处了解到利用票据降低财务成本的需求后，自主开发完成了买方付息票据贴现新产品，经监管部门批准后在全行范围内推广，获得了很大成效。我部门专门为该产品设计并印制了产品宣传手册，送达到分行及重点客户手中，起到了很好的营销效果。

②在营销中发现像××××等业内知名、资产量大、现金流量大的财务公司迫切需要资金融入而目前融资渠道有限。针对这种情况，我部门设计了信贷资产转让业务。

（6）自主营销与联合营销并重，发挥分支机构特别是各支行在营销中的力量，既带出了队伍，又发挥了支行关系广、路子野的优势。我部门在人员有限的情况下，不仅在行业、客户上要抓重点，在分支机构的选择上也只能先照顾重点地区。同分行开展联合营销，主要是针对分行发起的大客户或集团客户，这些客户在管理上一体化、财务上高度集中，需要总行协调系统内力量为其提供服务。

（7）在部门内形成既相互分工又密切合作的工作氛围。×××同志主要负责联动贷款发放、服务方案设计，×××同志主要负责客户营销及统一授信项下额度管理，×××同志则主要负责客户营销、内外协调，兼顾联动贷款。我部门除积极做好职责分工内的事情外，还密切配合其他处室共同搞好部门内工作。

（8）维护与×××等政府部门的关系。

二、经验、不足与困惑

（1）带动分支行联合营销客户做得不够，这既有人手不足等客观原因，又有主观原因，耕耘自己一亩三分地的意识浓厚。

（2）行业、市场、同业研究不够，方案策划水平亟待提高（这是我们与其他银行的服务方案相比较得出的结论），营销资源无法快速发现并运用，在市场竞争中深感疲惫。

（3）技术手段/利益。从技术方面看，我行与国内同业先进水平有一定差距，使我们在营销中比较被动，已使用我行技术手段的客户常常表示不满，有的甚至转向其他银行寻求服务。从利益上讲，不同支行有不同的利益，都希望其他支行为自己打工而自己不付出，而集团客户往往需要银行的某家支行牺牲自己的利益（如集团资金管理往往使其分公司的开户行没有存款，而没有存款，这家支行就不会去维护集团在当地的分公司），我部门又缺乏相应的管理手段，只能求完客户再求分支行，效果还往往很差。最后导致我部门不愿也不敢去营销有资金结算管理需求或依靠技术手段的客户，只能也只愿在授信上下功夫，因为我们授信完毕，分支行就可以领用，对其有现实利益，故在这方面配合得比较好。

（4）产品创新机制/速度与市场要求相差太远，然而市场不会等待我们，白白失去很多业务机会。

（5）对现有客户的维护跟不上。在客户数量少的情况下尚能讲究，但即使这样，我部门跑客户的时间仍显不够。客户潜力挖得不够，目前受条件限制，主要靠贷款维持，稳定客户的手段单一。

感想主要有两点：

（1）客户营销要靠主动，包括对分行的主动和对客户的主动，不能等靠。分行不会主动向我们说他有个现成的好客户，他们关心的是信贷审查能否通过；好的客户也不会主动向我们要服务，因为有数家银行正在争着为其服务。只有靠主动，才能改变客户资源少的窘境。

（2）将树立、巩固总行在营销中的权威与释放分支行在营销中的潜力相结合。我部门对分支行的管理缺乏手段，只能在客户营销中通过权威来团结分支行。

三、下半年工作打算

（1）锁定目标行业与客户。工作的出发点是尽可能多地完成领导下达的营销任务。目前在我部门人员少的条件下，为讲求营销实效，我部门对原先仅锁定行业前几名客户进行营销的做法进行改良。行业仍定位在交通（民航）、石油化工、电力三大行业，兼顾其他行业。客户则主要锁定在×××等客户身上。

（2）完善营销方式。在"服务方案＋私人关系＋产品跟进"基础上再增加"领导参与"这一因素。重点邀请领导参与目标客户的营销，同时参与对已有重点客户的关系维护。

（3）密切与其他分支机构的业务联系。方式：出差、调研，一同拜访、营销当地客户；对分支行提请我部门要办的事项，及时、高效予以处理；对分支行营销经验进行总结、推广，扩大其在行内外的知名度，尤其是在行内的知名度。

（4）优化部门内工作氛围，继续强调客户营销服务由主办经理牵头、服务方案集体审订、所有客户部门领导带头上门营销、部门内定期研讨案例等工作方式。

（5）进一步更新观念，树立团队作业、内部营销（对总行其他部门要进行营销，对分支行也要进行营销）理念，要比其他部门拥有更紧迫的责任感、使命感。

（6）行业、同业研究方面争取有起色。目前选定的行业是××××。研究方式上：在营销过程中收集、整理材料；借助相关研究单位获取资料。研究报告完成后通报全系统，做到资源共享。

五、行业分析报告

对行业进行分析、撰写行业分析报告是营销人员从事客户培育的基础性工作，因为银行的优质客户主要来源于成长性高的行业。把握了行业的总体态势，就为营销人员向哪个方向努力提供了一条线路。

营销人员应结合自己的工作撰写行业分析报告，要找准营销人员的切入点，提出营销人员的对策建议：是否介入、何时介入、怎样介入、介入到什么程度。

鉴于行业分析对金融业务开展的重要性，越来越多的金融机构开始重视对行业的专门分析与研究工作，营销人员可以借鉴这些机构的研究成果，但必须认真加以分析，找出对自己银行有价值的地方。

（一）行业分析报告的基本结构

（1）报告摘要。主要摘写行业分析报告的主要结论。

（2）行业的概念、特征、地位与分类。

（3）全球范围内（或发达国家）该行业的情况。

（4）行业发展历史与现状，包括市场供应状况、市场需求状况及市场供需情况。

（5）市场预测，包括原料供应和产品需求的市场预测。

（7）发展前景展望，包括市场容量、技术水平、产品结构等。

（8）政府的主要优惠政策及行业投融资方式。

（9）我国该行业的发展现状与存在问题，包括发展历程、产品进出口情况、行业的国际竞争力、发展政策及存在的主要问题。

（10）外部因素（如加入 WTO）对行业发展的影响，包括有利影响和不利影响。

（11）我国该行业的发展前景，包括产品市场预测、行业总体发展态势、潜在市场分析等。

（12）行业内部结构分析，包括主要企业介绍、所占市场份额、银行的市场机会。

（13）金融服务建议，包括该行业带给银行的机会与风险；其他银行的介入战略；向其中哪些企业提供服务并说明原因；提供哪些服务；介入的方式、时机、需创造的条件。

（二）行业分析报告示例

营销人员应重点选择与所负责客户相关的行业进行分析。营销人员可参阅专栏 1－6 介绍的民航运输行业分析报告进行行业分析报告的撰写工作。需要注意的是，银行营销人员撰写的报告与专门研究机构撰写的报告侧重点不同，营销人员撰写行业报告的目的在于为自己的客户拓展服务。

专栏 1-6

民航运输行业分析报告（主要内容）

一、民航运输行业的含义与特点

民航运输行业属于交通运输业，在国民经济中处于基础产业地位，其兴起与发展对国家和地区的经济繁荣有着直接影响。随着经济和科学技术的发展，民航运输业将在社会生活中发挥越来越重要的作用。

（一）含义

民航运输是指在国内和国际航线上使用大中型客机、货机和支线飞机进行的商业性客货邮运输。民航运输行业涵盖的范围很广，包括飞机的提供者、发动机制造商、燃油供应商、机场、空中交通管制系统、航空公司及相关服务企业等。为使分析更具有针对性，本报告所指民航运输行业仅包括机场、航空公司及相应服务设施。

（二）特点

1. 高投入与高产出

民航运输行业的发展需要大量集中性投资，其产出也很大，除运送大量旅客和货物外，还带动相关产业发展，对国民经济的贡献率很高。

2. 投资回收期较长，但投资回报相对稳定

民航运输业属于基础设施产业，这就决定了其投资需要较长的回收期。但由于民航运输企业前期投入结束后维持企业运行的费用相对较低，故其投资回报相对稳定。

3. 运行效率高

飞机飞行的高速度极大地缩短了运输时间，为产品的销售和服

务提供了更快的运作机制。这在跨国、跨洲际运输中尤为显著。

4. 受宏观经济、燃油价格及国际局势影响严重

二、世界民航运输行业发展状况分析

1. 民航运输市场不断扩大，但发展不均衡

1984～1999 年，世界民航运输周转量呈稳定增长态势，总周转量年均增长 6%，旅客周转量年均增长 5%。据预测，今后 20 年中全球民航运输的增幅将达到年均 4.8%，喷气式飞机将达到 31000 多架，全球航空市场新交付飞机和航空服务业务的总价值将超过 4 万亿元。上述情况表明世界民航有着良好的市场前景。

但世界民航运输发展又很不平衡。美国是当今世界第一大民航运输国家。1996～1998 年美国民航运输总周转量占世界民航运输总周转量的比重分别为 34.36%、34.19% 和 33.98%，而同期第二名国家所占的比重仅分别为 7.41%、6.41% 和 5.98%。

2. 推行航空自由化政策

对内表现为放松管制，在市场进入与退出、航线、票价、航空公司成立等方面推行自由竞争；对外表现为开放领空，目前已形成了欧盟航空运输统一市场、北美航空运输统一市场等多个开放领空区域。

3. 出现了一批大型化航空公司，市场结构呈垄断竞争型

目前，世界上主要航空大国已基本完成了民航运输产业结构调整。通过并购重组出现了一批大型化、集团化的航空公司，如美国的美利坚航空公司、三角航空公司、西北航空公司及德国的汉莎航空公司等。

4. 航空公司结成战略联盟

在国际航空运输市场自由化程度大大提高、竞争日益激烈的情况下，各航空公司为降低经营成本而组成了若干战略联盟，如明星联盟、环宇一家联盟、飞翼联盟、空中联队联盟、优质航空联盟等。

5. 支线航空成为发展亮点

支线航空是指航距在 600 公里左右，空中飞行时间在一小时左右的中小城市与中心城市，或中小城市之间的航班飞行。随着航空管制的逐步放松以及大型机场的不堪重负，支线航空得到很大的发展。1990 ~ 1996 年，欧洲支线航空旅客运输量翻了一番，而同期干线航空的旅客运输量增长率仅为 25%。1978 ~ 1999 年，美国支线航空旅客运输量年均增长率将近 10%，这比干线航空旅客运输量 4% 的年均增长率要高很多。

6. 机场建设与管理体制普遍采取市场化模式

过去，机场作为重要基础设施长期由国家控制和所有。为适应扩大机场建设资金来源、提高机场管理水平等方面的需要，世界各国大都开始对机场采取机场公司的方式进行市场化运作。同这一情况相适应，世界许多国家掀起了机场股份化、商业化的浪潮。

三、我国民航运输行业的发展现状

（一）市场需求呈增长态势

（1）民航运输在国家综合交通运输体系中的比重不断提高。

（2）我国民航货邮周转量和旅客周转量均为正增长，且在大部分年份民航货邮周转量和旅客周转量的增长率超过了社会货邮周转量和旅客周转量的增长率。

（3）我国民航定期航班运输总周转量、货邮周转量和旅客周转量在国际民航组织缔约国的位次不断提高。

（二）市场供给逐步增加

1. 民航运输规模日趋扩大

2. 基础设施建设取得重要进展

四、我国民航运输行业存在的主要问题

（1）市场供需结构暂时出现失衡。受经济发展水平的制约，我国民航运输市场不大，尤其是 20 世纪 90 年代后期，我国经济进入紧缩时期，造成民航市场有效需求不足。在这种情况下，航空公司却

大量增加运力、航班，造成供给暂时超过需求。

（2）航空运输公司数量多，规模小，产业集中度低。为激发活力，民航运输业引入了竞争机制。进入壁垒降低诱使地方航空公司相继进入航空运输市场，由此造成我国民航企业数量过多，规模过小，一半以上航空公司的运输飞机保有量仅在10架左右，缺乏应有的规模经济。无序竞争、过度竞争、竞争实力薄弱等问题日渐显露。

（3）部分地区机场建设存在一定的盲目性，存在建设规模过度超前、布局不合理等问题；在运营中，除枢纽机场及部分干线机场盈利外，相当部分机场尤其是中小型机场处于亏损状态。

五、我国民航运输行业发展前景展望

（1）市场规模进一步扩大。

随着经济的发展、生产的扩大、经济活动的增多及地区间经济联系的加强，对民航运输服务的需求也必将大幅度增长。另外，随着融入国际市场步伐的加快，将带动对国际运输航线的需求；城乡居民生活水平的提高，航空旅游将成为消费热点。这些情况都预示着我国民航运输的市场规模将进一步扩大。

（2）市场结构逐步趋向合理。

①干、支线结构趋向合理。②航空货运与航空客运将协调发展。③东部和西部地区航空运输将协调发展。

（3）航空公司将通过重组实现规模化经营，且租赁仍是航空公司引进飞机的重要方式。

为减轻日益到来的竞争压力，以及应对加入WTO所带来的挑战，国内航空公司通过合并重组来壮大实力已迫在眉睫。除民航总局直属航空公司组建成三大航空集团外，地方性航空公司也将加入重组行列。

航空运输企业属于资金密集型企业，购置飞机需要巨额资金。由于民航运输具有市场变化快、投资大等特点，预计航空公司为提高经济效益、降低经营成本，还会将租赁作为引进飞机的重要手段。

（4）机场公司股份化、商业化进程及机场间联合进程加快，机场建设力度也将进一步加大。

六、银行支持民航运输项目的基本思路及对策建议

（一）民航运输行业的发展与改革对银行信贷业务的影响

（1）民航运输行业良好的发展前景有利于银行加大对民航项目的信贷支持。

（2）民航改革的深化及民航业今后的发展，也使银行信贷业务面临着一定的风险，主要是体制风险、市场风险和客户培育风险。

（二）银行民航运输项目贷款分析

从项目数量、贷款余额、贷款质量、项目结构等方面对本银行已有的民航贷款项目进行分析。

（三）信贷政策建议

在我国，民航运输业尚处于发展阶段，市场前景广阔，建议今后在坚持审慎原则的前提下，加大对民航项目的金融支持。

1. 更多地介入航空公司项目

在航空公司项目中，重点选择支持规模大、竞争优势明显的民航运输集团以及市场定位明确、成长性高的支线航空公司。鉴于航空公司间的重组活动已经开始，建议银行尝试开展并购贷款业务，为航空公司的并购活动提供资金支持。

2. 采取多种方式支持飞机购置

鉴于租赁仍将是我国航空公司引进飞机的重要方式，银行除直接向航空公司提供购机贷款外，还可向经营效益好、具有相当实力的租赁公司发放购机贷款，以间接支持航空公司增加运力。此外，银行还可尝试开展飞机融资租赁的担保业务，以丰富业务品种。

3. 有选择地对机场项目进行支持

除重点对北京、上海、广州等枢纽及重点干线机场予以支持外，还应积极介入张家界、九寨沟等具有旅游特色优势的支线机场的建设。

4. 防范西部地区支线机场的贷款风险

随着西部大开发战略的实施，西部地区将迎来一个支线机场建设的高潮，但受地方经济发展水平等因素的制约，需对支线机场项目的建设资金筹集和贷款资金的偿还问题进行深入研究。为达到既支持西部大开发又能防范银行信贷风险的目的，建议：

（1）呼吁有关部门出资设立西部地区支线机场建设担保基金，以此资金为项目的银行贷款提供担保。

（2）对机场建设所在地地方财力进行评估，让地方财政对机场公司进行补贴，补贴资金专项作为归还银行贷款的资金来源。

（3）在西部地区支线机场采取 BOT 方式进行建设时，银行可对 BOT 项目公司予以贷款及咨询方面的支持。

六、专题研究报告

由于营销人员身处市场营销工作第一线，对客户需求的把握远比银行内部其他人员要到位，因此，一些关于市场、客户、产品方面的专题研究报告要交由营销人员撰写，即使不全部交给营销人员撰写，也至少会安排营销人员参与撰写。

撰写专题研究报告，需要营销人员具有扎实的理论功底、敏锐的市场感觉、独特的分析视角和较强的归纳分析能力。营销人员要围绕所要研究的课题，确定研究范围，理清研究主线，扎扎实实做调研，遵循如下工作程序：广泛收集素材—认真分析材料—得出若干结论—明确撰写提纲—动笔完成初稿—回头补充调研—修订完成报告。在整个过程中，营销人员要多与相关人员沟通，尤其是要拜访相关领域的专家。报告形成后，要及时拿给别人征求意见。觉得报告已基本成熟后，还应该召开专家论证，以进一步征求意见，并按意见对报告进行完善修改。

专栏 1-7 介绍一个关于中间业务发展策略的专题研究报告，从中营销人员也可以学习一些关于中间业务的知识。在具体应用时，营销人员应加上对所服务银行的中间业务的分析，这样才能使报告更具有针对性。专栏1-8介绍一个关于投资银行业务的研究报告。近些年，投资银行业务成为越来越多的商业银行的展业重点。通过这个报告，营销人员也可学到一些投资银行业务方面的知识。

专栏1-7

商业银行中间业务发展策略研究

中间业务是指商业银行在资产业务和负债业务的基础上，利用技术、信息、机构网络、资金和信誉等方面的优势，不运用或较少运用自己的资产，以中间人或代理人的身份替客户办理收付、咨询、代理、担保、租赁和其他委托事项，提供各类金融服务并收取一定费用的经营活动。

中国人民银行在2001年6月21日出台了《商业银行中间业务暂行规定》，明确了中间业务的概念，即中间业务是指不构成商业银行表内资产、表内负债，形成银行非利息收入的业务，并将我国商业银行的中间业务分为九大类：

（1）支付结算类中间业务，包括国内外结算业务。

（2）银行卡业务，包括信用卡和借记卡业务。

（3）代理类中间业务，包括代理证券业务、代理保险业务、代理金融机构业务、代收代付等。

（4）担保类中间业务，包括银行承兑汇票、备用信用证、各类银行保函等。

（5）承诺类中间业务，主要包括贷款承诺业务。

（6）交易类中间业务，例如远期外汇合约、金融期货、互换和期权等。

（7）基金托管业务，例如封闭式或开放式投资基金托管业务。

（8）咨询顾问类业务，例如信息咨询、财务顾问等。

（9）其他类中间业务，例如保管箱业务等。

这九类中间业务具体分类情况如图 1-1 所示。

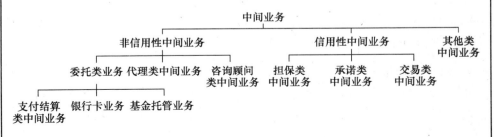

图 1-1 商业银行中间业务分类

其中，信用性中间业务与资产负债表内业务关系密切，往往是由资产负债表业务派生出来的，可以看作是资产负债业务的必然延伸，随时可能对资产负债业务的平衡带来冲击，也随时可能造成额外的流动性需求和新的风险资产。非信用性中间业务是银行为增加收入来源、扩大业务范围而推出的，同传统的资产负债表内业务没有什么必然联系，通常不需承担风险。

七、国内外商业银行中间业务发展现状及比较

（一）西方商业银行中间业务现状

1. 经营范围广泛，业务品种繁多

随着社会经济的发展，西方各国纷纷打破金融分业经营的限制，实行混业经营。针对不同的客户市场，不断开发新品种，开展不同的营销组合以满足社会多方面、多层次的需求。由此，商业银行的金融产品日新月异，层出不穷，其中间业务种类涵盖丰富。如有"金融超市"美称的美国银行业，他们既从事货币市场业务，又从事商业票据贴现及资本市场业务，涉及业务除了传统的银行业务外，还有信托业

务、投资银行业务、共同基金业务和保险业务，而后者更是他们主要的非利差收入来源。

2. 规模不断扩大，发展速度快

根据国际清算银行 1999 年发表的《国际金融市场发展报告》，1983～1986 年美国银行业的中间业务量从 9120 亿美元增长到 121880 亿美元，从占银行所有资产的 78% 上升到 142.9%，其中，居于美国银行业前列的花旗、美洲等五大银行集团 1988 年的中间业务活动所涉及的资产总和已超过 22000 亿美元，而同期这几家银行资产负债项下的资产总和为 7800 亿美元，资本总和近 450 亿美元；中间业务三年来平均增速为 54.2%，远远高于资产总额年均 9% 和资本总额年均 21.6% 的增速。

3. 中间业务收入占总收入比重大

在西方商业银行，中间业务收入已经成为银行的主要业务品种和收入来源，一般占总收入的 40%～50%，有的甚至超过 70%。美国银行业非利差收入占总收入的比重从 1980 年的 22% 上升到了 1996 年的 39%。日本银行的非利息收入占银行收入的比重由 20 世纪 80 年代初的 20.4% 上升到 20 世纪 90 年代的 35.9%，中间业务量以每年 40% 的速度递增，英国从 28.5% 上升到 41.5%，德国仅 1992 年中间业务就获利 340 亿马克，占总盈利的 65%。

4. 服务手段先进，科技含量高

科技程度的提高为商业银行发展中间业务提供了强大的技术支持和创新基础。凭借着电子化程度高的服务手段，利用先进的网络系统，西方商业银行可以将产品和服务延伸至办公室和家庭，全新的商务模式能够满足客户的服务需求，实现客户足不出户进行理财的愿望。网络银行的出现极大地促进了中间业务的发展，也使西方商业银行获得了巨额的服务费收入。

5. 专业人才素质高

西方商业银行中间业务的发展，有赖于一支知识面宽、开发能力强的金融工程师及中间业务营销队伍。而且，他们所从事的业务主要集中在与资本市场相关、科技含量高、附加值大的中间业务领域，能够在资本市场上根据客户需求而开发一系列的创新产品，同时运用于实际的操作。

（二）我国商业银行中间业务发展现状

我国商业银行中间业务的发展起步较晚，但经过改革开放 20 多年的培育和发展，特别是近几年随着我国金融体制改革的不断深化和经济发展对金融需求的拉动，国内各商业银行开始重视中间业务的发展，逐步认识到中间业务与负债业务、资产业务共同构成商业银行的三大支柱业务，积极探索新的服务方式，倡导新的服务理念，大力拓展新的业务领域，使中间业务有了良好开端和明显进步。

（1）业务品种明显增加，业务量增长较快。随着对外贸易的迅猛增长和金融工具的推陈出新，我国商业银行在开展结算、汇兑、代理等中间业务的基础上，陆续推出了诸如信用卡、信息咨询、租赁、代保管、房地产金融服务、担保、承兑、信用证等一系列新兴中间业务。中间业务无论在种类还是规模上都有了相当大的拓展和提高。

（2）中间业务收入已初具规模，中间业务收入的比重在不同的商业银行都有了较大的提高。尤其是近几年来，这一指标提高幅度更加明显。目前中国工商银行、中国农业银行、中国银行、中国建设银行四大商业银行的中间业务收入比重达 3% ~17%，其中中国工商银行、中国建设银行的中间业务收入占其总收入的比例超过了 7%。

（3）我国商业银行正努力改变经营观念，将中间业务发展作为实现功能创新、建立现代化经营机制的"排头兵"。各商业银行在分支机构中建立中间业务部，以期有效地推动中间业务拓展和创新，加强风险控制和业务稽核。商业银行经营观念的转变和相应措施的实施，无疑对中间业务的发展是一个有力的推动。

（三）我国商业银行中间业务发展存在的问题

尽管我国商业银行的中间业务取得了一定的发展，产品日渐丰富，总量迅速增加，呈现出监管者推动、市场主体重视、市场广度和深度不断发展的良好局面。但与西方发达国家商业银行相比，无论在数量上和质量上都存在较大差距，具体表现在如下五个方面：

1. 业务发展缓慢，规模小，收益低

虽然改革开放以来中间业务占总收入的比重从零增长到全国平均的 8%，但与西方国家商业银行相比还有很大的差距。国外同业的中间业务收入一般占到总收入的 40% ~ 50%，一些著名的大银行，如美国的花旗银行、摩根银行甚至达到 70% ~ 80%，差距非常大。

2. 中间业务产品品种少，层次低，功能很不完善

在我国商业银行开办的 260 多个中间业务品种中，60% 集中在代收代付、结售汇、结算等劳务型业务上，而技术含量高、盈利潜力大的中间业务如信息咨询、资产评估、个人理财业务等还不足 10%，高收益且具有避险功能的金融衍生工具业务刚刚起步，有的基本上还没有开展。而国外商业银行开办中间业务侧重于信息服务、现金管理、投资理财、风险管理等技术含量高、附加值高的业务，以市场为导向，具有强大的服务功能和市场吸引力。

3. 管理体制、经营机制上存在很多问题，缺乏全局性、长期性规划

目前，我国商业银行缺乏科学的管理经营体制，在发展中间业务过程中没有统一的规划和管理，在一定程度上使中间业务的管理缺乏业务政策和决策的统一性、连贯性以及业务推动的有效性，严重制约着中间业务的发展。每个商业银行开展的中间业务品种雷同，难以形成自己的特色。这种情况一方面导致多样化的社会需求无法得到满足，另一方面造成在少数中间业务品种上的恶性竞争。

4. 在收费方面存在较多问题

中间业务发展中业务量大幅度增加和业务收入缓慢增加形成鲜明对照，业务收费方面的四大问题已成为制约中间业务发展的瓶颈。一是开展中间业务缺乏统一收费标准；二是现行的收费标准过低，实际成本与收益倒挂；三是有收费标准但未认真执行，如部分代收代付业务，是我们吸收低成本资金，完善服务功能，提高竞争力的一种手段，因此在实际业务中很难按标准收费；四是为争办中间业务而代客户支付费用。

5. 业务创新能力较低，技术与人才支持不够

一方面，各商业银行在硬件、软件开发方面各自为政、重复建设，且互不兼容，规模效益较差；另一方面，现有的技术支持又不能满足市场的需求。既缺乏高效的信息管理系统与配套设备，又缺乏能够从事创新的、技术含量高的、复合型的中间业务专业人才。可以说，缺乏高素质人才，缺乏创新的手段设备，已经成为制约商业银行中间业务发展的瓶颈。

八、国内商业银行中间业务发展的外部环境分析

（一）政策法律环境分析

我国在 1995 年颁布了《中华人民共和国商业银行法》，该法第四章第四十三条明确规定商业银行在中华人民共和国境内不得从事信托投资和证券经营业务，不得投资于非自用不动产，在境内不得从事向非银行金融机构和企业投资，确立分业经营原则。1999 年 7 月 1 日颁布的《证券法》重申了银、证分业经营的原则。分业经营的相关法规限制了商业银行的业务经营范围，在长期的分业经营过程中，银行的经营业务范围狭窄，业务品种单一。

2000 年 9 月，中国人民银行和中国证监会联合发布了《商业银行中间业务暂行规定》，明确了商业银行在经过中国人民银行审查批准后，可开办金融衍生业务、代理证券业务和投资基金托管、信息咨询、财务顾问等投资银行业务。有关商业银行被允许经营投资银行业务的法规出台，为我国商业银行拓展中间业务领域亮了绿灯。2002 年 6 月出台的《商业银行服务价格管理暂行办法》意味着银行可以根据成本收益确定自己提供的服务价格，将对商业银行收入结构的调整、盈利能力的增强起到重要作用，使中间业务真正成为国内商业银行主营业务之一变为可能。

此外，加入 WTO 后，我国银行中间业务的发展将面临难得的政策机遇。第一，宏观政策导向将推动商业银行创新机制的建立，引导商业银行开办更多的新业务品种。中外银行在同一原则下竞争，央行必

定会鼓励国内银行探索金融创新，从而加速中间业务新产品的开发。第二，我国金融监管部门将按照国际惯例，实行监管和制定规则。中央银行将按照"三公"的平等竞争原则，提高监管水平，规范市场行为，实施统一规范的中间业务收费标准，引导商业银行中间业务有序竞争、平衡发展。第三，国家允许我国商业银行到海外上市，赴海外设立分支机构或并购海外金融机构，从而为我国银行拓展海外业务市场，尤其是国际中间业务提供了新机遇。

（二）宏观经济环境分析

近年来，由于国家积极的财政政策和稳健的货币政策拉动，我国的经济发展一直保持着稳定增长的态势。预计投资需求将会继续保持在一定的水平之上，居民收入也会继续增长，消费会继续平稳扩大，消费者信心有所增强。第一，推广消费信贷，增加消费需求，为银行卡类中间业务的发展奠定了基础。第二，进出口量逐年增加，对银行发展国际结算等中间业务十分有利。第三，大型商贸集团、超市、连锁店、专卖店等新兴第三产业的迅速发展、日益频繁的对外商务贸易往来、城市工业的发展都使得企业对商业银行中间业务的需求大大增加。此外，个人代理收费、代发工资、资金汇兑、电子汇款、保管箱、投资理财等中间业务需求也日益增加。总之，从目前的宏观经济政策及宏观经济环境来看，对银行发展中间业务是非常有利的。

（三）社会文化环境分析

随着我国经济的发展和城镇居民收入的提高，人们的思想观念发生了一些改变。相当一部分居民把自己积蓄的一部分用于生活或生活用品的消费，其中住房、汽车正逐渐成为消费的热点。但是由于我国社会保障体系还不完善，居民对医疗、养老、子女教育以及买房购车等费用的支出预期增加，必然会抑制居民当期的消费支出，因此整个社会消费水平增长缓慢，与国民经济增长速度不同步。此外，由于受社会信用环境和社会生产力发展不平衡制约，个人投资渠道十分狭窄，再加上债券市场、股市长期低迷影响，居民不得不把钱投放到银行，致使个人储蓄持续增长。在这种情况下，银行应抓住机会，加大对理财类产品的宣传力度，进一步推动理财类中间业务的开展。

（四）技术环境分析

信息技术的发展为银行金融创新提供了平台。银行网络化是银行重要的技术变革。信息技术的发展不仅创新了金融手段，使人足不出户就能享受到电话银行、网上银行服务，而且带动了金融产品创新，如银行卡、网上支付、电子汇兑、代理资金清算等业务，从而促进了商业银行中间业务的发展。

目前，我国已初步建成了金融基础网络技术体系，金卡工程使越来越多的机构和公众分享到了益处。但总体来看，我国金融技术，特别是金融产品开发营销等方面的技术还不尽如人意。相当多的金融机构对于技术在未来竞争中的分量缺乏清晰和足够的估量，仅仅把技术看作是业务支撑，而不是重要的竞争手段，缺乏金融产品研发的系统规划。

（五）行业环境分析

商业银行所处的行业环境主要是金融机构体系，分为三类：第一类是中央银行；第二类是商业银行，其中包括四大国有商业银行和十余家股份制商业银行；第三类是非银行金融机构，包括国有或股份制的保险公司、城乡信用合作社、信托投资公司、投资基金公司、证券公司、财务公司等。

1. 同业竞争者

在同业竞争格局中，四家国有商业银行处于竞争主导地位，垄断了大部分基础客户群体，市场资源占有率居于绝对优势。从总体来看，当前的市场竞争主要体现为国有商业银行与股份制商业银行在人才、客户和特定业务上的争夺，发展态势朝向有利于股份制商业银行的方向发展，但是国有商业银行的寡头地位依然不可撼动。

2. 潜在竞争者

商业银行的潜在竞争者主要是农村和城市信用合作社、城市商业银行以及外资银行，其中最强大的潜在竞争者是外资银行。加入 WTO 后，中国金融市场将逐步实现完全开放，外资银行将按照 WTO 条款在市场准入、国民待遇等方面与我国银行完全一样。

3. 替代服务竞争者

商业银行替代服务竞争者主要是证券公司、保险公司、财务公司及工程造价等各类咨询机构。在代理保险领域，各类保险公司不仅是商业银行的供应商，同时具有替代服务竞争者的双重身份。另外，其他几类竞争者主要以各自的领域优势提供各项咨询、顾问服务，将是银行开展相关中间业务所面临的竞争者。

九、国内商业银行中间业务的发展策略

（一）发展战略

1. 区域战略

（1）经济发达的中心城市要在发展传统中间业务的基础上，重点引进和创新多种高层次的中间业务，开展全方位、立体化的高起点、高科技、高收益的中间业务，以地域的客户为中心，开展远期结售汇、代理发行、承销、担保等各类衍生交易，以高科技服务取胜于同业。

（2）发展中地区，有选择地开展中间业务，研究开发中间业务的中级产品，如航天、汽车、旅游、房产、自动转账交易，以及代理路、桥、高速公路收费等品种，使中间业务操作向方便化、适用化方向发展。

（3）经济欠发达地区，应以拓展传统中间业务为依托，着力开展代收代付、代理理财等初级中间业务品种，进而逐步创造适宜中间业务开展的环境，不断提高公众和企业的金融意识。

2. 阶段战略

（1）近期阶段。当前银行应大力发展风险较低的中间业务，尤其是非信用性、非融资性的中间业务，如金融咨询评估、代理业务、保管、结算等。这些业务有助于吸收存款，改善负债结构，提高客户经营管理水平，加速资金周转，而且还可以提高金融服务功能的层次，扩大服务领域的范围。由于目前对此类中间业务的需求量大，本身风险程度低、手续费收入可观，适应当前银行调整经营结构的需要。

（2）中期阶段。随着经济体制改革的深化、直接融资市场的发展和现代企业制度的逐步建立，银行在近期阶段低风险、低层次中间业务的拓展中已经积累了一定的经验，扩充了实力。这时，银行中间业务的定位，应逐步过渡到风险较高的信用性、融资性中间业务的发展，如担保、承诺、资产证券化等。这类中间业务使银行在提供服务、获取收益的同时要承担不同程度的风险，有可能需要间接占用银行的资金，但同时是资产负债表内业务的延伸，因此大力发展这类业务，能有力地推动银行资产负债表内业务的拓展。

（3）远期阶段。随着现代企业制度的全面建立、金融市场的健全规范发展和全面对外开放，我国金融业必然由分业经营向混业经营转变，我国商业银行中间业务将迎来全面发展的时期。这一阶段银行中间业务的定位，可着重向金融衍生工具拓展，金融衍生工具将成为我国金融市场体系不可或缺的组成部分。

3. 引进战略

西方国家商业银行发展中间业务的经验值得我国银行借鉴，我们可以及时引进大量的中间业务产品和经营技术，对可能的风险可以事先予以警戒和防范。大多数外资银行目前已是国内商业银行的国外代理行，我国银行应充分发挥"后发优势"，充分利用资源优势，建立与外资银行的合作，加强向外资银行的全方位学习，从外资银行的管理技术、金融产品以及风险管理、内部控制、营销策略和信息技术的运用上多加学习，节省开发费用，降低创新风险，拓展中间业务，增强自身的竞争力。

4. 创新战略

我国银行在引进国外中间业务品种的同时，必须结合我国实际情况加以改进，不断推陈出新，发展具有自身优势的中间业务，才能在竞争中获得胜利，确立自己的市场地位。银行金融新产品的创新应以市场为导向，以盈利为原则，建立科学的金融产品开发体系。概括起来有三种途径：①借鉴和利用同业间已研制成功的产品，同时加以优化；②对传统业务进行延伸性开发，突出自己的特色；③按照客户提出的现实需求对市场进行细分研究后，再根据市场的现实情况进行适应性开发并使用。

（二）营销策略

中间业务的市场营销要求商业银行通过对客户金融服务需求的分析和市场细分，为客户开发与提供满意的中间业务产品，并通过合理的定价、便捷的渠道和良好的售后服务实现客户的金融需要，并最终实现自身的经济效益。中间业务的营销方法主要包括以下四个步骤：①确定消费者的金融需求；②根据市场调查结果设计新的中间业务产品或更新旧的中间业务产品；③对已进行过专门研究的消费者提供针对性的营销服务，包括定价、促销和分销等；④满足消费者的需求。

1. 客户定位

对公中间业务的特点是国内结算客户广泛而国际业务与代理业务客户相对集中。银行对公中间业务应在广泛拓展客户的基础上，在技术、产品和费用方面逐步、不同程度地加大对如下客户群体营销工作的支持：

（1）以进出口商为核心溯及生产商、仓储、货运、代理银行及最终用户而形成的国际业务客户链条。

（2）由上端的国家部委、政策性银行、国际金融组织、国外银行、集团企业总部、财产保险公司、资金富集具有资金运用需求的一般客户，下端的国家重点企业，交通、环保、能源行业的企业，城市公用设施建设企业、中小企业、集团内企业、委托贷款用款人等资金使用人构成的代理业务客户链条和群体。

（3）符合银行信贷政策的承兑业务客户。

2. 区域定位

对公中间业务区域定位相对信贷业务比较弱化，特别是重点发展的结算与代理业务适用于银行经营地区，但应根据各业务的特点有所侧重。基本可分为如下六种区域类型：

（1）京津地区：该地区国家部委、金融机构与大型企业集团集中，外向型经济较为发达、资金密集。该地区的分行将列为国际业务的重点分行，应大力发展国际结算业务和贸易融资业务；作为代理类业务资源富集地区应加快发展；适当发展承兑业务。

（2）长江三角洲、珠江三角洲：该地区金融机构发达，大型企业集团相对集中，外向型经济发达，三资、民营及中小型企业集中，资金密集。该地区分行将列为国际业务的重点分行而大力发展国际业务和贸易融资业务；加快代理类业务的开展；适当发展承兑业务。

（3）沿海地区：外向型经济发达。该区域分行将列为国际业务发展的重点分行，应大力发展国际结算业务；加快代理类业务的开展；适当开展承兑业务和贸易融资业务。

（4）中西部地区：大力开展代理类业务；加快发展国际业务；适当开展承兑业务。

（5）内陆地区：大力开展代理类业务；加快发展国际业务；适当开展承兑业务。

（6）东北地区：宜重点开展国际结算业务、代理业务，限制开展承兑业务及贸易融资业务。

3. 产品定位

国际业务与代理类业务可以带来较高中间业务收入并且具有较大的发展空间，是应重点发展的业务；承兑业务受资本约束，发展应与贷款增长同步；结算类业务是重点发展的业务，较少投入，收益明显；担保业务应予限制。

在全员建立品牌意识，树立银行独具特色的产品品牌形象，带动银行中间业务的发展。

4. 市场推广策略

产品市场推广策略的制定可以从分销渠道与品牌建立、企业形象的树立与多种促销手段——广告、销售推广、公共关系、人员促销等的组合与运用四个方面进行，才能进一步赢得更多客户的信任，实现销售目标。

除了现有的直销系统（中间业务专柜、窗口、基层分理处、储蓄网点）和垂直营销系统（网上银行、ATM、POS）以外，还包括以下两种分销渠道：

（1）水平市场营销系统，即两个或两个以上金融企业达成联合，共同拓展新出现的市场机会，期望谋求更大协同的一种销售系统。

（2）委托营销系统，即委托代理人为银行中间业务进行推销的一种销售系统。

根据以上产品推广形式，银行中间业务推广的基本策略是：

（1）以直销形式为分销主体，按中间业务客户市场细分和集约化的原则确定经营主体。对于以政府和企业为主的中间业务，应由分行为主直接经营；对于以个人客户为主的中间业务要由基层网点来承担。

（2）在垂直营销系统主要适用银行卡业务，包括现有的 ATM 和 POS 等终端设备。银行卡业务应改善用卡环境，扩大特约商户队伍。

（3）水平市场营销系统应发挥银行同附属金融企业之间的互补优势，利用其附属金融企业同股东单位的纽带优势，大力开拓投资银行业务，开发资本市场，开拓国际金融市场。

（4）委托营销系统主要是立足于保住区域优势。银行应在某区域选择合适的委托代理人，适当开展中间业务。

当前，银行的企业与个人客户对银行金融产品需求十分丰富的情况下，银行仅仅提供单一的资产、负债或某类中间业务产品是远远不够的，而是应该提供包括客户正在接受的银行产品服务以及相关的服务在内的一个全面解决顾客问题的方案，最终实现客户不仅对单一产品的忠诚度，而且对银行其他中间业务产品的忠诚度。如对资产类业务客户，根据客户的具体需求积极推介审价咨询、代理保险、财务顾问、委托贷款等业务；对负债类业务的客户，积极推介代收代付、银行卡、结算类中间业务；等等。

5. 客户服务策略

银行中间业务产品具备服务产品的特性，因此客户服务策略也构成中间业务营销组合策略中不可或缺的一部分。

（1）产品服务差异化策略。产品服务差异化策略即针对不同的细分市场和目标客户提供有差别、有特色的金融服务。对于不同的细分市场，要充分了解客户的个性化需求，为客户提供富有特色的金融服务，大力开展个性化营销，这是赢得顾客满意的基本条件之一。因此，银行可根据顾客的不同需求细分客户市场，因人而异、因地制宜，对高端客户（国有大中型企业、财政等）提供"贵宾式"服务（如资产管理），对中端客户（中小企业、个人客户）提供"大众化"服务（如投资理财），对低端客户（个人）提供"便利化"服务（如自动转账、信用卡等），使各层次客户的服务需求都可得到满足。在服务方式上，对高端客户，应以营销人员服务和自助服务相结合的方式；对中、低端客户，应以客户自助服务为主。

（2）服务质量管理策略。银行服务质量的提高，要以高素质的员工、先进的经营理念、优良的企业文化为基础。主要措施包括：①建立优质服务文化；②推行标准化服务；③强化服务技巧训练；④建立高水平的服务质量标准；⑤紧密监督中间业务服务履行情况，将服务表现与员工绩效挂钩；⑥建立灵敏的客户信息传导机制。

（三）管理职能建设

1. 中间业务组织机构建设

由于在实际工作中，相当一部分中间业务品种分散在不同的业务部门里，因此需要建立专门的组织机构来推动、协调和管理中间业务。银行可考虑建立中间业务部或中间业务管理委员会，负责联系各业务部门并协调各业务部门在发展中间业务方面的关系，负责全行中间业务新产品的研究、开发、设计、宣传和推广，负责指导、组织、管理、经营全行的中间业务。

银行要进一步明确各项中间业务的具体经办部门及其职责。例如，代理清算业务的主要对口负责部门是科技部、会计结算部；理财业务的主要对口负责部门是投资银行部、私人业务部。各部门要明确各自的职责并对各自管辖的业务全面负责，实行中间业务的一条龙管理。

2. 改善中间业务绩效考核办法

为促进银行中间业务发展，应进一步加大对中间业务的考核奖励力度，具体思路有：①将现行绩效考核办法里中间业务考核指标的设置由中间业务收入占净利息收入比重调整为中间业务收入计划完成值。②将中间业务业绩作为营销人员绩效考核的一部分，使中间业务业绩与其个人收入直接挂钩。③设置中间业务奖励基金，按实现收入的一定比例挂钩费用。④对新兴中间业务实行单项奖励，促进新兴业务快速发展。⑤对传统代理业务收入要严格执行财务制度，实行收支两条线管理，杜绝中间业务收入流失现象。

统筹兼顾各部门利益，建立合理的业务收入分成考核制度。总行、分行间进行业务收入分成时，总行必须从全行利益出发综合统筹。部门之间也应兼顾相互利益，合理分成，只有这样才能提高各部门运作中间业务的积极性。

（四）　基础设施建设

1. 加大中间业务的技术支持

改变传统的依赖分支机构网络的做法，借鉴、引进国内外先进的业务管理经验，加快电子化建设进程。加大金融科技的投入，在更高的层次上对电话银行、网上银行、手机银行进行研发，建立起完善的电子银行业务体系，为外汇中间业务的拓展提供技术支持。

同时，银行应综合管理各种管理信息系统。在现有管理信息系统的基础上，开发中间业务综合管理信息系统，形成纵横贯通的中间业务信息网络体系，在更高层次上发挥产品的中间业务职能，提高产品的竞争力。

2. 积极培养和引进专业人才，提高业务人员素质

具体思路有：①积极引进投资基金、咨询、评估、投资银行、外汇买卖等专业人才；②采取请进来、走出去，多渠道、多形式的方法培养中间业务从业人员；③鼓励广大员工参加注册会计师、审计师、评估师、律师和保险代理人等资格考试，将取得资质证书的人员充实到中间业务部门，为发展中间业务打下基础；④要加强营销人员队伍建设，即建立一支素质优良、业务精湛、敬业爱岗、有良好交际能力和营销技巧的营销人员队伍；⑤加强营业网点一线人员的培训，提高其综合运用各种产品为客户提供服务的能力。

3. 加大对中间业务创新的投入

具体思路有：①建设国内企业通存通兑结算网络，以适应电子商务之需；②发展面向企业的财务顾问和咨询业务；③发展资本市场的代理开放式基金发行、债券发行业务；④发展面向个人的账户管理和投资理财服务；⑤发展面向跨国经营的融通业务；⑥发展面向资产证券化的中间业务；等等。

4. 加强中间业务信息交流

可以通过银行的内部网开办中间业务园地或专栏，及时反映银行中间业务发展情况，加强总分行间、各专业部门间的中间业务信息交流，提高中间业务信息综合利用水平，实现银行中间业务信息共享，促进银行中间业务的发展。

（五）风险管理与防范

1. 中间业务风险类型

相对于资产负债业务而言，商业银行中间业务风险较低，收益与风险始终是相伴随的，中间业务在给商业银行带来可观收益的同时也带来了风险。由于非信用性中间业务直接利用银行的物质、技术优势向社会提供服务，不动用银行的资金，一般认为是风险度较低的中间业务，因此商业银行风险管理的主要对象是信用类中间业务的风险。

根据巴塞尔委员会 1997 年 9 月颁布的《有效银行监管的核心原则》，可以把信用性中间业务的风险分为如下十类：

（1）信用风险。信用风险是指借款人还款能力发生问题而使银行遭受损失的风险。信用性中间业务尽管并不直接涉及债权、债务关系，但由于它多是以或有资产和或有负债的形式存在，当潜在的债务人由于多种原因不能偿付给债权人时，银行就有可能因连带责任而变成真正的债务人。

（2）市场风险。市场风险是指由于市场价格波动而使银行蒙受损失的风险。其风险主要是因利率、汇率等变化而使银行遭受资产损失。尤其在金融衍生产品（包括互换、期货、期权、远期利率协议等）交易中，若利率和汇率的波动方向与银行预测相反，则银行不但达不到规避风险和控制成本的目的，反而使银行蒙受巨大损失。

（3）国家风险。国家风险是指银行在中间业务活动中，以外币供给国外债务人的资产遭受损失的可能性，它主要由债务人所在国的政治、经济、军事、自然灾害、社会环境等各种因素造成。

（4）流动性风险。流动性风险指银行无法以合理的成本迅速增加负债，或变现资产获得足够的资金。在中间业务活动中，如果银行提供过多的贷款承诺和备用信用证，银行就存在可能无法满足客户随时提用资金要求的风险；如果银行在进行衍生工具交易时，想要进行对冲轧平其交易标的的头寸，却找不到合适的对手，无法以合适的价格在短时间内完成抛补而出现资金短缺，银行也面临着流动性风险。

（5）筹资风险。筹资风险或称清偿风险，是指当银行自有资金和闲置资金不足又无其他可动用的资金时，在交易到期日无法履约的风险。这种筹资风险往往发生在那些过度从事杠杆率较高的中间业务活动的银行。它与前述流动性风险密切相关。

（6）结算风险。结算风险是在从事中间业务后，交易对手到交割期不能及时履约而产生的风险，即银行在收到对方一笔款项前对外支付资金结算，到资金清偿期后由于技术或对方经营困难等原因而导致资金支付中断或延迟而产生的风险。

（7）经营风险。经营风险包括银行业务经营风险和内部运作风险。一方面，银行经营决策失误，会导致在中间业务特别是金融衍生品交易中搭配不当，从而使银行在交易中处于不利地位；银行经营失误还会引起资金流量时间上的不对应，从而使银行在一段时间内面临风险头寸敞口所带来的损失，此时经营成本与原来的预期目标发生较大偏差，从而出现收入下降的可能性。另一方面，由于银行内部控制不力，对操作人员的授权管理失误，或者是业务人员工作失误，内部人员利用电脑犯罪作案。另外，各种自然灾害、意外事故等也会给银行带来损失，使银行面临内部运作风险。

（8）信息风险。虽然某些中间业务尤其是金融衍生工具可转移或降低单个交易风险，但由于现行会计制度无法及时、准确地反映上述业务给银行带来的盈亏而使整个银行账目产生虚假变化，所以导致管理层的投资决策缺乏确切的数据基础，同时运作情况重叠越多，错误信息也就越多，银行面临的风险也越大。

（9）定价风险。定价风险是由于中间业务的内在风险尚未被人们完全掌握，因而无法对其做出正确定价而丧失或部分丧失弥补风险能力的损失。由于信用性中间业务自由度大，交易灵活，而且根据交易对象信用等级高低也会有不同的定价。因此，到目前为止尚无统一标准的定价方法，商业银行在从事这一业务时就不可避免地承受定价风险。

（10）法律风险。商业银行承受不同形式的法律风险，包括因各国法律不统一，对中间业务监管宽严程度不一带来的风险；管理条例变化发生的风险；因不完善、不正确的法律意见和文件而造成的风险；以及由于中间业务大多属于创新业务，业务交易对象的法律权力可能尚未界定，现有法律可能无法解决与银行中间业务有关的法律问题等情况而造成的风险。

2. 风险管理

针对中间业务的风险，银行要借鉴国外商业银行的成功经验，加强中间业务的内部风险管理，建立和完善中间业务的风险管理系统，具体措施有以下四点：

（1）完善中间业务规章制度和操作制度。银行应针对每一种中间业务的重要风险点，制定出详细的规章制度进行约束和限制，对容易出现风险的环节重点防范。同时建立以业务操作规程为基础的岗位独立、分工明确、职责分明的业务操作制度。具体来说：①严格岗位分工，切实根据业务运作的要求，因事设岗，因岗定人；②明确责任，相互制约，按照每一项业务至少两人参与记录、核算、管理的要求，明确各个岗位或员工在业务操作中的责权划分，按各自的工作性质、权限承担相应的工作责任；③员工应对自己所办业务的合规性、真实性负责。

（2）加强中间业务风险的基础性管理。内容包括：坚持对客户的信用评估制度，例如对较长期限的贷款担保和承诺，应定期重新协商合同条款，以减少信用风险；制定保护性条款，审核授权买卖的证据，要求对方支付保证金或抵押；合理确定和调整中间业务的价格，商业银行可按客户的信用等级与业务的风险系数收取佣金；重视前台交易和后台管理的结合。商业银行中间业务的管理人员不但要管好前台交易，也要加强对后台的结算、报告系统的管理，强化管理、交易、清算三分离体系。

（3）强化内部稽核监督制度，建立和完善控制评价制度。稽核工作是保障内部控制机制落实的重要环节，总行要强化统一领导、统一管理、直接对一级法人负责的具有相对独立性和权威性的稽核管理体制。在稽核制度上，要按国家和中央银行的金融法律、法规各项规章制度的要求，建立起按中间业务种类规范化的稽核操作程序；在稽核频率上，建立起按业务风险大小和各级机构经营管理水平的高低来确定专项或常规稽核检查的频率；在稽核方式上，采取专项稽核和全面审计，常规稽核和风险稽核，事前、事中、事后稽核方式的有效结合。

（4）加强法制、法规教育，增强银行员工风险意识。银行应经常组织职工学习金融法规，加强对中间业务人员的岗位培训，进行业务知识和风险防范教育，唤醒职工金融风险意识和责任意识，从根本上控制操作风险和犯罪风险，真正做到警钟长鸣，防患于未然。

专栏 1-8

商业银行开展投资银行业务专题研究

一、商业银行投资银行业务的基本范畴

（一）投资银行业务概述

投资银行业务是与传统商业银行存贷汇业务相对应的一个概念，主要包括商业银行业务、传统投资银行业务和现代投资银行业务。商业银行业务主要指财务顾问及融资安排服务，如项目融资、银团贷

款等。传统投资银行业务主要指与证券发行和交易有关的业务，如证券发行承销、证券经纪服务等。现代投资银行业务主要指并购重组顾问以及与资产管理和风险管理有关的业务，如基金、信托、资产证券化和金融衍生工具等。

根据我国现行"分业经营"管理制度，股票发行承销、证券经纪业务等传统投资银行业务，属于证券公司的专属业务，商业银行没有业务资格。现代投资银行业务属于商业银行和投资银行机构共有的业务。

对商业银行而言，通过与投资银行的合作，乃至直接开办部分投资银行业务，可以弥补其在产品功能上的不足，在为客户提供一站式服务的同时，获取一部分收益。

（二）投资银行业务种类

1. 财务顾问及融资安排

（1）政府财务顾问。为政府招商引资、投资环境改善、公用设施建设投融资等经济活动提供顾问服务。

（2）项目融资财务顾问。为客户设计结构化的整体融资方案、协助客户落实融资安排、为大型项目建设融资活动提供 BOT 等结构化融资方案咨询服务，并协助客户安排融资。

（3）企业理财顾问。为企业提供财务制度、红利政策、融资结构、税收方案、营运资本管理（包括应收账款管理、流动资产理财、现金预算和短期融资管理等）、外汇理财、财务比率分析以及财务战略制定等服务，帮助企业提高财务管理能力、降低融资成本、合理避税。

（4）资产重组顾问。协助企业购买、出售、置换存量或增量资产（包括无形资产和有形资产）。

（5）债务重组财务顾问。

包括：①解决债务人财务困难的债务重组。为经营管理不善或受外部不利因素影响致使盈利能力下降、经营发生亏损、资金暂时性紧缺、难以按期偿还债务的企业提供债务重组顾问服务，协助企业与债权人达成和解，争取减少债务本金、债务利息或修改其他债务条件，协助企业避免进入破产程序，解决财务危机并尽早恢复正常经营管理。②降低债务人融资成本的债务重组。在分析企业融资结构（包括期限结构、利率结构以及币种结构等）和融资成本的前提下，运用多种形式的融资工具设计新的结构化融资方案，替换原有成本过高、结构不合理的债务，协助企业合理调整融资结构，降低融资成本。

（6）企业改制顾问与上市推荐服务。为企业的公司化改造、股份制改造、企业性质变更、管理层和员工持股激励以及股权私募等经济活动提供顾问服务。通过与国内外证券公司的合作为企业提供国内主板首发上市推荐以及借壳上市服务。

（7）并购顾问。为客户引进战略投资、寻找并购目标提供顾问和融资安排服务，协助其实现扩大市场份额、扩张企业规模、投资多元化、有效利用财务资源、产权和资源的优化整合等战略目标。

2. 银团贷款

包括：①传统银团贷款；②银团证券化。

3. 证券发行与交易服务

（1）证券公开发行与承销服务。包括企业普通股、优先股、可转换公司债、公司债等证券的发行与承销业务，以及证券上市推荐服务。按照我国现行制度，这类业务专属证券公司。

（2）证券交易经纪服务。目前在我国，形式上只有证券公司能够利用自己在交易所的席位，为投资者提供顾问和经纪服务。实际上，银行通过"银证通"业务，也充当了证券交易的角色，虽不能取得佣金，但可以获得客户保证金资金沉淀。

（3）过桥贷款等融资业务。包括发行前的过桥贷款和公司债担保。在国外还有票据发行便利和证券包销便利。票据发行便利是银行为企业发行商业票据提供的一种备用授信额度。证券包销便利是银行向证券发行承销机构提供的一种授信安排。

4. 资产证券化

资产证券化是指通过"特殊目的载体"和"信用增级"等技术手段，按照"真实出售"和"破产隔离"原则，创设结构性"资产支持证券"，实现投资人对"基础资产未来现金流及相关权益"排他性占有的业务。资产证券化业务能够将缺乏流动性的资产转换为在金融市场上可以出售的证券。

在西方发达国家，资产证券化是一种重要的固定收益或债务投资工具，种类繁多，包括住房贷款证券化、信贷资产证券化等。

资产证券化业务创造了商业银行的直接金融中介功能，实现了商业银行直接金融与间接金融的良性互动，提高了商业银行相对于投资银行机构的竞争能力，对金融市场产生了深远影响。

5. 资产管理业务

资产管理业务包括：①共同基金；②房地产投资信托基金；③风险投资基金；等等。

6. 咨询业务

（1）经济信息咨询服务。包括行业市场信息、行业分析报告、金融财经信息、投融资政策与法规等信息服务。

（2）资信咨询服务。为客户提供商品交易对方的资金信用状况或供货能力的一种征信业务。

（3）评估咨询服务。主要分为企业信用等级评估和固定资产投资项目评估。

二、商业银行开展投资银行业务的必要性与可行性

（一）必要性

1. 开展投资银行业务是商业银行合理突破资本监管等政策限制，加快业务发展的需要

自从银监会 2004 年颁布实施《商业银行资本充足率管理办法》以来，商业银行面临强大的资本压力，不得不实行严格的风险资产总额控制政策，贷款业务受到了极大制约，资本占用、资金来源和

贷款资产业务已成为商业银行业务发展的瓶颈因素。另外，为争取上市，商业银行对中长期贷款业务实行了较严格的限制政策，也影响了商业银行业务的发展。

而作为直接金融工具的资产证券化业务，是传统存贷款业务的重要替代模式，能够帮助商业银行突破"资本占用和资金来源两大瓶颈因素"以及"单一客户和中长期贷款比例限制"对商业银行业务发展的制约。

2. 开展投资银行业务是商业银行适应市场发展趋势的需要

随着我国金融市场的发展，资金供求双方业务需求正在发生深刻变化：一方面，优质企业希望通过企业债等直接金融工具，降低融资成本；另一方面，社会公众、企业和机构投资者等资金提供者不再满足于存款利息水平，希望投资于收益较高且安全性和流动性较高的金融工具。

这种变化在对商业银行传统存贷款业务模式提出挑战的同时，也为商业银行开展资产证券化业务提供了历史性机遇。目前，我国金融市场存在严重的结构失衡问题：直接金融规模太小，间接金融规模太大；股权市场规模太大，债券市场规模太小。政府的政策导向和金融机构的竞争创新，将会导致直接金融，特别是债券工具的快速发展。

商业银行应该抓住这个债券市场大发展的历史性机遇，大力开展资产证券化业务，创造商业银行直接金融功能，满足优质企业降低融资成本和投资人提高收益的需求。通过资产证券化业务，加快债券工具或固定收益类金融工具的创新，突破贷款和存款利率管制，提高商业银行的广义资产和广义负债业务能力。

3. 开展投资银行业务是商业银行适应国际银行业发展趋势的需要

从发达国家银行业发展来看，随着金融创新的深入，商业银行业务与投资银行的界限日趋模糊，综合化经营已成为全球银行业的发展趋势。目前，国外发达国家商业银行大都已发展成为集商业银行业务及投资银行业务于一身的综合性商业银行，是名副其实的"金融百货公司"。

随着金融业的发展，从金融中介功能看，商业银行是间接金融中介，而投资银行是直接金融中介，但随着资产证券化业务的发展，商业银行创造了自身的直接金融中介功能。

4. 开展投资银行业务是商业银行参与国内市场竞争的需要

虽然受"分业经营"政策的约束，我国商业银行目前大都以传统银行业务为主，但随着我国加入 WTO，随着外资银行的进入，以及金融市场竞争的逐步加剧，各商业银行都在力图突破传统经营模式，开发新的业务品种，开辟新的利润增长点。投资银行业务所具有的作用，如强化市场形象、分散风险以增加流动性、培育优质客户群体、化解不良资产、增加收入来源渠道等方面的潜力也渐渐被挖掘。在这种背景下，近年来商业银行业务发展和创新速度不断加快，各商业银行纷纷把目光投向收益较高、潜力巨大的投资银行业务市场，商业银行业务与投资银行业务交叉融合发展已成为我国银行业的一个发展趋势。

目前，工行、建行、中行等国有商业银行分别成立了投资银行部，负责全行投资银行业务的规划和协调，集中力量进入投资银行业务市场。其中，建行和工行正在积极筹办住房贷款证券化业务。

股份制商业银行中，招商银行、中信银行、深圳发展银行等均已成立了投资银行部，全力推进投资银行业务。

5. 开展投资银行业务是商业银行营销高端客户、深度开发现实客户的需要

与四大国有商业银行相比，中小商业银行网点规模有限，必须走"精品银行"之路，以批发金融业务为主。这个战略目标需要商业银行加强对高端客户的营销。而营销高端客户的重要手段就是满足其投资银行业务需求。因此开展投资银行业务是商业银行营销高端

客户的重要手段。

对于一些重点优质客户，单纯依靠商业银行业务已很难成功维系，只有通过投资银行业务与商业银行业务的综合提供，才能满足客户综合性金融需求，商业银行也能获得更多收益，达到密切双方关系、建立长期合作关系的目的。

（二）可行性

1. 金融监管政策的变化为商业银行开展投资银行业务提供了政策前提

长期以来，由于我国金融业实行"分业经营，分业管理"的监管体制，导致投资银行业务与传统的商业银行业务相互分割、独立运作，这在很大程度上制约了商业银行的金融创新和投资银行业务发展。

近年来，为提高中资银行竞争能力和金融服务水平，金融监管当局对相关政策进行了适当调整，使商业银行开展投资银行业务有了政策依据。如《商业银行中间业务暂行规定》明确规定商业银行经批准后，可办理证券业务、金融衍生业务、投资基金托管、信息咨询、财务顾问等投资银行业务。

2. 广泛的客户关系及其投资银行业务需求是商业银行开展投资银行业务的优势和基础

（1）客户的投资银行业务现实需求得不到满足，存在许多市场空白。目前，我国的证券业还不是真正意义上的投资银行业，券商无法满足客户的多样化投资银行业务需求。

（2）商业银行可以利用在长期经营过程中形成的客户资源、资金实力、机构网络等优势，利用与企业的天然联系，结合企业的经营管理状况，为企业的并购重组等资本运作，提供整体方案和全面策划，并辅以合适的融资安排。

（3）企业改制重组和城镇化进程为商业银行提供了巨大的投资银行业务机会。目前，我国正处于城镇化快速发展阶段，城市公用设施建设和房地产行业融资需求旺盛。而商业银行分支机构多位于大中城市。这种网点地理分布特征，要求商业银行必须关注城镇化进程中的投资银行业务机会。

（4）商业银行在信贷资产转让、银团贷款、担保债券发行等投资银行业务领域进行了尝试，有些业务领域如银团贷款已在中小银行中处于领先地位。

三、商业银行开展投资银行业务的基本设想

（一）基本原则

（1）谨慎原则。切实把握好政策界限，严格在法律和政策规定的框架内开办投资银行业务。

（2）循序渐进原则。投资银行业务具体品种很多，商业银行缺乏投资银行业务经验，不可能一下子全部展开，要选好切入点。

（3）集中管理原则。投资银行业务由总行统一规划与管理，并组织推动。

（4）突出特色原则。投资银行业务与其他业务一起形成银行的品牌，在业务推出之初就要统筹规划，选准定位。

（二）总体思路

（1）重视投资银行业务队伍建设。投资银行业务属于"融智型"业务，需要高素质人才来开拓，必须始终将队伍建设放在重要地位。

（2）采取营销团队方式开展投资银行业务。投资银行业务涉及面广，面对客户的综合需求，必须采取团队方式推进业务。

（3）借用外力。建立一支能对商业银行开展投资银行业务提供支持的专家团队，包括产业专家、技术专家、金融专家、政策专家、法律专家等。

（4）将投资银行业务与其他业务有机结合。商业银行开展投资银行业务有利于丰富自己的服务内容，是营销客户、深化服务、密切关系的重要手段。

（5）在重点区域进行重点突破。将长三角、珠三角、京津等经济发达地区作为投资银行业务的重点展业地区。

（6）突出重点产品。将资产证券化、财务顾问、银团贷款作为重点产品来发展。

（三）发展目标

1. 理想目标

（1）建立总行统一集中管理、相关部门和各分支行全面营销的投资银行业务管理模式。

（2）通过4～5年投资银行业务实践，使投资银行业务收入占商业银行全部业务收入的比重达到5%。

（3）树立在中小商业银行中投资银行业务开展的领导者地位，获得广泛的客户认知度和市场影响力。

（4）建立具有特色的投资银行业务产品体系，并有若干在市场上叫得响的投资银行产品。

2. 近期目标

健全投资银行业务组织机构，配备相应专业人员，拟定投资银行业务发展规划，确定重点目标客户并实施营销，尽快使商业银行投资银行业务进入实质性操作。

（四）具体措施

1. 设立机构，明确职责

建议在总行成立专门的投资银行业务拓展部门，组织全行开展以上投资银行业务，使投资银行业务成为商业银行新的利润来源，实现商业银行经营模式的战略转变。初期在公司业务部设立投资银行处或明确投资银行业务岗位，条件成熟后设立投资银行部。重点区域分行成立专门的投资银行业务岗位或部门，配备固定人员，专职负责所在区域的投资银行业务的开发、营销和管理。

投资银行业务拓展部门的职责主要是：

（1）研究投资银行业务产品体系、操作要求、管理模式及最新发展趋势，提出商业银行发展投资银行业务的战略与策略。

（2）引进国内外同业投资银行产品，开展投资银行业务产品创新、论证与推广，为全行开展投资银行业务提供产品支持。

（3）负责组织协调制定商业银行投资银行业务发展、业务考核政策并组织实施。

（4）负责全行投资银行业务的组织协调与管理，负责对全行相关人员进行投资银行业务培训。

（5）负责投资银行业务重点客户的营销拓展与关系维护。

（6）协调行内有关部门进行投资银行业务产品的技术开发、系统建设、核算支持等工作。

2. 做好客户定位与产品定位

对投资银行业务有需求的客户主要有两类：一类是规模较大、创新意识较强的集团客户；一类是发展动力强劲、处于业务上升阶段的中小企业。商业银行在进行投资银行业务定位时，必须结合商业银行特点及市场地位，选择可匹配客户进行营销。对于可开展投行业务的集团客户，可重点在商业银行现有信贷客户中进行筛选，把投行业务作为让银企关系密切的重要手段。重视中小企业、民营企业客户的拓展，重点向这些客户推介财务顾问服务，逐步打造商业银行财务顾问业务的客户定位特色。

（1）以优质大型企业集团和住宅房地产行业为目标客户和目标行业，联合信托公司，大力开展资产证券化业务。

利用资产证券化，替代传统存贷款业务模式，突破贷款和存款利率管制，为优质客户特别是大型集团企业提供低成本"准企业债"融资安排服务，为广大投资人提供"安全性和流动性较高，且收益性较高"的固定收益类投资工具，满足优质企业降低融资成本和投资人提高收益的需求，提高商业银行的广义资产和广义负债业务能力。

以住宅房地产行业为目标行业，利用资产证券化，开展房地产投资信托业务和个人住房贷款证券化业务。

（2）为城市公用设施项目建设提供项目融资顾问及融资安排服务。

目前，我国城市公用设施建设步入快速发展阶段，其中蕴藏着巨大的投资银行需求。

（3）充当外部有关投行机构的营销渠道，通过交叉销售，向商业银行客户提供股票、企业债券、可转换公司债发行承销服务。

例如，针对民营企业的上市融资需求，商业银行可借助证券、资产管理公司的力量，为客户境内外发行上市提供财务顾问及融资安排服务。

（4）联合管理咨询公司、风险投资公司、信托投资公司等合作伙伴，为客户改制、战略重组等经济活动提供管理咨询、风险投资顾问、并购顾问等多种顾问服务及融资安排。

（5）搞好"银证通"业务，取得交易所特别席位，建立和发挥商业银行证券交易渠道功能。

申请开立深圳、上海证券交易所，大连、郑州商品交易所，上海有色金属和燃料油交易所特别席位，并对席位实行集中管理，在法律法规许可范围内为客户提供投资结算服务及质押贷款融资服务，丰富和完善商业银行交易渠道功能。

（6）针对中小企业、民营企业提供上市融资财务顾问（借助证券公司力量为其进行海内外证券市场上市融资）和理财顾问（增加客户收益，加强客户现金管理）。财务顾问是提高业务含量和产品附加值、进行业务创新的突破点，国内银行业尤其是大银行已经进行了成功的尝试，并已产生了广泛的市场响应。商业银行开办此业务，属于市场跟进。

3. 配置资源，保证业务开展

（1）人力资源。为总行公司业务部核定投资银行岗位编制数量，要求总部、上海及深圳分行必须配备 2～3 名投行业务人员。投行业务人员可以从证券公司、基金公司等机构招聘，也可以培养行内现有人员。逐步增加投行人员比重。

（2）为开展投行业务提供必要的办公条件、费用、考核和培训支持。投行产品开发费用与客户营销费用专项列支。以投行产品的市场影响力、商业银行实际业务收入为考核导向，收入适当向投行人员倾斜。加强业务培训，增强全行投行业务意识，在全行普及投行业务理念、营造氛围。

（3）宣传。在投行业务开展初期，真正的经济收益比较有限，关键是能提升市场形象。加大市场推广活动更有助于这一目标的实现。

（4）市场化定价机制。与标准化银行产品不同，投行产品属于融智型金融服务，主要靠供需双方协商定价。在与商行业务搭配销售时，要算综合账，只要商业银行综合收益高于成本就可成交。

（5）领导重视，将投行业务提升到商业银行的战略高度来抓。重点区域分行如北京、广州、上海、杭州等分行领导尤其要重视，要明确专人、设置专岗来推动投行业务开展。

（6）建立投行业务与商行业务的风险分隔机制，增强从业人员的风险意识。商行业务与投行业务可以综合向客户提供，但两者的风险隔离机制必须建立。

4. 明确规划，确保投行业务稳步推进

银行的总行公司业务部门着手开展投行业务的开发工作，明确业务发展重点，制定业务发展规划。

（1）正式成立投资银行业务处，明确职责定位，人员及时到位，正式投入运行，开始项目库建设、操作规程制定等工作。对商业银行现有产品进行清理归类，需要完善的（如信贷资产转让、银团贷款等）抓紧完善，尚未开展的着手进行研发。

（2）做好投行业务开办前的所有准备工作，如制定分品种的投行业务操作规程、管理办法、会计核算手续、科技系统支持等。对重点区域分行的营销人员开展投行业务培训，组织其到其他银行进行考察学习。寻找并确定适宜开展投行业务的客户。

（3）将投行业务资料整理成适合宣传推介的材料挂在商业银行网站上，并通过客户见面会、产品推介会、新闻媒体等方式进行宣传，营造商业银行已启动投行业务的声势。

十、工作建议

（一）产品研发建议

营销人员在拓展客户时，客户有时会提一些业务需求，而自身所服务的银行当时还没有产品能满足这些需求。从更好地服务客户、增强银行收益角度看，营销人员应积极开发新产品来满足这些需求。而开发新产品、向市场推出新产品都需要得到银行的认可才行（一些产品还需银行动用很多资源进行多部门、多人员的联合开发），因此，营销人员应学会写些关于新产品开发的工作建议，以便银行能接受自己的想法。

专栏 1-9

我行关于申请开办离岸银行业务的建议

我围绕离岸银行业务对监管部门及金融同业进行了广泛调研，在此基础上形成如下专题报告，并提出一些建议，请审阅。

一、我国对离岸银行业务的主要监管规定

我国监管部门对离岸银行业务的监管依据主要是中国人民银行1997年10月发布的《离岸银行业务管理办法》（以下简称《管理办法》）和国家外汇管理局1998年5月发布的《离岸银行业务管理办法实施细则》（以下简称《实施细则》）。《管理办法》及其《实施细则》

明确了离岸银行业务的定义、开办申请及业务管理的内容。

离岸银行业务是指经国家外汇管理局批准经营外汇业务的中资银行及其分支行吸收非居民资金，服务于非居民的金融活动。经营币种仅限于可自由兑换货币；非居民是指在我国大陆地区以外（含中国香港、中国澳门、中国台湾）的自然人、法人（含在境外注册的中国境外投资企业）等，包括中资金融机构的海外分支机构。

银行经营离岸银行业务，应当向国家外汇管理局提出申请。经国家外汇管理局批准，可在批准的业务范围内经营。未经批准，银行不得擅自经营或者超范围经营离岸银行业务。银行可以申请经营下列部分或全部离岸业务：外汇存贷款、国际结算、同业外汇拆借、发行大额可转让存款证、外汇担保、外汇买卖、咨询鉴证业务以及国家外汇管理局批准的其他业务。银行总行申请经营离岸银行业务，由国家外汇管理局审批；银行分行申请经营离岸银行业务，由当地外汇局初审后，报国家外汇管理局审批。经批准经营离岸银行业务的银行自批准之日起 6 个月内不开办业务的，视同自动终止离岸银行业务，国家外汇管理局有权取消其经营离岸银行业务的资格。

国家外汇管理局对离岸银行业务主要采取如下管理：银行对离岸银行业务应当与在岸银行业务实行分离型管理，设立独立的离岸银行业务部门，配备专职业务人员，设立单独的离岸银行业务账户，并使用离岸银行业务专用凭证和业务专用章。银行对离岸银行业务风险按以下比例进行单独监测：离岸流动资产与流动负债比例不低于60%，与离岸总资产比例不低于30%，对单个客户的离岸贷款和担保（按担保余额的50%折算）之和不得超过该行自有外汇资金的30%，离岸外币有价证券（蓝筹证券和政府债券除外）占款不得超过该行离岸总资产的20%，离岸银行发行大额可转让存款证的余额不得超过上年离岸负债月平均余额的40%，等等。

二、我国银行离岸银行业务的开办情况

离岸银行业务与在岸银行业务的主要区别在于两个规避：规避

税收和规避监管。从国际趋势看，随着 20 世纪 90 年代以来金融自由化的深入及各国政府竞相放松对金融市场的管制，使得离岸市场的原来优势有所淡化乃至消失，在岸与离岸的界限趋于模糊。从我国看，早在《离岸银行业务管理办法》发布前的 1989 年 6 月，招商银行就在全国率先获准试办离岸银行业务，鼎盛时期，存款、贷款、结算和利润曾分别占到全行的 21.8%、35.5%、34.8% 和 19.6%。随后，有关部门又相继批准中国工商银行深圳市分行、中国农业银行深圳市分行、深圳发展银行、广东发展银行深圳分行四家银行办理此项业务。在离岸银行业务实行"内外分离，两头在外"的经营管理原则下，当时深圳各商业银行离岸业务的发展主要采取"内外分离型"的经营模式，即各行设立离岸业务部，专门经营离岸业务；离岸业务与在岸业务实行分账管理、独立核算、行内并表；离岸账户与在岸账户严格区分。在地域分布上，各行离岸客户群主要分布在中国香港、澳门地区，即以中国香港等地的中资企业以及国内外商投资企业境外股东为主要服务对象，90% 为中国香港客户。而在业务种类上，也是以传统的存、贷、结算等业务为主。

1999 年初，因亚洲金融危机的爆发使离岸银行业务风险凸显，一些商业银行在经营管理上也不规范，央行为防止资本外逃和保护本国金融体系，遂下令暂停该业务。1998 年 8 月广东国际信托投资公司倒闭，债权银行对所有中资企业进行惩罚，使不少属中国政府窗口公司的客户陷入困境。央行的"急刹车"政策和债权银行的"惩罚"政策导致我国银行离岸业务形成很多不良资产，开办此项业务的五家银行"损失惨重"。以招商银行为例，1999 年末离岸贷款余额折合人民币 83.51 亿元，其中不良贷款 55.85 亿元，占离岸贷款的 66.89%，占全行贷款的 6.74%，离岸贷款呆账准备金 20.10 亿元。经过几年清收，到 2001 年末，离岸贷款余额折合人民币为 40.82 亿元，其中不良贷款额高达 38.09 亿元，占全部离岸贷款的 93.31%，占全行不良贷款的 2.72%，离岸贷款呆账准备金达 11.5 亿元。

随着国内经济金融运行的日益稳定和银行经营管理的日益规范，中国人民银行于 2002 年 6 月决定对离岸业务"松绑"，批准招商银行、深圳发展银行、上海浦东发展银行和交通银行开展离岸业务，开办范围是其总行所在地深圳和上海。比起 1999 年离岸业务叫停之前的做法，央行此次重新启动上海和深圳四家银行离岸银行业务，附带了更加严格的政策控制，除了先前呼声很高的税收优惠政策至今尚未出台外，还取消了原先允许"离岸资金头寸与在岸资金头寸可以在上年离岸总资产的月平均量的 10% 范围内相互抵补"的规定，严格杜绝内外市场的相互渗透。此外，央行还明确规定在岸资金不得为离岸资金作担保。

三、我国开办离岸银行业务的主要经验教训

从国内银行开办离岸业务的历史及现状来看，典型特点有二：

（1）离岸资产业务问题较多，不良资产严重，出现亏损现象。据了解，有的银行离岸部不良资产高达 46%，远远高于国内在岸银行的不良资产比例标准。近期，由于中航油的濒临破产清算，使得招商银行（1900 万美元）、上海浦东发展银行（1282.5 万美元）、交通银行（1045 万美元）不良离岸贷款比例再度升高。

（2）2002 年监管部门开禁离岸业务以来，鉴于以前离岸业务遭遇的风险和新监管规定，各家银行另辟蹊径，寻求离岸银行业务的发展点。离岸负债业务、离岸国际结算和贸易融资业务、离岸网银服务成为现阶段离岸银行业务的新亮点。例如，深圳发展银行解决离岸客户授信问题的 D/A 押汇产品、为解决在岸客户转移信用到离岸客户的背对背信用证产品等国际结算产品，并上线离岸网上银行，为离岸客户提供全天候 24 小时服务。2004 年上半年，深发展国际结算量相当于 2003 年全年的国际结算量，增幅为 180.8%，由此带来的离岸存款增幅为 72.2%，从而使得深发展离岸业务整体经营状况已位居国内四家持有离岸业务牌照银行的首位。

造成国内银行离岸资产业务质量不佳的原因主要有如下四个方面：

第一，客户选择不当，客户群质量不佳。离岸业务的经营对象是中国香港地区、中国澳门地区和境外客户，作为国内银行对其境外客户的资信状况了解有限。加之目前离岸客户多为规模较小的贸易公司，这些境外公司将离岸银行作为其融资渠道，将自身资金风险转嫁给离岸银行，造成银行贷款质量不高。

（1）一些境外中资公司通过离岸银行融资并以此作为外商投资企业外方投资资本金，达到享受境内外商投资企业优惠政策的目的，将本应由其自身承担的股东投资风险转嫁给银行。例如，某境外公司在离岸银行申请贷款，贷款用途为流动资金。在获得贷款的当日，该境外公司便将1000万美元的贷款额划入境内某公司的资本金账户，作为境内外商投资企业的注册资本金。

（2）一些离岸企业利用离岸外汇质押、境内客户申请在岸人民币贷款的途径，将国外游资结汇转换为合法人民币进入境内流通渠道，将境外短期资本流入境内投资，从而逃避资本项目管理。这也是2004年大量游资涌入我国的一条渠道。

第二，从事离岸业务的银行未严格按外汇管理规定办理在岸客户与离岸客户的资金往来，一定程度上造成客户离岸资金与在岸资金的交叉混用；同时，其自身资金和业务的渗透，容易形成隐性外债和资金风险的转移。

（1）银行缺乏自律，一定程度上为不法资金转移创造便利。外汇法规明确规定，离岸账户和境内居民账户发生资金往来，银行须视同境外和境内发生资金往来，按照外汇管理规定办理业务。然而，有时银行从自身利益出发，不能严格把握离岸资金和在岸资金的隔离带，造成客户离岸资金与在岸资金的交叉混用，使在岸资金流入境外逃避外汇监管，国际游资流入境内进行套汇、套利投机。这是监管当局严格禁止的，尽管银行可能得一时之利，却承担着较大的政策风险。

（2）银行利用离岸与在岸业务的联动作用，将离岸资产风险转换为在岸资产风险。例如，某银行离岸部为其境外客户办理贴现业务，后由于开证行出现信用危机，不能如期支付已承兑的汇票款项，该在岸分行便发放等值的人民币贷款给开证申请人，以进口货物的名义购汇冲销了离岸部的贴现不良款。然而就银行而言，其资产风险总量没有改变。

第三，从事离岸业务的银行抗风险能力较差。由于离岸银行业务经营的是境外自由兑换货币，并且不受资本管制，离岸银行业务的外汇存款、外汇贷款较易受国际金融市场及国际游资套汇、套利投机活动的冲击。各银行防范及控制风险能力不强，离岸资产规模较小，资金来源途径单一，经常出现离岸存款依赖少数几个客户支撑的局面。因此，抗风险能力较差。亚洲金融风暴及广东国际信托事件对各行离岸银行业务在境外的拓展，特别是对负债业务的开展造成巨大的冲击，甚至一度影响个别银行对外支付。

第四，国内银行在人才、资金、技术等方面与离岸业务的开办要求有相当差距。离岸银行业务要求按国际惯例操作，对目前银行的经营管理有着很高的要求。

四、对我行开办离岸银行业务的建议

对国内银行来讲，离岸业务是一柄"双刃剑"。一方面，离岸业务尤其是离岸资产业务蕴涵着巨大的风险；另一方面，离岸银行业务毕竟能够丰富银行的业务品种，为银行多了一条利润渠道和竞争优势，并且与在岸业务相比，还具有非居民资金汇往离岸账户和离岸账户资金汇往境外账户以及离岸账户之间的资金可以自由进出，以及吸收离岸存款不必缴纳存款准备金等优势。只要能有效控制风险，在科学界定目标客户和业务品种的基础上，离岸银行业务能够为银行带来一定的收益。此外，开展离岸负债业务，又有各类出口议付、托收、划汇、结汇等国际结算手续费收入。

近年来，国内企业尤其是发达地区的企业对离岸银行业务具有较大的市场需求。以浙江省为例，2004 年浙江外贸顺差达 310.9 亿美元，成为全国首个贸易顺差超过 300 亿美元的省市，一般贸易居全国第一位。在浙江，民营企业已成为外贸主力军，出口占全省出口比重达 41%。高度发达的民营中小企业、外贸企业具有自身的运行特点：为了方便货款、佣金等对外支付，出口收汇习惯于先收到各国内银行的离岸账户，当需要资金时，再把离岸账户的资金划入国内银行的在岸账户。在浙江宁波，有深圳发展银行、中信银行、招商银行、浦发银行、宁波国际银行、浙江商业银行六家银行开展离岸银行业务。我行由于无法开展离岸业务，在实际操作中，往往需要客户把资金从他行的离岸账户划到我行的在岸账户，既浪费客户的划汇时间（需两天左右），又使客户产生了划汇费用，直接导致了原有客户业务量的流失及新客户开拓的困难。

鉴于此，结合我行目前风险控制较弱以及资本充足率较低等特点，对我行开办离岸银行业务提出如下建议：

第一，向国家外汇管理局提交开办离岸银行业务的申请，尽早取得监管部门颁发的业务牌照。

第二，认真吸取国内银行开办离岸业务的经验教训，组织力量着手进行离岸银行业务的开办规划工作，明确开办重点。

1. 客户定位方面

（1）以熟悉的国内客户设立的境外企业为主。

（2）在资源有限的条件下，以能促进在岸业务发展的客户为重点。

（3）在满足国内客户境外投资的融资需求时，尽量避免融资过于集中，单笔金额过大，侧重支持已取得中国出口信用保险公司信用保险的客户。

2. 区域定位方面

重点在长江三角洲地区的分行开展离岸银行业务。

3. 业务定位方面

我行可以开展离岸银行业务，应充分考虑各阶段的国内国外经贸发展和金融市场变化，结合我行特点，有选择、有侧重地开展离岸银行业务，不能一蹴而就、一哄而上。

（1）中间业务为发展方向，国际结算业务是发展重点。因为此类业务比较切合离岸金融市场客户国际贸易量大的需求，风险相对较低，可以预测、掌控，并且较容易带来离岸存款。

（2）离岸资产业务为补充。鉴于我行目前资本充足率较低，风险资本属稀缺资源，应更多向风险易控、会计制度和法律都较熟悉、能带来较多派生业务的在岸业务倾斜；离岸资产业务仅作为一项补充，在预计取得较高的综合风险收益前提下，可以占用一定的风险资本来开展业务。实际上，我行已经在做离岸贷款业务，如一直在做的境外银团贷款。因为根据外管局有关外汇贷款的规定，银行外汇贷款业务包括境内外汇贷款和境外外汇贷款，监管部门对国内中资银行承做境外银团贷款业务是不反对的。对于境外银团贷款，应避免两种极端偏见：一是认为银团贷款业务品种天生无风险；二是由于我行中航油银团贷款的预期损失、天津华桑银团贷款的不顺利（欧亚农业银团贷款由于在提款前该企业丑闻爆出而终止）就认为银团贷款触碰不得。银团贷款比一般双边贷款更为复杂，对专业水准要求更高，既有风险共担的特点，更需要参加行做出自己的独立分析判断，并据此提出有理有利的谈判条件，而非依赖他行。在开展离岸贷款业务时，不应以是银团贷款还是双边贷款为判断或偏废，风险调整收益的高低才是公正的取舍标准。

4. 注重电子化建设

电子化技术将使离岸银行业务如虎添翼，成为银行提高自身竞争力不可或缺的要素。

（二） 对重大问题所提的建议

除产品开发建议外，营销人员还可结合银行发展需要，就一些关键问题提出自己的想法。这对银行和自身都有好处。对银行来讲，可以听到对自己发展有利的建议；对营销人员来讲，可以让领导了解自己的工作能力，如建议被采纳，自己也会有较大的成就感。当然，建议可长可短，但一定要有针对性、要有说服力。

专栏 1－10

关于××银行对公客户市场定位的建议

一、商业银行对公客户的市场定位及其启示

（一） 商业银行的市场定位

1. ××银行的定位

该银行只是在信贷政策上略有侧重，采取的是能赚谁钱就赚谁钱的原则。

2. ××银行的定位

该银行提出以公司业务、个人业务、房地产金融业务、中间业务为四大支柱业务的市场定位，以及"重点行业、重点产品、重点区域和重点客户"的"四重"营销策略，实际上就是这个战略的延续。现在其总行重点客户高达 1000 多家。

3. ××银行的定位

该银行定位于服务中小企业，但从其信贷投向看，实际上也在向大企业倾斜，并没有全心全意支持中小企业。

4. ××银行的定位

该银行过去的客户主要是专业外贸公司，现在专业外贸公司客户在整个客户群体中只占较小的比重。目前提出了"大公司、大零售"的战略定位，以公司业务和零售业务为主线，组织全行资源服务于这两大业务对象。

5．××外资银行的定位

当前由于受政策限制，该银行在国内的服务对象选择范围还不是很大，主要是三资企业及外商独资企业。

（二）启示

明确提出一家银行只服务哪个市场可能是不明智的，况且现在市场已呈现多元化状态，出于分散风险及拓展业务的需要，银行的市场定位应该是网络结构，即以能否创造效益为中心，围绕这个中心决定客户的市场定位，只要能给银行带来效益的就是好客户，就是银行的服务对象。当然，列出一段时期内客户工作的重点也是应该的，即重点向哪些行业、哪些客户倾斜，但这只是导向性的要求。

二、关于我行对公客户的市场定位问题

（一）我行对公客户市场定位的出发点

1．体现我行的可比较竞争优势

我行与其他银行相比，既有优势，也有不足，应根据我行的相对优势进行客户定位。在客户定位时，既应借鉴其他银行的定位内容，更应突出我行的差别优势，力争有特色地定位，并将此定位作为我行特色对外进行宣传。比如我行有××、××等特色产品，但也有网点较少等不足，故在结算、贷款等方面应侧重于跨区域性、集团性客户，在存款方面应采取遍揽客户的原则。

2．保持客户工作的连续性、动态性

应与我行过去的客户工作相衔接，做好劣质客户的平稳淘汰和绩优客户的平稳进入，避免对业务产生较大的冲击。要结合经济发展的新情况、新形势，将一些新出现的、生命力强的、对我行业务发展有益的新型客户（如外资银行、基金公司）纳入我行的营销范围。

3．适应经营管理模式的需要

"大总行、小分行"模式是市场经济国家较多采用的一种以集权化管理、集约化经营为核心内容的新型的经营管理模式，是我行今后在经营管理方面进行改革的目标模式。因此，客户定位应体现这个原则。比如，随着部分业务权限的上收，在我行经营中大客户应比小客户占据更重要的地位。

（二）具体定位

1. 对公客户的基本分类

从我行实际情况出发，可对我行对公客户进行如下分类：

（1）按服务品种类型，可分为存款客户、贷款客户和业务综合类客户。

（2）按规模，可分为大型客户、中型客户和小型客户。

（3）按行业，可分为能源、交通、通信、城市公用设施、石油化工、纺织、建材等。

（4）按性质，可分为工商企业类客户、机关团体类客户和金融同业类客户。

此外，还可按与我行的合作程度、是否上市等标准进行划分。

2. 市场定位

我行对公客户的工作目标是随着我行按客户核算和产品核算机制的不断完善，通过全行上下强有力的营销与服务，形成一大批对我行利润贡献度大的优质客户、重点客户群体。我行客户的分布范围应在适当集中（如行业、地区、规模）的基础上，尽量扩大一些，客户选择的核心不仅仅是规模、行业和性质，关键是要看客户能对我行产生多大的贡献率。

从目前来看，按客户对我行的贡献率来进行定位尚有一定困难，需要逐步过渡。因此，当前我们要从宏观经济形势和我行发展的现实需要出发，按照我行客户定位的出发点和基本原则进行对公客户的市场定位工作。具体来说，近一个时期我行应从以下范围内选择我行的对公客户：

（1）信贷业务方面，要继续采取大客户战略，同时积极拓展成长性强、发展潜力大、市场前景好、还贷能力强、信誉良好，并占有较高市场份额的中型企业；存款业务方面，在积极营销机关团体、金融同业等客户的同时，继续采取广结善缘、遍揽客户的方式，最大程度地扩大我行存款客户的范围，进一步优化存款结构；同时，利用我行传统的业务产品并结合现有的××、××、××等特色产品努力拓展一批业务综合类客户。

（2）对有市场、有效益、信用好、有发展前途、合作良好的老客户要继续稳固；对那些效益差、信用不良及发展前途不好的客户要敢于淘汰，建立劣质客户的退出机制；积极培育新客户，大力开发能源、交通、通信、城市公用设施、医药生物制品、石化加工、汽车制造等行业的大型绩优客户。同时支持以下几类企业：符合国家产业政策的出口创汇型、技术创新型、专业配套型、环保型企业；管理规范、实力雄厚、市场前景良好的绩优上市公司；实力雄厚的大型国有企业和三资企业；已形成规模、技术成熟且前景良好的高新技术企业。

（3）在积极拓展能源、交通、通信、城市公用设施等工商企业类客户的同时，积极拓展机关团体类客户和金融同业类客户，尤其是金融同业类客户。要重视对党政机关、军队、事业单位、社会团体、医院学校等机关团体类客户和银行（含中资银行和外资银行）、证券、保险、基金等金融同业客户的开拓。

三、其他业务建议

（1）应将客户定位工作制度化。我行应建立完整的市场定位机制，以提高定位的科学性。通过加强对宏观经济、行业、地区及金融同业的分析工作，明确哪些行业应该介入，介入程度达多深，最终再落实到客户定位方面。

（2）客户定位应该有强有力的支持系统做保证。产品服务、风险管理、制度保障、管理信息系统等工作都要跟上，否则客户定位无法落到实处。

（3）关于区域定位。除沿海、沿江 T 字形经济发达城市外，建议对西部地区经济发达城市也给予关注，如西安、成都、乌鲁木齐等。

（4）缓解对公业务与对私业务不平衡问题。不平衡问题对中小银行来讲非常严重，这在一定程度上是由中小银行的特点造成的。对公业务与对私业务在近期内能全面发展当然是我们追求的理想目标，但事实上很难做到。对私业务的发展主要靠网点和业务产品。在网点上，我行与中国银行、中国农业银行、中国工商银行、中国建设银行等大银行相比不具备优势，且大规模铺设网点也不符合成本收益原则，因此只能在代客理财等业务品种创新方面吸引私人客户（且是中高收入阶层）。另外，对中小银行来讲，存款稳定性差，同对公业务与对私业务失衡有直接原因，又同对公业务内部结构不尽合理有关联。

综上所述，对公业务与对私业务的协调发展是我行的追求目标，但近期仍要有所侧重，具体建议：进一步发展对私业务，但在网点铺设等方面要量力而行，重点在对私业务的产品创新上有所突破；重点加大对公业务工作力度，但特别要注意对公业务的结构问题，集中度应保持在合理水平上（即前几位客户的占比不能太高，如存款、贷款均不能过分集中）。

（三）政府咨询建议

我们经常说银行要"找市场"而不要"找市长"。其实这话只说对了一半，银行固然要向市场要效益，通过市场竞争提升自己的盈利水平，但也不要一味地不找"市长"。没有纯粹的经济学，任何经济学都是政治经济学。会经营的银行应该把"找市场"和"找市长"有机结合起来。越来越多的银行通过与政府签署《战略合作协议》而获得了更多的市场机会。在与政府合作过程中，银行不能仅提供项目贷款、资金结算、代理财政等日常业务，而是应发挥自身的特长，为政府提供高附加值服务。

专栏 1-11

对地方政府化解地方金融风险的建议

一、地方政府要高度重视，协调运用各种手段，解决影响金融安全的突出问题

（一）地方政府首先要高度重视金融风险问题

地方政府支持是化解地方性金融风险的关键。地方政府能够也应该在金融风险防范中发挥重要作用。地方政府行政效率相对较高，对经济活动的影响较大，解决金融问题的手段也比较丰富。地方政府既可以通过各项政策引导经济金融活动，又可运用行政手段解决影响金融安全的各种矛盾和问题。要主动与银行金融监管部门建立依法打击社会非法金融行为和逃避银行债务的联系制度，必要时借助司法力量、动用行政手段消除影响金融安全的不稳定因素。同时坚持正确的舆论导向，在舆论上创造一个良好氛围，避免敏感性事件通过舆论媒体无规则向社会散发，进而引发全面金融危机。加强社会金融风险意识教育，提高市场主体识别、防范风险的能力。重视社会信用体系建设，增强社会信用意识，有效制止社会失信行为。取消针对地方性金融机构的歧视性政策，创造一个地方性金融机构与大银行平等竞争的金融环境，政府和有关部门在制定政策时，要考虑到对地方性金融机构可能产生的影响，至少不能给其造成冲击。要关注地方性金融机构的发展动态，多从正面帮助和支持地方性金融机构的发展，在政策上帮助地方性金融机构渡过难关，如某些政府有决定权的新增业务适当向地方性金融机构倾斜。对地方性金融机构已经出现的风险，政府要通过协调资金、清收债务、化解矛盾等措施主动参与协助地方性金融机构的风险化解工作。建立针对金融机构的风险评估指标体系，并根据此指标体系同监管部门一起对辖区内的所有金融机构按风险程度进行分类，然后采取一个机构一个对策的区别治理原则，对风险度偏高的金融机构进行重点跟踪监

测，确保将危机消灭在萌芽状态。让金融机构在确保信用支付的前提下，逐步走上稳健发展的轨道。

（二）确保经济稳定运行，为地方金融的风险规避夯实实体基础

经济是金融的基础，经济决定金融，如果没有经济的发展和经济实力的提高，银行乃至所有的金融机构就无法运作更多的资金投入到实体经济之中，造成金融机构萎缩，金融业务停滞。没有经济的发展，也就不可能对金融机构提出更高的和更新的业务要求，金融机构也就失去了创新的动力和活力。没有经济的发展，银行即使增加了贷款，也会由于企业无力偿还而使贷款不良，造成银行信贷资产质量的低下，制约银行业的发展壮大。经济发展也离不开金融支持，没有金融支持，实体经济就是死水一潭。经济与金融的辩证关系充分说明，只有经济发展了，金融机构的业务才能健康发展，才能有效地化解金融风险，金融业务创新才有动力。如果经济不发展，金融业务萎缩，不仅不能化解已有的风险，还会带来新的风险，不发展就是最大的风险隐患。在夯实经济发展基础的同时，要加快金融业的发展。只有金融业务发展了，才能为金融机构带来新的利润，才能消化已有的不良资产，化解风险，也只有及时化解金融风险，才能保证金融业健康发展和对经济发展的有力支持。

（三）地方政府就对金融机构的监管问题与监管部门建立密切的联系制度

地方政府应充分认识到自己在防范地方金融风险中的职责，找准自己的角色，增强对金融信息的分析和处理能力，按照防范胜于救险的基本原则，主动加强与监管部门的联系，及时获悉辖区内金融运行的基本状况和突出问题，与监管部门步调一致地处理逃避银行债务的企业和个人。在应对突发事件和处理危机方面，地方政府和监管部门、人民银行要有事先约定的制度，即使在日常监管和经济调控过程中，也需要不断的信息交流与磋商。只有这样，才能避

免监管的真空和重复，以及政策上的矛盾和反复。几家单位要一起共同构筑起防范地方金融风险的防火墙，正确处理金融风险防范与保持社会稳定的关系，合力督促金融机构从单纯追求资产负债扩张转向以稳健经营、效益最大化为经营目标。

（四）推进金融机构内部控制机制和风险防范机制建设

防范风险，金融机构是关键。监管部门和地方政府要定期对金融机构内控机制和风险防范机制建设的情况进行检查评价，督促金融机构经常自下而上进行自查，并针对检查出的问题进行整改。

（五）高度重视对地方性金融机构流动性风险的管理

在金融机构经营实践中，对信用风险和利率风险关注较多，而对流动风险关注较少。实际上，流动风险不确定性强，冲击力大，可能触发支付危机，酝酿金融风险，被称为金融机构最致命的风险。金融机构的危机，不论深层次原因如何，最终的表现一般都是流动性的丧失。通常情况下，市场信心不足，客户担心其在金融机构的资金安全而发生提取乃至挤兑，致使金融机构面临着流动性危机。值得注意的是，流动性危机并不一定都出现在金融机构经营极端恶化的时候，在其经营状况正常、盈利情况良好时也可能出现。

（六）引入市场力量，形成共同监管地方金融风险的局面

金融业发展的区域差别性很大，单凭监管部门和地方政府，显然力量不足。为使地方政府和监管部门从具体事务性工作中解脱出来，集中力量解决重点和难点问题，有必要引入市场力量，强化市场机制对金融风险的约束。市场力量发挥作用的前提是金融机构必须完善信息披露制度和内部治理结构。金融机构经营的市场约束主要来自两个方面：①社会中介力量。将一部分工作，诸如信息披露、咨询评估、财务审计等交给社会中介力量来做，即引入外部审计监管力量。外部审计在防范金融风险中的作用主要体现在两方面：一是对对外公布的信息真实性的审计，二是针对地方政府和监管部门

专门需要而进行的审计。②客户、股东、社会公众以及金融行业内部对金融机构的公共约束力，尤其是来自金融机构客户和股东的约束力。公共约束力是一种来自市场的力量，是金融市场参与者共同遵守的不成文的行业规则，即通常所说的"游戏规则"，表现形式有三：①通过行业协会或同业公会协调行业内部关系，避免行业内部恶性竞争而给整个行业带来损失。②透明地披露信息，让公众了解该金融机构，进而判断其清偿能力。③通过评级机构的独立评级，让市场了解被评金融机构的风险状况。

二、科学、稳妥地处理有问题的金融机构的风险，防止向系统性金融风险蔓延

对有问题的金融机构的处置原则是稳定压倒一切，并尽可能坚持市场化取向的处理原则。在对有问题的中小金融机构进行处置前，首先要搞清楚问题的严重程度和性质。从严重程度看，有严重到非关闭不足以解决问题的，也有经过适当救助就能渡过难关的。从性质上看，有的是由于资产分布结构不合理、长短期融资困难，难以应付到期债务偿付，满足不了客户的支付要求，属于流动性危机；有的是流动性问题虽然不是很严重，但公众对其产生了信任危机，极易产生挤兑；有的则是资不抵债，经营管理紊乱，大部分资产为无效资产，已丧失了持续发展的能力。在判断公众对有问题金融机构的信任危机时，还要搞清楚公众是对单个金融机构产生了信任危机，还是对整个地区的金融机构都产生了信任危机。采取措施前，还应对采取措施的后果进行充分的评估，要充分考虑到处置措施对外界可能产生的影响程度，要按照处置危机成本最小化原则进行，以不将单个金融机构的危机扩散成整个系统性危机作为基本要求。

（一）对有问题的金融机构的重整

根据问题的严重程度和性质的不同采取不同的处置措施是处理有

问题的金融机构的一般原则。对经过重整可以渡过难关的，尽量采取重整措施。重整是指对已具破产原因或有破产的可能而又有再生希望的金融机构实施的旨在挽救其生存的积极程序，目的在于尽快控制危机，恢复公众对金融机构的信心，并消除风险可能爆发的隐患，稳定金融局面。这种措施把社会利益置于首位，强调社会整体利益最大化（经济发展和社会稳定）而不是单个金融机构的兴衰，通过调整债权人、股东及其他利益相关者在重整金融机构中的利益关系，并限制担保物权的行使，使得重整金融机构继续运营，防止由于金融机构破产或关闭而带来的大量失业及社会稳定问题的出现。强调重整对有问题的金融机构的特殊意义在于金融机构是具有很强外部性的特殊企业，其一旦从市场退出将可能给社会带来极大的负外部性，如社会信用基础的崩溃、挤兑恐慌乃至金融危机的发生。

重整方式有很多种，包括资金援助、接管、停业整顿等临时性救助措施和重组、并购等最终救助措施。采用重整措施拯救有问题的金融机构时，必须贯彻内外结合、标本兼治的重整原则。重整的价值在于金融机构的新生。政府或人民银行的援助和优惠，只是为金融机构的重建提供了很重要的外部条件；治理结构的改善（引入独立董事制度、推行产权多元化、减少内部人和外部人控制等）才是根本，如果有问题的金融机构不能借重整之机提高内质，改善经营，迟早会重蹈覆辙。

（二）有问题的金融机构的市场退出

市场经济中，金融企业应当有生有死，存在着优胜劣汰。因此，必须建立一种机制，使差的金融机构特别是最差的金融机构能够被淘汰出局。差的金融机构能够在金融体系中残存，就是对金融稳定的最大威胁，就是最大的不稳定因素，也会形成巨大的道德风险。对那些有严重支付问题、经营管理严重不善且通过救助解决不了问题、拖下去只会进一步增大风险的有问题的金融机构，即完全丧失了流动性清偿或（和）资本清偿能力的金融机构，在采取行政拯救措施后仍不能解决问题的，经过行政机关的批准，可采取强制性措施使其彻底退出市场。总的原则是，既不能因有问题的金融机构退出市场而影响了社会稳定，同样也不能因一味强调稳定而忽视了对有问题的金融机构的处理，以致取代了市场约束的力量。虽然对金融机构的破产应该慎之又慎，但建立一个能使差的金融机构被淘汰出局的机制确实迫在眉睫。

有问题的金融机构退出市场的方式主要包括有问题的金融机构自动解散、行政关闭有问题的金融机构、将有问题的金融机构纳入破产还债程序等。

从国内外实践经验看，尽管市场退出措施在很大程度上消除了显性或隐性风险，避免了给债权人带来更大的损失，有利于激励金融机构提高经营管理水平，也体现了市场经济条件下的优胜劣汰原则，但其局限性也很明显：引起存款人或潜在存款人对金融机构的信任危机，可能会引起支付危机的蔓延，导致区域性和行业性的支付危机，影响区域金融稳定；会给存款人或其他债权人带来一定程度的损失，如果监管部门或政府出手弥补债权人的损失，则又损害了社会公众和其他银行的利益，诱发金融机构的道德风险。也正是由于负面影响不容忽视，引起的震荡要大得多，因而对有问题的金融机构的风险处置宜采取收购或兼并的方式，少用或不用关闭、破产等市场退出方式。决定是否退出市场的基本原则是"太重要而不能退出"，即对那些在当地影响较大，可能危及整个金融体系的稳定并可能引发系统性风险的单个金融机构，即使从道理上讲应该退出了，但也不能轻言退出，而应继续施以援助。"太重要"并不等同于"规模大"，尽管"规模大"的一般都是"比较重要"的，关键是要处理好规模与重要性的关系。为防止出现因"大银行即使经营不善也不会破产"思想而导致的道德风险，应通过指标考核引导金融机构更关注自身在同业中的位置及对当地经济的重要程度。是否对有问题金融机构实施破产关闭等市场退出措施，除应运用"太重要而不能退出"原则衡量其社会效应、经济效应外，还特别应该注意坚持如下的市场退出原则：

（1）通过有效方式向社会公众准确表达金融机构市场退出的原因、方式及相关制度安排，做到依法退出。

（2）合理处理债权人、债务人、股东、银行职员等多方的利益关系，最大限度保护债权人尤其是中小债权人的利益，从而维护金融稳定。

（3）有问题的金融机构的市场退出是一种准市场化行为，既要体现市场原则并以市场为基础，又要防止市场退出风险。

（4）有问题的金融机构的市场退出在一定程度上可以说是一种两难选择，目的在于化解风险，但又不可避免地引发一定范围和区域的不同程度的金融震荡，因而要坚持风险最小化的退出原则，把市场退出引发的金融震荡控制在最小的范围与程度内。

（5）有问题的金融机构本身、相关交易者、监管当局以及财政部门相互协调配合，确保市场退出平稳进行和顺利完成，且都应成为损失承担者，而不能将损失交由一个部门承担。

对有问题的金融机构决定是否采取市场退出方式，尚需考虑如下两点：

（1）健康金融机构在整个金融机构体系中应该占主导地位，健康金融机构无论在资产规模上还是在数量上都超过有问题的金融机构，则整个金融机构体系就相对稳健。如果有问题金融机构多于健康金融机构，则单纯的市场退出措施将不能适用，而要寻求系统性的化险方法和综合性战略重组方案。

（2）外部经济环境。如果经济运行呈现持续、稳定增长状态，金融方面也没有大的且带有普遍性的流动性风险，或者经济运行、金融体系虽然带有结构性问题，但社会公众对经济、金融有着良好的信任和预期，那么对有问题的金融机构的处理要把握宜早不宜迟的原则。反之，如果经济出现衰退，金融体系也出现大面积的流动性风险，支付风险已出现扩散态势时，首先要解决的是公众对金融机构的信任问题，而不宜仓促采取关闭、破产手段。

当决定对某一有问题的金融机构实施市场退出手段后，要做的关键事情之一是做好保密工作。因为金融机构关系到千家万户，有一点儿风吹草动就极易扩展成系统性风险，故所有参与有问题的金融机构市场退出的人员都要遵守保密原则，在采取措施前不得对外泄露任何消息。要做的关键事情之二是做好应急预案，充分考虑到市场退出的每个环节应该如何处理、由谁处理、怎样处理等问题，对如何防止危机扩散、危机扩散后采取何种措施等问题也要有足够的准备和切实可行的措施。在处理有问题金融机构工作中，人心稳定是解决所有问题的心理基础，要避免社会公众恐慌。因而，各种有利于人心稳定的措施、手段都要综合运用，比如新闻媒体加强正面宣传，不进行不利于人心稳定的负面报道；司法部门加大对制造、传播谣言的人和行为的处罚力度；紧急调集资金头寸应对债权人提现等。

三、建立并逐步完善金融风险预警机制

金融风险都是大风险，关系到经济、社会和政治安全。有险而不查、不报、误报、晚报都将产生重大损失，建立金融风险预警机制不仅必要而且紧迫。尤其是对金融业正在稳步发展、不确定性因素有可能增加的地区来说更是如此。科学完善的金融风险预警机制对正确评估金融风险程度，及早发现风险并采取措施予以化解等工作具有积极意义，可借鉴国际货币基金组织和世界银行的评估系统，先建立起地区性的安全评估体系，以便为全国性安全评估体系的建设提供基础。

（一）构建金融风险预警指标

金融风险预警就是对金融运行过程中可能出现的金融资产损失或金融体系遭到破坏的可能性进行分析、预警，为金融安全运行提供政策和建议。金融风险预警机制的核心内容是确定金融风险评估系统框架，而确定评估系统框架最基本的要素是确定科学完善的预警指标体系，及时识别各类风险警情、警兆、警源及变动趋势。影响金融稳定的因素有很多，而且各种因素的相对重要性及相互作用也因地方的发展水平、开放程度、经济规模、经济结构、市场发育程度及政府介入经济程度的不同而大相径庭。因此，分析风险的角度不同，所选指标也就不同。一般而言，主要包括微观指标、宏观指标和中间（市场）指标。另需说明的是，指标体系的建立并不能代替对个别突出风险因素的判断。我们知道，再完备的指标体系也只是一种工具，只能从总体上反映风险的状况，而现实世界纷繁复杂，有时一些个别人散布的流言就可能成为金融危机的导火索，因此对反映金融风险整体状况的预警指标体系不能机械地使用，必须和对金融状况的日常关注密切结合。

（二）确保金融风险预警机制的有效运作

科学、完善的指标体系是金融风险预警机制有效运作的基础，但仅有科学、完整的指标体系还是远远不够的。金融风险预警机制的有效运作尚需诸多配套措施的施行。

（1）为保证金融风险预警机制的延续性、严肃性和有效性，政府和金融监管当局应联合发文，对金融风险预警机制的目的、形式、领导、组织、监督、信息管理、政府与金融监管部门的职责分工等方面作出具有法律约束的规定。其中，相关部门在金融风险预警机制中的职责必须明确划分。一般而言，金融监管当局驻当地的机构是预警机制的主要职责部门，但其职责的有效发挥必须依赖地方政府部门的密切配合，因而需建立既相对分工又密切协作的双方互动机制。

（2）确保把每个环节的工作都落实到具体机构和人员身上。比如，指标的收集、核对与分析，风险的整体评估与报告的撰写，风险防范和解决办法的提出，系统的维护与更新等都必须有专人负责。对每个岗位的职责作出明确规定，通过奖惩并行确保各个环节的正常运行。

（3）风险报告制度的规范化。包括金融机构向金融监管当局和地方政府管理金融的部门就本机构运行与风险状况所提交的报告、金融监管当局向地方政府管理金融的部门就当地整体金融运行与风险情况所提交的报告、地方管理金融的政府部门向地方政府就辖区内金融运行状况和突出矛盾所提交的报告等若干方面。

（4）保持预警系统稳定性与灵活性的相对统一。稳定性是就规章制度、组织体系而言的，灵活性是就指标的设置而言的，应根据内部条件和外部环境的变化来确定指标体系的具体构成，并在每个阶段确定近期应该重点监测的指标。

专栏 1 - 12

对政府推进社会信用体系建设的建议

政府是社会信用的提供者、受益者和维护者，在社会管理中具有号召力和权威性，因此领导社会信用体系建设的角色非政府莫属，应发挥主导作用。

政府在社会信用体系建设中应该发挥如下七个方面的作用：

一、建立失信惩罚机制

失信惩罚机制是以征信机构数据库的记录为依据，在授信机构、企业、个人、政府和公共服务组织间建立的用来对付失信行为的社会联防机制。它通过降低市场交易中的信息不对称程度达到对潜在失信者进行防范的目的，是社会信用体系正常发挥作用的保障；运用经济手段和道德谴责手段，惩罚经济活动中的失信者，间接降低守信者获取资本、技术和信息的门槛。

失信惩罚机制是一个系统性的机制，包括：政府综合管理部门作出的行政性惩戒，如政府部门公布的"黑名单"、"不良记录"等；政府专业监管部门作出的监管性惩戒，如证券监管部门对一些上市公司负责人进行的诫勉谈话或通报；金融、商业和社会服务机构作出的市场性惩戒，主要是对信用记录不良的企业或个人给予严格限制；通过信用信息广泛传播形成的社会性惩戒，主要是使失信者对交易对手的失信转化为对全社会的失信，让失信者受到全社会的制约；由司法部门作出的司法性惩戒，主要是依法追究严重失信者的民事或刑事责任。上述五个方面对失信惩罚机制建设者来说都不应有所偏废。此外，失信惩罚机制的建设应与企业信用主体的建设相配合。在企业信用主体的建设方面，关键是要配合征信机构的建设与运作来进行，配之以诚信奖励制度、失信监督机制、信用记录制度、过错追究制度、责任赔偿制度、违规违纪处罚制度等制度建设。对诚信企业通过允许使用信用标识来扩大其市场影响，而对失信企业给予相应处罚。对信用服务企业的失信惩罚机制尤其要加强，要明确信用服务行业规则，提高其行业自律能力和自我管理能力。对那些不遵守行业规则、自身就不讲信用的信用服务企业，出现失信行为、造成恶劣影响的，不仅要承担责任，还要让其永远不得再进入这个行业。金融部门联手维护金融债权，建立联席会议制度，对逃避、悬空银行债务的企业和恶意欠息不付的企业，定期向金融机构和地方政府通报，对内部通报后仍不予纠正者，组织所有金融机构对其联合进行制裁，包括银行不为其开立账户、停止授信、不办理对外支付，工商行政管理部门不为其通过年检、不准办新企业，税务部门不为其办理税务登记等，形成失信者无处藏身的外部氛围。金融机构完善客户的信用档案，加强对客户的信用管理。

　　失信惩罚机制设计时还需注意以下事项：政府部门必须有配套的惩罚措施出台，比如罚款处罚；发挥新闻媒体社会监督的作用，增加"黑名单"发布的覆盖面；配合正面的宣传导向，增强失信惩罚机制的运作效果；以"人之初，性本恶"为机制设计的出发点，但要给失信者以悔过自新的机会；允许征信机构合法采集失信者的失信记录；政府应指定部门接受"黑名单"的申诉，制定限期复核有争议记录的制度；政府牵头，联合人民银行、银行监管部门、工商税务、司法行政等部门，对失信行为的处置做出系统性安排，形成合力；加大舆论监督和曝光力度，日常性的惩戒与集中性的打击相结合，除保障惩戒机制的日常运行外，公安、银行和监管部门可联合起来在某一段时间内集中对某个领域的失信行为进行打击。

二、启动信用教育工程

良好的舆论氛围是信用体系建设的软环境，它同法律法规建设、失信惩戒机制等硬条件的建设同等重要。诚信的深层基础在道德，而道德是无形的手，是依靠信念、习惯发生作用的。社会信用体系的建立与完善有赖于全体社会成员诚信意识的提高、市场主体守法意识和自我约束能力的增强。因此，开展信用教育，启动信用教育工程十分必要，应把诚信教育当作建设社会信用体系的一项基础性工作长抓不懈，抓出实效。在信用体系建设启动之初，政府要通过报刊、图书、广播、电视、互联网、会议等现代传播工具，大力开展形式多样、内容丰富、通俗易懂的宣传教育活动，倡导诚实守信的人文风尚和商业道德，在全社会掀起一个舆论高潮，形成守信光荣、失信可耻、诚信为本、操守为重的社会氛围。信用教育工程无疑应该是政府职能之中的应有之意。当然，信用教育是一项系统工程，对政府来讲，必须做好规划，分轻重缓急稳步推进。

三、建立开放性的信用体系建设联系组织，为信用体系的建设输送智力食粮

信用体系的建设虽然重在实践，但必须要有一定的理论做指导。在信用体系建设起步阶段加强理论建设尤其迫切。有关高校对信用体系建设的研究主要是加强基础性理论研究或接受委托开展方案性质的课题研究。对地方政府来说，从推动信用建设舆论、提升信用形象、扩大社会影响角度考虑，除扎扎实实搞好调研，做好信用体系建设中政府应该承担的分内事情外，还应该为信用建设各方提供一个交流、对话的场所，而举办论坛就是一种比较好的方式。这里

说的论坛不仅仅是开一次会，而是一个推动信用理论研究和信用体系建设、把定期或不定期的会议与日常研究结合起来的机制。

四、推动信用管理行业的全面发展

1. 大力发展信用评级业

除政府出面推动征信类机构的建立与发展，信用体系全面发展所不可或缺的另一类信用服务机构即信用评级机构也必须大力发展。与征信活动不同，信用评级一般是指信用评级机构通过独立、客观、公正的信用分析，依据科学的信用衡量标准，对特定评级对象的偿债能力或支付能力、整体信用状况等进行恰当的评价，其实质是对未来的信用风险进行预测。在多数情况下，资信评级机构是接受被评级对象的邀请来为被评级者进行评级的，目的在于开展资本市场业务，如发行债券。

信用评级机构的服务对象主要是公众投资者、机构投资者和监管部门。取得投资者的信任是主要的，可由信用评级机构向被评估对象收费。

信用评级是技术密集型行业，只有适合中国经济发展现状且与国际信用风险评估技术体系接轨的信用评级才能保证信息的可靠性。在推动信用评级机构发展时，要严格信用评级机构的市场准入，不能走其他中介机构"先混乱、后治理"的老路，同时防止因利益驱使产生信用评级市场的部门保护、地方保护，应促使权威评级信息得到有效传播和使用。发展信用评级机构应该同推行企业信用标识制度结合起来，通过信用评级机构为参评企业确定信用等级并通过颁发"企业信用标识证"和"企业信用标识码"予以公示，以方便市场交易各方相互之间对信用状况的判断，实现用市场力量约束企业信用行为的目的。

2. 信用管理行业的其他分支

信用管理行业是围绕着企业赊销和金融市场授信而发展起来的，旨在满足这些业务活动开展的需要，征信是其中的基础。围绕着征信活动，又发展起若干个信用管理行业的分支，如商账追收、保理服务、顾问服务、资信调查等。

五、加快个人信用制度建设步伐

个人信用是各种信用的起点，是企业信用、政府信用的构成要素。由个人信用形成的个人信用制度，主要指由国家建立的，用于监督、管理和保障个人信用活动健康、规范发展的一整套规章制度和行为规范，其目的主要是证明、解释和查验自然人资信情况，并通过制度来规范个人信用活动当事人的信用行为，提高守信意识，从而夯实市场经济运行秩序的微观基础。

没有个人信用制度，就没有对个人提供信用支持的机会和规则，绝大多数消费者就永远是无力的需求者。同样政府制定的市场交易规则、个人所得税的征收以及整个社会的安稳运行，都需要以个人信用制度为基础。在我国，随着市场经济的发展，个人的经济活动会在多个层面以多种形式表现出来，对缺少个人信用制度的我国来讲，建设个人信用制度迫在眉睫。以个人金融领域的汽车消费贷款为例，由于个人信用制度缺失，个人信用无法考查，许多贷款人采取弄虚作假的手段骗取银行汽车个人消费贷款，给银行造成很大的损失。在部分银行中，虚假的个人贷款申请材料占到整个贷款申请材料的10%以上，可见个人信用问题的严重程度。

六、关于企业信用制度的建设

虽然个人信用是社会的基础，但在现代社会中企业等现代组织已成为信用的重要载体。企业作为信用载体的条件包括：

（1）信用的基础是产权。企业必须有真正的所有者，否则就不会有人积极地维护企业的信用，企业也就不可能讲信用。除采用工资、奖金等普通的激励手段和扣发奖金等普通的监督手段来规范雇员的行为外，采取产权激励将更有利于使雇员的行为增加企业的信用。政府应对私有产权进行有效的保护。

（2）企业的所有权能够被有偿转让，否则所有者就没有积极性去维护企业的信用。因为只有通过交易，企业的信用才能最终转化为所有者的利益。

（3）企业的进入和退出必须自由。如果进入和退出没有自由，不讲信用的企业不能被讲信用的企业所淘汰，新的企业不能自由进入，就会形成垄断，而垄断的企业是不在乎信用的。

（4）有一个好的环境氛围。如果整个社会都不注重信用，或者法律判决根本得不到有效执行，那么对个体来讲，追求短期利益就是最优选择。

对照这四个条件，我们不难发现我国很多企业不讲信用的原因在于产权不清、不能自由交易。政府对某些行业的过度保护和对私人产权保护力度不够，不在乎自己信用的情况普遍存在。同样我们不难认识到，在建立企业信用制度时，必须从满足企业作为信用载体的条件入手。

七、地方政府在信用体系建设中应发挥作用的其他方面

（1）确定信用体系建设的目标模式，协调征信数据的开放、扶持信用管理行业发展、起草地方法律法规、开展全区信用教育、启动失信惩罚机制等。社会信用体系的内涵十分丰富，建设任务非常艰巨，在公民和各类市场主体信用意识普遍淡薄、信用管理法律法规很不健全的情况下，政府部门必须做到管理机构、工作方案和组织实施三落实，从实际出发，在广泛调查研究的基础上，作出统一规划和协调，提出信用建设的整体思路，紧紧围绕信用体系建设中的关键环节，先易后难，循序渐进，稳步实施，避免各地各搞一套、重复建设，造成资源和财力的浪费。一般来讲，企业信用建设是社会信用体系建设的重点和突破口。应该从目前最为紧迫、障碍相对较小的企业信用体系建设开始，逐步向个人信用体系延伸，从行政执法和司法部门逐步向非政府部门延伸，从政府部门内部信用数据的整合与利用向政府与信用服务企业实现数据共享延伸，从以政府推动和引导为主向通过信用中介为主的市场化运作过渡。

（2）政府的推动工作可由信用管理行业的监督管理部门具体承担。这个部门可由海关、工商、税务等相关部门抽派专人组成，应该是常设机构，纳入政府序列。政府应赋予这个机构在监督行业方面的法定地位。监督管理部门主要是对征信机构和征信市场进行监管。建立比较规范统一的、以信用信息为基础的分类监管制度，包括预警机制、奖惩机制、信息记录和披露制度等；建立信用市场的准入和退出机制，对各类征信机构设置严格的资质和市场准入标准，以防止信用信息被滥用。推进信用行业同业监督机制的建设，对失信行为进行行业评议和相应处罚，支持和鼓励信用行业强化守信意识和诚信自律。

（3）政府应大力培育和发展一批具有较高执业资质和道德水准的信用服务机构，包括信用调查公司、信用征集公司、信用评价公司、信用咨询公司等，重点是信用评级公司和企业（个人）信用服务企业。采取税收优惠、舆论支持、政策鼓励等方式促进民间征信机构的组建与运作。通过制定有关政策，鼓励和引导信用业的均衡发展，形成合理的行业结构，增强与市场需求相适应的服务供应主体。在信用服务行业起步之初，政府可先出面组织和推动，由政府委托或授权的信用服务企业经营，并投入一定的资金，以支持征信机构的组建与初步运转。待条件成熟后再与政府完全脱钩，实行市场化、商业化运作。政府应加强对征信机构和信用评级机构市场准入和退出的管理，要让这些市场主体遵循着宁缺毋滥、质量至上的原则发展。为防止信用服务机构出现失信行为，应建立一套市场化的机构筛选机制和事后评价机制。

（4）处理好政府管理部门与信用服务企业的关系，坚持实行"政府推动、市场化运作"的模式，政府主要发挥规划、指导、组织、协调、服务的作用，为信用服务企业创造公平竞争的市场环境，参与制定行业规范和标准，监督管理信用服务企业的行为。政府的监督管理职能应该与行业协会的自律职能相互补充。条件许可时，成立信用管理行业自己的行业协会，在政府与征信机构间充当纽带作用。行业协会主要负责制定行业规划和从业标准以及行业的各种规章制度，提出立法建议或接受委托研究立法并提出有关法律法规制度草案，协调行业与政府及有关方面的关系，组织信用管理专业教育，举办从业培训和从业执业考试，探索建立消费者和企业的信用评价标准和信息采集的技术标准，推动信用数据库建设规范、数据库格式标准、信用主体标识、信用信息分类及编码、信用数据格式、信用产品质量标准、信用报告标准文本和企业代码等方面的研究和制定工作，提高信用信息的采集和流通效率，推动信用信息的专业化、标准化和市场化。

（5）培育信用产品市场，推广信用评级成果。政府要通过立法等手段引导全社会对信用服务的需求。鼓励银行、工商企业、个人等市场主体对征信产品的市场化使用，逐步打破不同市场主体在信用产品生产与使用过程中的"小而全"格局。比如每家银行都有自己的授信机构，对不同受信主体不同的银行会按照自己的授信标准进行调查、评估，出具授信报告，以供自身决定是否向该企业提供授信产品。这在一定程度上浪费了社会资源，也不太符合社会分工原则。政府部门要加大使用信用服务产品的力度，带头积极利用信用评级、评估报告，拉动信用服务的市场需求。比如扩大信用信息使用范围，在登记注册、行政审批、经营许可、政府采购、招投标、质量监督、委托中介机构承办事项等工作中，明确规定要查询企业信用报告或要求企业提供信用报告。同时，在信用服务产品质量市场检验机制尚不完善的情况下，政府应加强对信用服务机构提供的信用服务产品质量进行强有力的监管。督促信用服务机构将追求信用报告的独立、客观、公正和准确作为自身的经营理念和追求目标。

（6）提高企业的信用管理水平。虽然加强信用管理是企业自身的管理活动，但政府在其中的推动作用也必不可少，政府有责任引导企业特别是中小企业加强信用管理，帮助企业不断提升自身的信用能力。应推动企业，特别是大中型企业建立健全内部信用风险管理机构，建立完善客户资信管理、银行贷款管理、客户授权、应收应付账款等方面的制度。政府还应积极推动企业信用评级工作，通过对企业以往的信用记录、现在的财务状况分析、未来发展环境及潜力的评估，为企业在一定时期内的信用状况作出评价，引导各部门对不同信用等级的企业实行差异化服务，以实现信用的经济和社会价值。以企业信用登记和信誉评价为依托，政府逐步建立起四大企业信用管理系统，即企业信用登记查询系统、企业分类监管系统、企业信用评级系统和企业信用担保系统。

（7）加强和规范政府有关部门对信用信息的披露工作，通过制定有关信用信息披露的规章制度，按照建立社会信用体系的要求，根据所承担管理工作的特点，定期或不定期地向社会进行信息披露，为社会公众、市场化运作的公司或征信公司提供基础信用资料。同时把信用建设纳入地方政府综合考评工作，在信用体系建设中实行一级抓一级，一级负责一级，把信用体系建设与地方主要领导、分管领导的考核结合起来，推动地方领导重视信用体系建设。

（8）齐抓共管改善信用环境。政府要积极促成与信用法律框架内现行法规制度的修改及推进一体化的信用管理法规的制定；要加大信用立法和执法处罚力度，组织力量依法查处和纠正逃费逃债行为，开展打击逃税骗税、走私贩私、制假贩假等专项整治活动，有效遏制商业欺诈、欠债不还等失信行为。充当规则的制定者和监督者，而不滥用政府信誉，不干涉和包庇企业尤其是国有性质企业的失信行为。地方党政部门要积极维护辖区内良好的信用环境，包括大力表彰守信用的企业和个人、积极疏导理顺银企关系、督促市场行为主体履约守信。

（9）推动社会信用体系建设试点。先选择不同类型，在少数地区、城市、部门和企业进行试点，总结经验，完善制度，有序推进。试点工作应该在政府统一部署下进行，坚持总体设计、统筹协调、以点带面、务求实效的原则，在局部率先取得突破，以对全局发挥示范和带动作用，避免走弯路，从总体上加快信用体系建设步伐。

（10）加强与中央征信管理机构的联络与沟通。中国人民银行成立有征信管理局，各地银监局也相继成立了相应机构。中央银行作为信用制度的中枢，具有对全社会信用监测的天然优势，它所建立的信贷登记系统和推动的金卡工程已初步形成了全国性网络，可以为全国信用体系建设提供相应的便利。可以说，地方信用体系的建立离不开中央银行的指导与支持。此外，国家税务总局、海关总署等其他中央机构也在各自领域为信用体系建设积累了相当的经验。这都是地方政府推动本地区信用体系建设的宝贵财富，应该很好地加以利用。

十一、其他报告

除上述各报告外，营销人员应撰写的报告还包括业务开发工作日志和合作项目运作情况总结。前一种是营销人员将客户培育进程中的主要工作、每天的工作进展以日志的形式进行简明记载，此日志作为业务拓展的基础材料归入客户档案进行保存。后一种是同客户的合作关系建立后银行向客户提供具体服务情况的总结，是营销人员进行客户关系维护工作的结果。工作日志是每天必记，而情况总结一般是每月或每季度进行一次。

★ 工作通知撰写技能

一、一般性工作通知的撰写

作为管理部门的营销人员（如总行分行公司业务部门的营销人员）需要对下级银行的营销工作提出要求、进行指导，这往往需要以工作通知的形式进行。不同的银行对撰写工作通知有不同的行文要求，但也有一些内容是共性的，如：一篇通知不要试图解决所有问题，应集中解决一个问题；文字要简洁，不能长篇大论；要提出可操作的明确要求；等等。

专栏 1 - 13

关于做好钢企上游焦炭供应商融资业务的通知（样本）

为进一步提升我行钢铁行业金融业务在同业中的竞争优势，增强行业间的联动营销，提升营销效果，总行就依托核心钢铁企业向上游焦炭供应商进行延伸营销工作提出如下四点要求：

一、焦炭行业的基本情况

焦炭在钢铁初级冶炼过程中占原材料的比例为 20% ~ 30%，钢铁行业用焦则占焦炭消费总量的 80% 以上。两行业高度关联，一方面，焦炭对钢铁生产的影响并不亚于铁矿石；另一方面，钢铁则是焦炭的需求大户，钢铁行业需求量增长对焦炭产品需求起着决定性作用。

在经历了 2008 年焦炭产品价格大幅下滑的情况后，2009 年焦炭市场继续延续总体萎缩的趋势，但随着钢铁产业的复苏及焦炭行业集中度的提升，种种利好因素对焦炭市场起到有利支撑，焦炭产能过剩的局面会继续得到缓解。因此可以说，我国焦炭市场虽仍面临较为严峻的形势，但行业整合和修复性上涨渐渐成为市场运行主基调。依托整个钢铁行业发展的大趋势，焦炭行业中的优质企业是各家银行积极争夺的对象。

二、焦炭供应商营销产品解决方案

科学评价钢铁冶炼企业的市场地位及焦炭企业与其关系的稳固程度，是我行向焦炭企业提供个性化营销服务的切入点。

（一）针对焦炭供应商的不同特点确定不同的服务重点

1. 对于向钢铁行业龙头企业供应焦炭的供货商

市场地位突出、竞争优势明显的钢铁企业一般具有较强的话语权，一般不愿为焦炭供应商的融资提供风险缓释责任。对于向该类钢铁企业提供焦炭的供应商，如果争取不到钢铁企业对焦炭供应商融资的担保答复或付款承诺，我行可依据供应商与钢铁企业签署的焦炭供应合同及与上游焦煤销售企业签署的焦煤供应合同提供订单融资服务。该项融资专项用于焦炭供应商为向钢铁企业供应焦炭所进行的焦煤采购及生产活动。

2. 对于钢铁企业愿意提供连带担保责任或确定付款承诺的供应商

出于稳定焦炭供应的考虑，一些钢铁企业愿意为焦炭企业的融资提供连带责任担保或确定付款承诺。对于愿意提供连带责任担保的，我行可按一般担保融资业务进行操作，与钢铁企业签订担保协议。对于后一种情况，我行要取得钢铁企业出具的、合法有效的承诺函。

3. 对于与钢铁企业仅有松散供应关系的供应商

鉴于焦炭是钢铁企业生产的重要原材料，对于一些市场竞争力较强、交易持续稳定的焦炭供应商，我行在寻求不到担保单位的情况下，可把焦炭供应商所拥有的焦炭作为质押品开展货押业务。为防范风险，我行可在焦炭被运上火车后凭借铁路部门出具的运输单据进行监控，直至焦炭被钢铁企业验收入库。此类服务模式可参考我行关于货押融资的相关规定。

4. 对于已向钢铁企业提供焦炭且已形成应收账款的供应商

焦炭供应商可将与钢铁企业基础交易项下所产生的应收账款/应收票据转让或质押给我行，由我行对焦炭供应商提供融资。

5. 对于能寻找到有实力的第三方企业或专业担保公司愿意提供担保的供应商

如果焦炭供应商能寻找到有实力的第三方企业或专业担保公司提供担保，我行可比照钢铁企业愿意提供担保的方式进行业务处理。为此，各分行可积极寻找有实力的第三方或担保公司作为业务开展平台来开展焦炭供应商融资服务。

6. 对于向国外客户直接出口提供焦炭的供应商

对于获得国家商务部出口配额、以延期付款方式出口焦炭的企业，我行可提供出口信用证项下的打包贷款、出口押汇、出口贴现及福费廷，出口托收项下的出口托收押汇、汇入汇款及押汇，有、无追索权出口保理，货押项下的开立银承，出口信保项下的融资、银关系列以及预付款项下的结构性融资产品等一系列服务。

7. 对于通过贸易公司向国内外钢铁客户销售焦炭的供应商

出于专业化考虑，一些焦炭企业通过贸易公司代理销售焦炭。我行可采取与焦炭企业、代理公司签署三方协议的方式，锁定资金流向，确保销售资金回流到在我行开立的账户上。

（二）向焦炭供应商提供的融资品种

我行坚持效益最大化与满足客户需求相结合的原则向客户提供产品。一方面，积极满足客户需求，解决客户在焦煤采购与焦炭生产中的资金需求问题；另一方面，则尽可能地交叉销售，实现存款派生、贷款收益及中间业务增长的同步。

在具体操作时，我行可向焦炭供应商提供法人账户透支、银票承兑（指我行对出票人是焦炭供应商、收款人是焦煤销售者的银票进行承兑）、商票贴现（指对钢铁企业作为付款人、焦炭供应商作为收款人的商业承兑汇票进行贴现）、银票贴现、普通流贷等产品中的某一种或某几种。

三、对焦炭供应商提供金融服务中的风险控制

相对于钢铁企业，大部分焦炭供应商规模相对较小、布局较为分散、市场风险相对较大，我行提供融资服务时的风险也相对较高。因此，分行在客户选择、金融方案设计、业务操作及贷后管理中应特别做好风险控制工作。

（1）选择焦炭供应商时首先要评估作为其销售对象的钢铁企业的财务实力和行业地位，以及它对焦炭供应商的管控程度。对于焦炭供应商的评价重点在于其对核心企业的重要性以及以往的供货情况，优先选择拥有充足焦煤供应、产销量较大、符合环保要求和产业准入标准、行业排名靠前的焦炭供应商。

（2）各经营机构应加强对焦炭供应商上、下游相关企业的实地考察，以确保贸易背景的真实性。应重点通过钢铁企业对票据、发票、合同或付款的确认以及第三方担保等方式，借助钢铁企业（或第三方担保）的信用来控制融资的还款来源，防范焦炭供应商对资金的挪用。

（3）鉴于焦炭市场价格波动性强（如2008年钢材价格一路上涨时，焦炭价格快速上升至每吨3000多元，但随着钢材价格的一路下滑，焦炭价格又快速跌至每吨1200多元），分行在确定具体融资金额时，可在充分考虑焦炭市场价格波动的情况下，根据基础交易的实际风险状况和合同本身核定一定的融资比例，并解决对焦炭供应商资金流、物资流的封闭控制以进一步防范我行业务风险。

四、对焦炭供应商提供金融服务中的营销管理

各分行应对焦炭供应商的营销给予高度重视，分行公司业务管理部要统一协调、加强规划，在充分摸底的基础上，加强对本地焦炭供应商的组织营销活动，并将营销过程中遇到的问题尽快向总行反映，以快速响应市场，取得营销成效。

（1）对焦炭供应商的营销采取"两路夹击"的方式：①钢铁企业所在地主办经营机构要积极与钢铁企业联系，获取其上游焦炭供应商的相关信息，并负责将所负责钢铁企业的焦炭供应商名单报送总行，由总行统一协调安排营销。②焦炭企业所在地经营机构则积极从相关中介机构手中或通过自身的市场调研，加强对当地焦炭行业龙头企业的营销。

（2）强化对钢铁企业的深度开发，鼓励分行围绕钢铁企业搭建1＋N供应商网络。对于同时向多家钢铁企业平行供货的焦炭供应商，鼓励搭建N＋N供应商网络。同时，对于市场竞争优势明显的焦炭行业龙头企业，我行可积极进行独立授信。

（3）焦炭供应商融资营销纳入钢铁行业的金色链业务管理，总行公司业务部钢铁金融中心负责对全国范围内焦炭供应商融资业务的营销和拓展进行管理与协调。总行鼓励分行根据焦炭供应商的不同需求提供个性化的服务方案，总行将及时将优秀方案向分行推广。今后，各经营机构在营销钢铁行业客户时，要有意识地贯彻"上、中、下游一体化全产业链营销"的理念，除做好核心钢企的深度营销和下游钢铁经销商的延展营销外，要有意识地向钢铁企业的上游客户拓展。对于对焦炭供应商和钢材经销商的营销成果，将在对分行的季度考核中予以充分体现。

特此通知。

××银行

×年×月×日

二、重大事项类通知的撰写

一般性工作通知所针对的问题比较具体、细致，如果涉及的事项比较宏大，且带有导向、引导性质，则宜采取"指导意见"的方式。

专栏 1 - 14

大力发展收费类公司业务的实施指导意见（样本）

为深入贯彻落实我行市场发展战略，全面优化我行收益构成，培育新的效益增长点，大幅度提升非利息收入在全部业务收入中的比重，确立我行特色鲜明、主业突出的相对竞争优势，获得合理的市场回报，制定本实施指导意见。

一、收费类公司业务的含义及现实意义

（一）收费类公司业务的含义

收费类公司业务是指阶段性占用经济资本、较少占用经济资本乃至不占用经济资本情况下，银行为企业提供的融资、融信、融智、交易服务及其组合，从而使银行所投入的信用、资金、人力、技术、渠道等综合资源能够获得合理价值回报的一种业务操作模式。在此业务模式下，银行的收益除传统的利差收入外，主要以费用形式反映。

收费类公司业务主要包括以下四种类型：

（1）信用支持型。指我行通过银行信用而非资金的投入，促进客户完成市场交易行为，节约客户财务及交易成本，提升客户市场地位，增强客户市场谈判能力。主要是以银行承兑汇票和商业承兑汇票为载体的各类票据服务及其衍生服务。

（2）渠道服务型。指我行利用自己的结算清算渠道、网上银行系统为客户便利收付款、节约财务成本而提供的支付结算、账户管理及整体性现金管理服务方案。或与海关、商检、保险、担保、税务等业务合作伙伴一道，为客户的市场行为提供运行通道，使客户从便利操作中增加价值。

（3）结构安排型。我行利用掌握的银行资源（主要是信贷资源），通过恰当的结构安排，比如期限结构、品种结构、贷款与非贷款结构等，使我行及客户实现的价值最大化。我行由于承担了信用风险，又增加了结构安排等智力服务，应该收取相应费用。

（4）财务顾问型。指我行运用高素质人才的金融智慧，为客户提供资金管理、财务咨询、业务方案设计、理财、并购策划、债券发行等智力支持，解决客户综合和专项问题，帮助客户发现和建立核心资源优势，提升客户核心竞争能力。

（二）收费类公司业务对我行的现实意义

对我行来讲，加快发展收费类公司业务具有紧迫的现实意义，原因有以下三点：

（1）收费类公司业务可以有效促进我行市场战略的实现。

中、小客户是我行重要的目标客户群体。在商务合作中，我行占据一定的优势地位，而这类客户价格承受能力较强，对银行融资融信需求迫切，客户会配合银行收取一定的融资外费用。通过发展收费类公司业务，可以切实提高中、小客户群体对我行的利润贡献，实现此类客户贡献度在我行综合收入比重稳步上升的战略意图。对既有客户来讲，还可起到交叉销售、深入挖潜、增加合作深度和提高客户利润贡献度的作用。

（2）收费类公司业务是我行转变业务增长模式和资源配置方式的需要。

分行拓展信贷业务热情较高，而我行资本资源有限，面临上市、提高资本回报等迫切需要，我行的持续经营必须建立在对稀缺而昂贵的资本资源的有序开发和合理配置的基础之上，并实现其效用最大化与功能最优化。发展收费类公司业务有着外在市场需求和内在资源约束的双重需要。同样，为了使我行的资本资源与风险更加匹配，必须建立和完善科学的资本约束机制，提高资本资源的利用效率。落实到业务层面上，就是大力节约资本使用的各类业务，或者在资本资源一定的前提下做尽可能多的业务，增加尽可能多的收益。

（3）收费类公司业务是实现低风险状态拓展客户、增加中间业务收入的重要手段。

收费类公司业务大都是阶段性投入信贷资源，或以较少信贷资源切入而带动其他相关业务，相对于传统的单纯信贷业务而言，有助于我行在低风险状态下拓展客户，实现业务的快速增长，获得合理的业务收益，提升我行非利息收入贡献度，优化我行公司业务利润贡献结构，一定程度改善我行长期以来贷款利息收入占全部业务收入比重过高的现状。

二、我行收费类公司业务的发展愿景

从今年起，利用 3 ~ 5 年的时间，我行收费类公司业务要实现以下愿景：

（1）初步具备鲜明的品牌特色、清晰的市场地位、成功的运作理念、良好的运作机制。在部分地区或分行确立了本行在本地的优势品牌地位。

（2）收益贡献度占我行全部业务收益的比重持续提升，每年增幅至少 200% 以上，至 2015 年，占全部业务收益的比重要达到 15%。其中，中、小客户集中的长三角、珠三角地区的分行实现更高的增长速度，占比要达到 30%，实现优势地区超常规发展。

（3）逐年丰富业务品种，每年新投入市场的业务品种或业务模式不少于 20 个，最终形成相对完备的收费类公司业务品种体系。每家分行必须根据本地的企业需求，区域经济特点，年均开发 2 ~ 3 个具有本地经济特点的收费类公司业务。

（4）在汽车、机械、有色、煤炭、钢铁、家电、石化等行业和银团贷款、信贷资产转让、票据、供应链融资等领域形成一批忠诚度高、收益贡献大的优质客户群体。

三、收费类公司业务实施策略

（一）创新经营思维，拓宽服务渠道，不断推出新的服务产品，尽快完善我行收费类公司业务产品体系

收费类公司业务不同于传统的信贷业务和一般的中间业务，传统的信贷服务仅仅收取利息。而收费类公司业务是改变传统业务思维方式的结果，它是融资、融信、融智和交易服务相结合的创新性业务，需要银行在高素质人才和高效率机制方面予以配合。

在创新方式上，必须摈弃"寻找客户—了解授信需求—贷款满足需求"的传统思维方式，以满足客户个性化、全方位、多功能、突发性需求为出发点，重点围绕我行与客户双方共赢、力求增加我行业务收费方面下功夫，多从各业务交叉地带进行思考与实践，用发散性思维、系统性思维开辟新的收费业务品种。

在创新主体上，实施全员创新，本着"从客户中来，到客户中去"的创新理念，以一线营销人员为主要创新主体，发挥广大营销人员的创新积极性与能动性。同时，做好总行、分行公司条线业务人员的互动与配合，发挥各自所长，共同推动众多业务品种与业务模式的形成。

在创新路径上，坚持前瞻性研发设计与学习借鉴同业相结合。大力发展资本节约型业务、努力提高中间业务收入占比是各家银行的共识，并且都在努力实践，且形成了很多可资借鉴的经验与模式。要发挥我行的人力资源优势，建立牢固的外围专家群体，充分借鉴同业的创新智慧与成果。

（二）以行业为主线，认真研究客户需求，围绕细分后的客户需求，提供量体裁衣式的个性化组合服务

客户需求是我行设计收费类公司业务的出发点与归属。从大的方面讲，客户需求无非是资金、智力、信用、渠道以及四者的不同组合，这四者之间也可相互转化。但从每个客户的具体需求来讲，情况又千差万别。我行对公司业务在细分基础上进行收费，要从大的方面

思考，同时又要符合客户具体需要，有助于客户实现其市场目标。

收费类公司业务在不同行业有不同表现，同一个收费类公司业务品种也可应用到众多行业中。我行要以行业为主线，以行业经理为主体，认真研究、细化不同行业内不同客户的具体需求，形成各种特色的产品服务模式，做到"从一个行业中来，应用到多个行业中去"。

在对不同行业客户提供收费类公司业务时，要注重不同收费类公司业务以及收费类公司业务与其他相关业务品种的组合提供，要用组合的理念，通过系列化的产品组合捆绑销售，满足企业多方位的需求，使客户的忠诚度得以稳步提高。

（三）科学确定服务收费标准，以产品的精细化、高附加值化和服务范围的不断扩充来提升我行中间业务收入水平

我行创新并向客户提供收费类公司业务，落脚点要放在收费上。为此，总行初步拟定收费类公司业务的收费标准，使我行的收费实现规范化、标准化和可操作化，使产品能够带来真正的效益。

1. 确定收费的基本原则

（1）投入与产出相匹配的原则。结合客户的可接受程度，在基本标准范围内与客户确定具体的收费金额与范围。

（2）单一品种收费与综合收益权衡的原则。坚持综合收益最高的业务办理要求，对组合服务中某一具体品种的收费可适当减免。

（3）风险防范第一的原则。业务收费的前提是风险可控，不能为收费而置风险防范于不顾。

（4）具体客户具体对待的原则。根据客户特点与我行议价能力，确定具体客户的收费水平。对总行级重点客户、市场优质强势客户，我行可减免收费。

（5）合法合规收费的原则。在监管机构相应管理办法规定范围内，可自主决定收费标准与具体金额。对把握不准或无明确规定的收费项目，按先请示后办理或先备案后办理的原则进行。

2. 收费的基本标准（如表 1-1 所示）

表 1-1　收费基本标准一览表

类型	具体品种	收费形式	收费标准	备注
信用支持型	商业汇票贴现	风险承担费（贴现利息之外）	银票按贴现利率的 5%～15% 收取	应重新认识现有业务的基本实质，对现有业务的价值潜力进行深入挖潜，提高风险承担价值回报
			商票按贴现利率的 10%～20% 收取	
	银行承兑汇票承兑	风险承担费	按敞口部分金额的 1%～3% 收取	
	商业承兑汇票保贴	风险承担费	按票面金额的 0.5%～2% 收取	
	票据包买	风险承担费	按金额的 0.1%～2% 收取	
	集团客户集中贴现	安排费	按贴现总金额的 0.1%～2% 收取	
	代理票据查询查复及票据鉴别真伪服务	手续费	每笔不低于 20 元	
	票据质押开票、质押贷款、票易票以及单纯的票据保管服务	票据保管费	按票面金额的 0.1%～0.5% 收取	
	票据综合服务方案设计	手续费	按实际业务金额的 0.5%～1% 收取	
	信托计划担保服务	担保费	按计划发行额度的 0.1%～1% 收取	
渠道服务型	单纯依靠我行渠道进行支付结算业务	手续费	监管部门及我行相关规定收取	根据特定交易机构承担的具体工作量、议价能力、承担的具体风险度，合理确定分成比例
	银财（代理支付与收缴）、银关（银关通、银关贷、银关保）、银税（银税通、银税保）项下各类业务	手续费	按结算金额/担保金额的 0.1%～1% 收取（我行有具体规定的，按具体规定收取）	
	政府转贷款及代理各种资金拨付、工资发放、信托计划代理收付等	手续费	按政府规定或双方商定的手续费标准收取	
	现金管理项下各类服务（账户管理/资金归集/理财投资）	理财服务费	按管理金额的 0.1%～0.5% 收取	
	各类代理支付结算服务	手续费、邮电费	按人民银行规定收取	

续表

类型	具体品种		收费形式	收费标准	备注
渠道服务型	网上银行开户		手续费	每户 20 元	根据特定交易机构承担的具体工作量、议价能力、承担的具体风险度，合理确定分成比例
	资信证明、信贷证明		手续费	0.1% 或按当地规定执行	
	保险、担保、仓储等中介机构参与项下的业务		咨询服务费	按保险费、担保费、仓储保管费收入的 10% ~ 30% 收取	
结构安排型	已授信客户的未启用授信		风险承担费	按未启用金额的 0.1% ~ 0.5% 收取	根据业务特点、同业的价格水平、银行惯例、我行谈判地位等，合理确定收费比例
	我行牵头的银团贷款		安排费	按银团贷款金额的 0.5% ~ 2% 收取	
	项目贷款		项目评审费	按项目贷款金额的 0.1% ~ 1.5% 收取	
	法人账户透支		风险承担费	按透支金额的 0.1% ~ 3% 的比例收取	
	我行信贷资产项目转让		手续费	按转让金额的 0.1% ~ 1% 的比例收取	
	我行贷款项目支持的理财服务		手续费	理财金额的 0.1% ~ 2% 收取	
财务顾问型	较为复杂的服务结构设计	以核心客户为责任主体的金色链融资	财务顾问费	按融资金额的 0.1% ~ 1% 收取	银行承担较大业务风险，应收取费用，但注意要向客户提供方案、报告等服务成果
				对配套企业按融资金额（或使用额度）0.1% ~ 0.3% 收取	
		以上下游客户为责任主体的金色链融资	财务顾问费	对上下游客户按融资金额（或使用额度）的 0.3% ~ 1% 收取	
		买方信贷、信誉保证金监管融资、大型设备购买定向融资	财务顾问费	按融资金额（或使用额度）的 0.1% ~ 0.3% 收取	
	仅靠智力投入的服务品种		财务顾问费	按服务所创造价值的 1% ~ 5% 考虑	

3. 业务收费的实施策略

加快业务周转，提高银行单位资源运用效率。比如，针对银行承兑汇票业务，在占用风险资产余额不变情况下，缩短单笔票据期限，提高开票频次，既能在真实交易过程中跟踪控制风险，又可提升授信额度的总体价值回报。

收费必须价格合理、操作合规。分行确定本行收费具体方案的时候，必须严格依据中国人民银行及其派出机构、中国银监会及其派出机构及总行的规定，要合理收费，避免违规风险。

针对融资票据化的市场发展态势，在不降低综合回报的前提下，有意识引导客户将贷款转化为商业承兑汇票业务，通过不同票据产品的科学组合提供增加中间业务收益，制造关联营销机会。

努力增加派生收益，争取综合收益最大化。如信用支持型业务，应努力增加贴现利息收入和保证金存款沉淀。在提供其他品种时，也要考虑存款的沉淀量和融资收益的增加。

进行交叉销售、组合提供。如财务顾问型业务，应通过智力服务提供，使客户在我行办理融资业务。对信用支持型业务，可提供财务顾问型业务，以获取顾问费用收入。

讲明客户利益，循序渐进，逐步深入。我行要对客户讲明每笔收费的标准与来源，尤其是要让客户明了此笔服务所能带来的业务收益。并且，我行要以高质量的服务使客户觉得物有所值，使客户持续在我行办理业务。

四、我行发展收费类公司业务的管理要求

（一）总行统筹规划，统一部署，积极推进产品研发及相关平台建设，为全行开展收费类公司业务提供支援

收费类公司业务是我行今后增加中间业务收入、改善业务收入结构的重要手段，也是我行实现市场战略的重要途径。全行上下务必高度重视此类业务的创新与市场拓展。要着手建立总行、分行两级收费类公司业务创新的信息收集、筛选、完善、审批及市场推广

的管理体系，建设并逐步完善我行收费类资本节约型产品种类。

从总行层面上看，各相关部门务必各司其职，密切配合，共同促进该项业务的开展。

（1）总行产品创新委员会把收费类公司业务作为今年及今后相当长时间内公司业务创新的重点，在发展规划、资源配置、费用投入、推广实施及政策倾斜等方面予以支持。委员会最终负责以下内容的审批决定：某项创新产品的推出与否；单项创新产品的具体收费标准；单项创新产品是否需要向监管部门报批或者备案。

（2）总行公司业务部在产品创新委员会的指导下，主导收费类公司业务市场营销。对分行请示的产品协助进行补充、完善及审批。负责定期编制新产品开发与推广动态，作为沟通总行、分行之间收费类公司业务创新工作的桥梁，集中汇总反映行、总分行及其他银行的动态、重点、方向及经验。

（3）总行风险管理部负责对公司业务部规范定型后的收费类公司业务从风险管理方面提出专业意见，确保产品不存在法律、流程、操作等方面的风险隐患。

（4）总行计划财务部负责建立科学成本效益核算机制，并初步确定收费类公司业务的收费标准与要求，加强成本收益测算与分析，对某项产品收费标准的合理性作出判断，作为产品委员会决策的重要参考依据。对超出业务部门权限之外的收费项目，由总行计划财务部负责审批。

（5）总行结算清算中心负责对收费类公司业务所涉及的收费类别（如风险承诺费、风险承担费、银团安排费、服务咨询费、财务顾问费、项目评审费、理财服务费、保费、手续费、票据保管费等）进行会计确认，使业务成果能以最快速度得到反映并进行精确统计。

（二）各分行认真学习、充分领会，发挥主观能动性与创造性，制定并贯彻符合区域特点的实施策略

各分行要充分认识我行大力发展收费类公司业务的现实意义与

紧迫性，要从业务规划、资源投入、人员配备、考核奖惩等方面切实将本分行大力发展收费类公司业务的要求真正落实。

（1）制订本分行发展收费类公司业务的年度实施方案并报总行备案。实施计划要充分考虑分行区域特点和本分行发展实际，选定目标行业与目标客户，确定具体重点发展品种和年度拟实现的经营目标，使实施计划具有高度的区域吻合度、可操作性与针对性。

（2）鼓励分行向收费类公司业务倾斜配置资源，包括风险资产、人员、绩效奖励、平衡记分卡等，充分调动分行产品经理、风险经理及营销人员创新产品、营销产品的积极性。在公司业务发展计划和资源配置方案中，分行要专门辟出一定比重用于支持收费类公司业务的发展。对于成效突出的机构与人员，在确定下年度资源分配时进行重点倾斜。

（3）分行发展收费类公司业务的重点要放在收集产品创意与实现经营成果上，一方面要发挥广大营销人员的智慧，形成创新产品的初步设想，对需要总行完善或决策的，应及时上报总行完善或审批。另一方面要将总行审批通过或决定进行市场推广的产品在本区域内向客户积极营销，使产品变成我行的效益。分行可以根据本指导意见的基本规定，细化本行开展收费类公司业务的具体收费标准，根据每笔业务的具体特点，确定收费的标准，超过规定的必须报经总行批准。

（三）正向激励为主，调动公司条线开展收费类公司业务产品创新与业务开展的积极性，营造良好展业氛围

（1）强化业务培训与学习。收费类公司业务创新要求高，对人的素质（谈判素质、业务素质等）提出了很高的要求，为此，总行、分行两级都要为营销人员、产品经理和风险经理提升水平提供良好的条件与严格的要求。要督促每个从业者制订严格的学习计划并落实。对产品创新成果多、营销效果好的营销人员，所在单位将提供单独培训与学习的机会。总行将加强针对收费类公司业务的专

门培训，组织进行分行间的交叉学习与经验交流。

（2）建立适合收费类公司业务特点的专门考核标准。在年度业务预算及平衡计分卡考核中，对收费类公司业务有单独要求。总行在对分行进行季度考评时，要将收费类公司业务作为重要的得分因素单独考虑。对创新成效突出的单位和个人，总行、分行将进行单项奖励。

三、报告、通知等撰写技巧

无论是调研报告、研究报告、分析报告，还是工作通知、工作建议、工作总结，其撰写都需要有坚实、厚重、翔实的基础材料，但仅有基础材料是不够的，把这些材料精练成自己的东西，还是有一些技巧可讲的。鲁迅先生在《答北斗杂志社问——创作要怎样才会好?》一文中提供了一些"经验"，可咨借鉴。

鲁迅写到：

一、留心各样的事情，多看看，不看到一点就写。

二、写不出的时候不硬写。

三、模特儿（指文学作品中人物的原型）不用一个一定的人，看得多了，凑合起来的。

四、写完后至少看两遍，竭力将可有可无的字、句、段删去，毫不可惜。宁可将可作小说的材料缩成 Sketch（译为"速写"），决不将 Sketch 材料拉成小说。

五、看外国的短篇小说，几乎全是东欧及北欧作品，也看日本作品。

六、不生造除自己之外，谁也不懂的形容词之类。

七、不相信"小说作法"之类的话。

八、不相信中国的所谓"批评家"之类的话，而看看可靠的外国批评家的评论。现在所能说的，如此而已。

　　鲁迅的上述经验，主要是就小说创作而言，但就写作其他内容的东西也非常适用。这段话对我们而言，启示如下：

　　（1）平时就多注意有关素材的积累，有积累后，碰到一切需要撰写的类似题目时，才能以最快速度调整好思路。

　　（2）实在写不出的时候，不要硬写。

　　（3）素材要尽可能的多，要把尽可能多的材料有机整合在一起，最后的文字才有深度，有分量。

　　（4）要文字简洁，废话、套话、大话、假话、可有可无的话都要删掉，不能觉得自己写的每一个字都是好的，舍不得删。

　　（5）多从国外资料中找灵感。我们的金融业近些年有大发展，但与西方发达国家比起来，仍有差距。虽不能说"他们的今天就是我们的明天"，但我们需要学习他们的先进经验是毋庸置疑的。鲁迅认为小说可看东欧、北欧及日本的。我们干金融的，目前似乎应主要看美国的。

　　（6）语言要质朴，不能有生僻字，更不能自己生造些别人不懂的字、词、句，因为我们所撰写的东西主要是给别人看的，别人看不懂，我们的写作也就没有意义了。

　　（7）要勤写作，写多了，就熟悉了，灵感慢慢也就有了，是谓"熟能生巧"。

　　（8）多接受别人的批评，同行的批评应当接受，有时也可找些非同行来品评我们写的东西，有时候非同行倒能提出一些很有见地的修改意见。

★　产品研发与市场推广技能

银行产品是银行拓展客户的工具。没有银行产品，客户拓展工作就无从谈起。银行只有依靠不断的产品研发，才能在竞争中占据竞争优势。作为银行的一员，营销人员虽然是利用产品来营销客户的，但由于营销人员离客户最近，最易摸清客户的需求，因而在产品研发中责无旁贷，应该站在产品研发的前沿，积极参与研发。研发出来的产品经过标准化处理之后积极进行市场推广，直到被客户接受，才能实现最初的研发目标并给银行带来效益。从银行业的实践看，营销人员正越来越成为银行产品研发的主力军。

一、银行产品研发的基本方法

（一）借鉴法

借鉴法，直接、有效、简便，因而被广泛采用。金融活动本身就是一种经济活动，同其他经济活动有许多相似之处。银行完全可以从其他银行以及社会其他经济活动、经济领域的业务品种、操作方法、服务方式上取得借鉴，并结合银行自身特点实现产品研发。由于我国银行业的发展相对落后于发达国家，借鉴国外同行业的做法对我国银行的业务品种研发来说是很重要的。

（二）组合法

商业银行的业务包括资产业务、负债业务和介于两者之间的中间业务，将这三大类业务进行适当的组合可以实现金融业务品种的研发，通过资产业务和负债业务本身内在要素的有机组合也可实现金融业务品种的研发。如将资产业务和负债业务有机结合的活存透支业务，这一业务品种的操作前提是银行对客户进行了有效的资信评估及授信；将负债业务本身要素适当组合的协定存款业务，这一业务品种的要点是银行与客户之间就一系列事项有过事先约定，银行根据客户的委托为客户专门设立一个存款账户，将日常结算账户中客户认定的限额以上的资金存入该账户，并在结算账户资金不足限额时及时进行逆向操作，以存款账户中存款的相对稳定且高于活期存款的利息，但与活期存款具有同等的流动性。还有储蓄存款中的存本转息二合一储蓄业务，特点是受客户委托，将客户存本取息存款的利息定期转入客户事先开立的零存整取储蓄存款账户。再比如将资产业务与中间业务（顾问业务）一同向客户提供，这也是一种典型的研发业务，在我国有很大的发展前景。

（三）延伸法

金融业务品种的研发往往要经过一个由低级到高级、由简单化到系统化的连续发展过程，并通过这种内在的延伸实现金融业务品种的进一步研发。如以信用卡业务的研发为起点，依托日新月异的信息化、网络化技术而出现的自助银行、网上银行等。这是空间上的延伸。还有时间上的延伸及时间、空间结合在一起的延伸。

（四）独创法

在社会经济发展的一定阶段，完全基于金融业自身的条件，借助社会发展、经济变革和技术进步也可以实现金融业务品种的研发，如信用卡业务、货币电子化等，都是银行以社会需求为出发点，在技术革命的推动下实现的金融研发。

二、银行产品研发的源泉、路径与银行产品的标准化

银行产品研发是一个推陈出新的过程，有着各种各样的原因。有为规避金融管制而研发的，有为应对市场竞争而研发的，有为适应不利的经济发展环境而研发的，也有以上各种综合因素促成银行产品研发的，而无论哪种原因，银行研发产品的目标都是在保证安全性和流动性的前提下追求盈利，最终实现与其他银行相比有竞争优势。从类

别上看，银行产品研发主要表现在如下方面：价格风险转移研发、信用风险转移研发、增强流动性研发、信用创造研发和股权创造研发等。

营销人员研发银行产品的源泉主要有以下几个方面：出乎意料的事件，无法协调的矛盾，业务流程中的难点，产业和市场的变迁。营销人员通过审视，很容易发现一些需要研发的地方。

银行产品具有极易复制的特点。一家银行推出一种产品后，另外一家银行往往会在很短的时间内推出性质大致相同的产品。因此，对营销人员来讲，除潜心研究金融形势、客户需求以求得全新的银行产品外，另一条比较便捷的研发途径就是追踪同业，从中发现研发迹象并加以改造从而形成本银行的研发产品。营销人员研发银行产品的另一个重要途径是将本银行当前提供的产品与客户未被满足的需求相比较，再将现有产品进行改造或再设计以满足客户需求的全新产品。为完成一个银行产品的研发工作，营销人员除积极构思之外，还要做一些工作，如管理办法、操作流程的制定，协调并取得技术部门、会计部门的支持等。对一些研发产品还要按照监管部门的要求进行报批。

新的产品被开发出来后不应仓促推向客户，而应该先进行产品的标准化工作，即将拟推出的产品与银行现有的形象识别系统一致起来。因为产品的本质仅是满足客户的需求，只有将"满足需求"的东西包装起来形成本银行的特色且易于被客户接受，才能算是一个合格的产品研发。一般而言，产品经过标准化后应包括以下内容：名称、式样、外形、色彩、识别暗记、产品提供者的名称和有关合法印章、签字、背书等。当然并不是所有经过标准化的银行产品都包括这些内容，最能引起顾客兴趣的是产品的名称及其所能满足的需求，产品的标准化应围绕这两点来进行。

标准化后，营销人员要考虑的就是什么时候以什么方式向客户推介产品。在推介前，宣传材料的编写、印制以及幻灯文本的制作都是必须的。在推介后，还应重视产品信息的反馈，以便进一步改进产品。客户对产品的反馈信息都是通过营销人员传递给银行的，因此，银行应当鼓励营销人员进行产品信息的传递活动。营销人员拥有大量信息，如竞争者产品、市场发展态势和市场需求，但由于信息往往是零碎的，收集、整理这些信息将耗费大量的时间与精力。要抓住市场机会，在营销人员与专家之间建立开发的信息交换渠道就显得十分必要。无论通过何种渠道收集有关产品的信息，对营销人员而言，不仅可以丰富自己的客户拓展经验，而且有助于完善自己所推销的产品。

三、银行产品研发的基本程序

一般说来，研发产品的市场吸引力较大，开发新产品需要较长时间，动用大量的人力、物力与财力，要冒一定的风险，因而研发产品是高机会和高风险的组合。也正因为如此，在产品研发中银行应严格遵循如下步骤：

（一）形成新产品构想

真正好的创意来源于灵感、努力和技术，来源于客户在使用银行产品过程中提出来的意见与要求；来源于对竞争者的产品进行分析研究，吸取优点、去掉不足，从而推出产品研发方案；来源于受国外产品的启发而进行的改进等。从方法上来讲，主要有：①产品属性列举法。将现有某种产品属性一一列举，然后设想研发每一种属性以获得各种新的产品。②强行关系法。即列举若干不同属性然后考虑每一属性与其他属性之间的关系从而产生创意。③顾客问题分析法。即向客户调查对银行产品的希望与要求。④开会讨论法。即召集少数专家与相关人员开讨论会，以产生创意。⑤群辩法。即挑选若干性格、专长各异的人员来讨论，无拘束地交流意见，以产生创意。⑥新技术跟踪法。即追踪国内、外技术发展的最新成果，以产生新的构思。

（二）筛选

对许多新产品创意进行筛选，基本标准是：这个新产品设想是否具有足够的现实性与合理性以保证更加详细地分析？创意与银行的资源、目标是否一致？是否具有现实性？首先是要使新产品开发与银行目标相吻合，否则不予考虑；其次是考虑银行自身供给能力。

（三）市场分析（可行性研究）

这是新产品设想的更加详细的评价阶段。在这一阶段要对需要的资金投入、期望收益、产品价格等因素进行评价与预测，还必须审定现实的竞争及潜在的竞争。现有竞争对手的市场地位越稳固，新产品设想进入市场的可能性越小。一般来讲，市场分析不宜由那些提出新产品设想或主张采纳这种设想的营销人员进行分析，避免分析中的主观色彩。对新产品的市场分析不能采取过分乐观的态度。

（四）开发

包括管理办法、操作流程、会计核算办法的制定以及相关电脑程序的开发等。在市场经济社会，技术人员在新产品开发中占据的地位越来越重要。

（五）试验

试验是新产品开发过程中接受市场检验的过程。一般地说，如果市场实现高试用率与高重复使用率，则产品可以继续发展下去；如果是试用率高但再使用率低，则产品应重新设计或放弃；如果是试用率低且再使用率高，则应加强营销；如果是试用率低且再使用率低，则应该立即放弃。在进行研发产品的市场试验中，应特别注意不要把产品秘密透露给竞争对手，以防止竞争者模仿该研发产品。

（六）市场化

这是研发产品的最后阶段，应明确何时推出新产品和何地推出新产品。在回答第一个问题时，要考虑两个方面：一方面要符合新产品自身的时间特点；另一方面，要考虑被新产品替代的老产品的出路。在回答第二个问题时，主要是细分市场，找出最有吸引力的差别市场。

四、银行产品研发的指导思想

（一）盯紧重点目标行业和重点目标客户，以满足客户需要为产品研发的出发点

新产品创意来自客户需求，并且最终要被客户来检验。产品的功能内涵、形象策划、宣传包装等方面必须满足客户的需要与偏好。目

标重点行业、重点客户是商业银行现实与未来利润的主要贡献者，因而应将新产品开发定位于服务这些客户，投入全行的资源满足这些客户的需要。

基于对我国经济成长周期的基本判断，现阶段乃至未来相当长一段时间内客户的金融需求主要集中体现在资金融通、现金管理和理财增值三个方面。为此，营销人员的产品设计研发和市场推广工作应该围绕客户这三个核心需求来展开。

（二）突出对重点行业的整体解决方案，争取"通吃"整个产业链

银行产品的研发必须以满足客户的个性化需求为前提，但对银行来讲，尚需通过行业整体服务方案的设计来带动对整个行业的营销，做到设计满足客户个性化金融需求的单一产品与设计针对整个行业的解决方案两项工作的结合。以重点核心企业为目标，强调通过整体服务方案的设计与推广，最大化地挖掘核心企业价值。

（三）在产品研发设计与市场推广中多方兼顾

在产品研发设计与市场推广中始终兼顾以下三个方面：满足客户需要（这是产品研发的出发点）、有效规避风险（这是产品能够推向市场的前提）和满足银行自身经营偏好（银行的产品研发必须能给银行带来效益）。同时，强调资源与产品的协同。产品必须依托银行的现有资源、现有优势，对看准的重点产品，要配之以足够的资源予以支持。

（四）产品研发与市场推广、后续评价相结合

新产品在具有特定功能的前提下，必须通过包装、宣传、推广和造势才能被客户接受，才能提升产品的市场价值。要重视产品的后续评价、开发，重视产品贡献度分析，产品投放市场后，要根据市场反应，不断改良。

（五）体现银行产品总体发展趋势，加强对现有产品的整合包装

为客户提供整体解决方案而非单一的功能产品是银行产品发展的总体趋势，相应地银行收益是来自所服务客户的总体收益，而非单个产品所带来的收益。研发的新产品要容易被营销人员推介，容易被产品经理操作，容易被客户接受。

（六）　速度第一，持续研发

银行竞争的实质是速度的竞争，新产品推出速度快的银行能在市场竞争中赢得先机；由于银行产品具有极易复制的特点，一项新产品往往在较短时间就被竞争对手模仿，因而必须保持较强的持续研发能力，不断推出新产品。

（七）　强化集中领导和协调

凡一家银行系统内依法统一对外推出的金融产品，应妥善落实银行内部的集中领导和协调，以实现银行内部各机构、部门间的有机联动和资源共享，做到综合评价该项金融产品的投入与产出，实现相关利益在各机构、部门间分配的合理化，保证局部利益服从全行利益。

（八）　力求满足不同层次的市场需要

商业银行的业务市场是个庞大的特色市场，而且它有很大的地区差异和需求上的层次性。营销人员若只盯住眼前利益去盲目开发自己的产品和服务市场，或同时开发某种产品或方面，那就很容易产生供求扭曲、恶性竞争的倾向，而且这也有违价值法则。因此，在产品开发上，应树立大市场理念，正确认识自己作为市场一主体与市场的内在联系，从自己实际及客户需要出发，坚持"有所为、有所不为"的方针，多推出特色产品。

（九）　不断增加高新技术含量

近年来，高新技术的迅速发展，特别是新的计算机技术与电信技术的飞跃对商业银行产品与服务的社会化发展具有深远意义。商业银行只有依靠高科技转化应用新技术、新成果，才能增强自身在市场中的竞争力。这里所称的增加高新技术含量有两层含义：一是加速对传统银行产品与服务的技术改造，加大对技术含量高、使用性强、效益明显的新产品、新服务项目的开发与研发。二是在推出新产品时注意用高新技术的思想去包装该产品，使该产品具备与高新技术一致的外在形象，从而引起潜在客户的兴趣，唤醒潜在客户的需求，对市场产生有效冲击。

（十） 拓展数量规模与提高质量效率并重

近年来，我国商业银行推出的新产品、新服务层出不穷，包括网上银行、电子商务在内的存款、贷款、中间业务方面，但是在推出时某些银行很仓促，重数量、规模，轻质量、效益倾向明显，跟进管理、跟进服务的力度不足，供给资源过剩而相应需求又得不到满足的矛盾随处可见。因此，商业银行应合理配置内部的人力、物力资源，健全产品开发的设计、评估、实验、应用和管理体制与机制，从而逐步实现银行产品与服务开发管理的科学化、现代化，提高开发的成功率。

（十一） 科学处理盈利性、安全性和流动性三者的关系

银行产品只有不断地研发，才可能满足不断变化的需求，才能维持银行的长期存续。银行产品的研发应坚持盈利性、安全性和流动性相结合的原则。一般而言，盈利性目标要求银行开发高风险性产品，而这样的产品往往流动性不强、安全系数不高。反过来，有较强流动性、安全性的产品往往又不是高盈利产品。所以，银行产品总是这三种目标兼顾的统一体，使三者有机地结合。

（十二） 重视产品的标准化工作

进行银行产品的研发可通过扩大现有产品的服务功能和服务范围、开发与竞争对手有差异且更有竞争优势的银行产品等途径。但不管通过何种途径研发产生的产品，在推向市场前都必须进行标准化工作。标准化后的银行产品一般应包括以下内容：银行产品的名称、式样、外形、色彩、识别暗记、银行产品提供者的名称和有关合法印章、签字、背书等。在将标准化产品推向市场时，应该同银行职员的个体行为及银行自身的视觉现象一同使用。银行职员的个体行为包括服务态度、应接技巧、服务水平、作业精神、行为礼仪、语言表达、业务技术等，银行自身的视觉形象则包括银行名称、银行徽标、基准色调、广告语以及办公设备、建筑物、制服、交通工具、旗帜、招牌及广告制作等。

五、银行产品研发的战略选择

银行产品研发的战略选择，可概括为研究银行应该发展哪些新产品和改进、淘汰哪些老产品。这实质上是两个相互关联的步骤：①银行对产品的选择。即银行产品的选择战略，它要回答以下问题：在现有老产品中，哪些应该放弃、哪些应该维持、哪些应该渗透发展？是否应该开发一种新产品？②银行在确定了产品后如何进一步制定开发规划，即银行的产品发展战略。其中最重要的是对已选择的产品进行市场细分和目标营销市场的定位。上述两个步骤实际上蕴涵着产品选择的三种战略：产品差异战略、产品选择战略和产品发展战略。

（一）产品差异战略

银行产品差异化是指某家银行独自提供的，在产品功能、操作便利性上优于其他银行且与大众化有所不同的银行产品，它可以形成独自的市场。一般情况下，即使同类产品在市场上饱和，也不会出现威胁性的竞争对手。

银行将标准产品差异化应结合产品的特性进行。银行产品有五种层次：核心利益、形式产品、期望产品、延伸产品和潜在产品。银行产品的核心利益是客户实际需要的部分；形式产品是银行产品的有形部分和外在表现形式，是使客户利益和需要得以满足的方式，是核心利益的载体；期望产品是附属于核心利益的条件和属性；延伸产品则是在满足客户基本需要的基础上，能够体现不同银行形象和特色的一些附加条件。依据银行产品的上述五种层次，将银行产品差异化主要有以下三种方法：

（1）广告宣传和"美化装潢"。银行产品具有很大的同质性。其中某些产品由于包装或产品宣传力度不同，可能带来客户使用量的不同。

（2）转变销售方式和加强售后服务。如对使用本银行产品的客户进行追踪服务，对其中个别地方根据客户需要加以完善，从而形成差异产品。

（3）增加银行产品的附加价值和特殊规格，以区别于其他银行的不同产品。

（二）产品选择战略

选择某项产品并向客户提供，其前提是对产品作出恰当的评价。评价方法主要有：产品生命周期法、产品获利能力评价法、产品系列平衡法、四象限评价法等，这些方法的实质在于确定在银行的所有产品中，哪些是最有希望盈利的，哪些是不赚钱乃至赔本的。

产品选择战略还涉及老产品整顿，包括老产品的改进与保留、老产品的淘汰和现有产品的组合。

1. 老产品的改进与保留

有些老产品正处于成熟期，产品已被客户广泛接受，市场处于鼎盛，但销售增长率减缓，为应付竞争对手，市场营销费用相应增加，产品利润稳定或下降。对此类银行产品应该采取保留与改进的策略，具体途径有三：①改进产品，即银行通过增强产品稳定性、增加一些功能、扩大使用范围等途径以吸引新客户或使现有客户增加使用量；②改进市场，即银行千方百计寻找新的客户和使现有客户多多使用本银行的产品，以尽量维持市场占有率及抢占新的市场；③改进服务，即尽量加强产品服务，改进服务质量。

2. 老产品的淘汰

任何一个产品都有其生命周期，都可能从银行的"摇钱树"变成"赔钱货"，原因有：客户爱好及习俗的变化；竞争产品大量涌入；出现更好的替代产品；产品改进后收效甚微；需求稳定，很难刺激新的需求；其他原因，如决策失误等。疲软产品既然不能为银行带来利润，继续维持下去就会成为银行沉重的包袱，严重影响银行的信誉。为此，应予以淘汰，策略有：①立即放弃。若银行已准备好了新的替代品，或者该产品市场售价、销售量急剧下降导致亏损太大，或者该产品的继续存在将危害其他有发展前途的产品等，就应采取立即放弃战略。②逐步放弃。为避免使客户和银行自身产生巨大"震荡"，也可逐渐减少老产品供应量，增加新产品供应量，将投资从疲软产品逐渐转移到新产品上。③自然淘汰。即银行不主动淘汰某些产品，而是让其自生自灭，完全遵循产品生命周期规律。自然淘汰策略有：纯粹的自然淘汰；将促销活动集中在最好的渠道和市场上，对维持市场销售量做最后的努力；暂不停止供应产品，一旦竞争对手退出则重新进入。

淘汰疲软产品要坚决，但切忌仅依据一个银行产品微利或亏损的现象就作出淘汰的决定。具体来说，它要求决策层回答以下问题：某一产品是不是在所有市场上都是疲软的？疲软产品是不是使银行损失最大？如果不是，就应放弃淘汰战略，采取产品差异型或产品组合型产品战略。

3. 现有产品的组合

任何银行都同时拥有很多产品，包括新产品和老产品，这些产品具有不同的市场吸引力和利润率。如果不及时调整产品结构，寻求较好的产品组合，就对银行收益有相当大的影响。因此，银行应该善于在新老产品之间、新产品之间和老产品之间保持一种合理的平衡。要保持这种平衡，实质上就是在近期利益与长远利益、降低成本与业务增长、高风险高利润与薄利多销等相互矛盾的目标之间寻求平衡。当一种产品的风险发生时，能够从其他银行产品的收益中得到补偿。

（三）产品发展战略

产品发展战略是产品选择战略的继续，但它解决的是更深一层次、更细致的选择问题：即在确定产品后，如何发展这种产品？这又涉及两个问题：一个是银行的细分市场战略，另一个是银行产品的目标定位战略。

对银行细分市场战略来讲，主要是在以下四种方式中进行选择：①银行的一种产品只对应一个客户群体；②银行的一种产品对应多个客户群体；③银行的多种产品对应一个客户群体；④银行的多种产品对应多个客户群体。而对银行产品的目标定位战略来讲，主要是确定与竞争对手的产品相比，本银行的产品处于何种地位。

六、银行产品研发后的市场推广

银行产品营销推广的核心是以何种价格、何种方式向目标客户推介产品。

（一） 银行产品定价

对任何产品，定价都是一个重要环节。产品定价是影响利润和销售量目标的主要因素，市场力量、成本结构及推广均影响价格水平。定价的最终任务是弥补成本支出，吸引足够的销售量，取得预定的利润、达到销量目标。在对银行产品定价时，主要考虑以下因素：客户需求的迫切程度；与其他营销策略共同使用，以达到互补作用；产品的自动化程度以及提供服务的成本；银行希望达到的形象与专营程度的目标；产品的生命周期；政策和同业竞争等外部因素；市场存在类似产品时，考虑新产品价格对现有产品销量的影响、客户转向新产品的程度，以及满足需求的营销能力和组织能力。

对银行来说，产品定价主要表现为利率和费率两种类型。利率和费率的确定有三个限制条件：①按监管部门规定的上下限来确定；②尽可能实现较高的利润；③符合客户的承受能力与预期。因此，确定银行产品的价格时，可采取如下策略：

（1） 高价策略。主要在新产品推出初期使用。适用于有特别需要而又愿出高价的客户。

（2） 渗透性定价。定出较低的价格以争取初始市场占有率，主要用于价格敏感和可薄利多销的市场，以及防止竞争者占据较多的市场。

（3） 竞争性价格。当银行打算在某种服务或某一市场获得一定的经营经验时可采用此策略。

（4） 追随型价格。跟随市场竞争者定价，而不考虑本身的成本和收入目标，以维持现有的市场占有率。

（5） 亏损价格。用低价吸引客户的同时，可向客户推销其他更盈利的业务。

（6） 差别价格。即对特殊市场制定特殊价格。

（7） 价值定价。一种服务附加的好处越多，客户就感到价值越高，定价也可相应提高。

（8） 关系定价。取决于客户对银行的全面关系而非某种单一业务关系，目的在于获得更高的综合收益。

（9）策略定价。旨在刺激需求和增加业务量，主要用在短期业务推广期间。

（10）成本定价。银行根据对可吸引最低业务量的估计，确定一个价格，使银行可以取得规模经济效益，减少每笔业务的实际成本。

上述定价政策需根据产品生命周期的不同阶段和不同的市场条件使用。虽然银行需要保持价格政策基本稳定，但是也需要随着市场条件变化和产品生命周期的发展而不定期地审查价格政策。

（二）银行产品销售

1. 销售前的准备

在进行销售之前，营销人员可参阅下面的问题，来确定是否拥有所营销产品的足够多的知识：产品是什么？它如何运作？产品如何针对客户的需求或状况？产品的基本特征和利润怎样？如何测定客户对此产品的适应程度？使用该产品的客户是哪些人？针对该产品，客户的决策者是谁？应该向客户问哪些问题来发现客户的需求，并引起客户对该产品的兴趣？客户会提出哪些异议？如何应付？会谈结束时应采取何种行动？在此领域内，主要竞争对手是谁？以前相关的案例怎样？该产品定价结构如何？该产品的相关专家是谁，或者说在银行内部向谁索取此产品的详尽相关信息？合同签订后多长时间启动该产品？协议签订前、后的运作程序如何？最易获得的有关资料、手册和数据有哪些？

需要说明的是营销人员在开展销售前所准备的产品知识必须与客户需求相吻合。只有了解客户需求目标、预算约束、存在问题和银行产品或服务相关的优越性等，营销人员才能向客户推荐他们的产品和满足客户的需求。如果不能了解客户，营销人员就不能满足其需求，因此，在进行销售之前，还必须掌握尽可能多的客户信息。有关客户的有效信息主要来源于银行的市场调查部门、公司年报、财务方面的资料、贸易方面的资料、其他客户提供的资料和客户自己提供的资料等。

在销售前，营销人员需注意的另外一个问题是，要做到全面部署，心中有数，对如何推广该产品有一个全面的计划。在计划中应详尽列出：该产品销售给谁？以什么方式销售？预算是多少？能带来多少收益？……

2. 克服销售的阻力

虽然销售使营销人员有机会成为客户的指导和顾问，但并不是所有的营销人员都认同这种销售观念。对许多营销人员来说，销售的做法偏离了原先选定的职业。以前，银行的营销人员在销售中所起的作用是不积极的，它们起的是"坐商"作用，坐等客户上门。但在今天激烈的竞争环境下，银行在全国范围内的经营管理赋予营销人员的角色以新的意义，将积极推销产品的活动当作公关管理的一部分，包含在基本的业务范围之内。这种由被动销售到主动销售的转变，是积极营销方式激励的结果，而积极营销之所以产生，根源在于银行业内、外部的变化，包括非银行金融机构的竞争、国外银行的冲击、新技术的推动、客户日益复杂的现金管理方式和不断变化着的信贷环境等。

激烈的竞争环境使区域性银行和全国性银行转向重视非信用产品和与信用相关的产品的销售，在其营销计划中这是作为发展银行业务、扩大银行规模和维护客户关系的一种手段。营销人员们正在经历着这种转变。许多营销人员，包括从业多年和新进入本行业的，都深感要使这一日益表面化的职业矛盾得以调和是很困难的。对于银行产品的销售，很多人从根本上就抵触而不能接受，因为他们认为，销售就是倾力推销。既然把销售与倾力推销的策略联系在一起，自然就会将它视为与银行业务不相干或对银行业务没有价值。对营销人员来讲，这些阻力必须加以消除，尤其是思想的阻力（不认同市场经济条件下对营销人员职能的要求）必须加以克服。

（三）银行产品促销

客户拓展活动不仅要求营销人员开发满足客户需求的银行产品，制定适当的价格，使目标客户易于取得他们需要的银行产品，而且要求营销人员善于与目标客户沟通，开展促销活动，通过广告、人员推销、公共关系和营业推广等促销手段的综合运用向目标客户介绍产品的优点，说服和吸引客户接受产品。

银行产品是无形的，不能很好地客观表现，因此，银行促销不仅要能反映银行产品与服务本身，而且要展现使用这些金融产品与服务给客户带来的实际利益。通过促销手段的适当组合与运用赢得客户信任，树立银行及营销人员的良好形象。银行产品的促销一般通过两个层次进行：①通过总行的业务推广部门，负责广告预算，决定为达到银行目标所需要的支出，银行的公开宣传和公共关系活动一般也由总行控制。②通过银行的分支机构进行，即通过直接邮寄宣传材料、分行展示和营销人员个人上门推销等形式推广。

1. 沟通

要推广业务，就需要加强与雇员、客户及潜在客户的沟通，内部与外部的沟通不足会影响销售量。要使沟通有效，必须具有以下特征：趣味性强，足以引起注意；信息简明，可留下深刻印象；可信度强；刺激客户的消费欲。与此同时也需要注意沟通对象（Who）、沟通内容（What）、沟通时间（When）、沟通地点（Where）和沟通方式（How）。

银行沟通可通过下列一种或多种渠道进行：全国性或地区性的报纸、专业杂志、刊物和银行年报、电视和广播、展览和室外张贴、公共关系、公开宣传和赞助活动。此外，也需要与在分支行层次进行的散发宣传小册子、个人销售、直接邮寄和地区性展览等活动相配合。

2. 广告宣传

广告宣传实质上是一种沟通渠道，它可以通知、劝说、引起客户注意，有助于产品销售。过去的广告宣传着重树立银行形象，当前则着重宣传本银行与其他银行的差别，同时也着重某项或一揽子金融产品的推销。例如，通知性的广告常用于产品生命周期的初级阶段，告知客户新产品或现有产品的新特征，有助于树立产品形象；劝说性广告用于竞争环境，直接与竞争对手的产品相比较，引导客户偏好，以吸引客户转向；而对于家喻户晓的产品，广告可提醒客户注意某些优点，以保持或增加市场占有率。

广告宣传需要与其他营销策略相配合。例如，有限时期的利率降低可能在短期内比广告宣传更能吸引客户，在大学内设置分支机构有助于与未来的专业人士保持长期联系。要在竞争中取胜，广告宣传必须可信饱满，符合接受者的品味。不仅产品的特征和优点要符合目标客户的需要，所选择的宣传媒介也要符合目标客户的习惯。

广告宣传还要考虑经济效益，以最小化的成本取得最大化的盈利或销量。如果目标客户较少，电视广告就不太适合；如果产品的预期盈利性不高，也不宜选择昂贵的广告媒介。电视对于宣传大众化产品或传递公众形象信息较为有效。媒介选择也受所传递信息性质的影响；如果广告的内容复杂，或需不断重复，则电视广告太昂贵，而报纸广告则较适合。

制订广告宣传费用预算可采取四种方法：①成本限制法，即限定成本支出的绝对额。②预期销售比例法，即根据过去的经验，确定达到一定销售水平所需要的广告支出水平。在产品处于生命周期的饱和或下降阶段，这一方法则不适用。③竞争匹配法，即简单追求与竞争者一致的广告，而未考虑其他营销策略的配合及其他广告宣传媒介的配合。④客观评估法，即分析广告宣传的目标、各种宣传媒介的配合及其各种选择的成本制定预算。

3. 公共关系

公共关系是指有意识、有计划、持续地建立和保持本机构与公众之间的相互了解。从这一定义反映出建立公共关系的长期性、政策性和战略性，是一个主动塑造形象的过程。广告宣传是试图直接操纵购买者意见，而公共关系则着重给出信息，确保本机构的经营活动被人理解。

良好的公共关系具有一些基本而重要的特征：公共关系沟通应该真诚，使公众产生信任；发布有价值的新闻以促进了解并产生影响。

对银行来讲，公共关系应该支持银行的经营目标。例如，支持社会项目和有价值的教育活动，以及帮助与银行的重要客户直接或间接联系的组织。当通过公共关系部门反对某种反面宣传时，应谨慎行事，并采取负面影响最小的对策。

4. 宣传与赞助

可通过发表文章、通讯、评论、新闻，举行记者招待会和赞助活动进行宣传，树立银行形象，达到促销目的。采取这种方式的可信度较高，相当于免费广告宣传，特别是对那些对广告宣传反感的客户能产生积极影响。还可通过主动的新闻发布塑造良好的形象，以及抵消一些不利宣传的影响。此外，赞助活动也应该有良好的商业原因，可支持银行的营销活动，起到好的宣传效果，以及有助于提高银行的声望。

★ 客户服务方案设计技能

　　客户服务方案是要递交给客户并希望获得认可的，为此方案应简洁明了，切忌长篇大论，不得要领，只要能解决以下三个问题即可：你是哪家银行；你要给客户提供什么产品；你能给客户带来什么收益。为追求视觉效果，增强方案对客户的吸引力，应将方案外观制作得尽可能美观，比如采取 PPT。在此介绍两类建议书：一类是给工商企业的金融服务方案，该企业是政府部门采取资产划拨方式由多家发电企业及相关资产合并而成的大型发电集团；另一类是给地方政府的金融服务方案，该政府为一家沿海开放城市的市政府。

专栏 1-15

石津煤电集团金融服务建议书

一、银行简介

（略，本部分主要介绍银行的经营特色，不宜泛泛而谈）

二、对石津煤电集团金融需求的理解

（一）石津煤电集团

（1）我国新组建的独立发电企业集团之一，注册资本为 120 亿元，总资产达 700 亿元。

（2）拥有多家上市公司、流域水电公司及一批火力、水电企业，共计 23 个内部核算企业和全资企业、45 个控股企业、56 个参股企业。

（3）在全部发电资产中，水电约为10%，火电约为90%。

（4）与其他电力集团之间在燃料、输配电方面为市场竞争关系。

（二）石津煤电集团发展的核心目标

资产划拨到位仅是石津煤电集团组建的第一步。资产整合及按照国际规范建立起完善的内部组织体系、投融资体系、管理架构，塑造有特色的企业文化，形成有比较优势的市场核心竞争力乃是当前及今后相当长一段时间紧迫的任务。

（三）实现集团发展目标的要点

（1）根据煤电集团的行业特点，借鉴国外同类企业的先进经验，必要时借助专业化的咨询机构，进行集团架构的整体性规划设计。

（2）构建强有力的规划执行机构，推进规划方案在石津煤电集团内部的贯彻落实。

（3）理顺与新形势下电力监管部门的关系，适应新的监管环境。

（4）以市场化发展道路为方向，加强对旗下企业及其资产的整合能力。

（四）集团发展中的金融需求

（1）融资需求。

1）直接融资。

①股权融资：

——通过旗下的上市公司，采取增发、配股等手段从资本市场上继续筹措资金。

——引入战略投资者，完善集团及下属企业的治理结构。

——通过股权的出让与受让，调整集团的资产结构，实现集团整体收益的最大化。

——组建新的主体，在境内、境外上市，进行股权融资。

②债权融资：

——发行企业债券，包括人民币债券和外币债券。

——随着我国资本市场的发展，积极推行资产证券化工作。

2）间接融资。

①项目建设融资：

——电站建设需要银行融资。

——另外，电站建设的配套工程需要银行融资。

②临时性融资：

——采购发电所需煤炭等原材料时需要银行融资。

③设备采购融资：

——在工程建设期间的设备采购，可考虑使用境内银行贷款。

④过桥性融资：

——在进行股权扩展、从事收购过程中，可向银行申请过桥性融资。

（2）资金管理。

1）集团总部与所属企业之间资金往来频繁，借助银行能够实现资金的收付清算。

2）通过银行的理财服务，提高自身的资金收益水平。

3）借助银行，逐步实现资金的集中统一管理，通过资金管理权限的逐步上收，实现成员单位的资金能够由集团统一监管和控制，从而实现集团内部资金的有效调剂和融通，提高财务集约化程度，加快资金周转，提高资金使用效率，降低财务运营风险，合理安排各币种头寸，降低利率和汇率风险，提高集团的整个资金管理水平，有效进行集团的资产负债管理。

（3）增值链服务。

1）为石津煤电集团提供配套服务的上、下游企业众多，包括煤炭、建材、机械、施工及下游各用电客户，这些企业的直接需求也是石津煤电集团的间接需求。

2）上、下游企业存在着贷款、招投标保函、履约保函、保理等金融服务需求。若能为这些上、下游企业提供专门的金融服务，也将是对石津煤电集团的有力支持。

3）石津煤电集团所属职员个人存在着广泛的金融需求，集团若能在这方面为职工提供服务，将获得职工的积极响应，增强集团的凝聚力。

（4）顾问咨询。

1）石津煤电集团金融服务需求品种众多，所需资金构成复杂，需要专业人才提供咨询服务。

2）为加强财务管理工作和提高员工工作水平，需要加强对财务人员的培训工作。

3）组建集团的过程千头万绪，需要借鉴其他成功企业的先进经验，而银行由于与多类型众多企业业务往来频繁，可提供其他企业在此方面的成功做法，尤其是资金集中统一管理方面的经验。

三、金融服务方案

服务方案主要有以下内容：

（一）优质高效的本外币融资

（1）人民币中长期贷款。根据集团电站项目建设的需求，我行愿意提供中长期贷款，以支持项目建设，扩大集团规模。同时可为配套工程提供贷款。

（2）集中统一授信。

我行为解决集团临时性资金需求，可向集团提供一定的授信额度，授信品种包括短期贷款、信用证、保函、担保、承兑汇票等。

授信额度由集团总部掌握，可由集团自身使用，也可授权下属成员单位使用。

我行实行总行、分行联动服务模式，从组织上能保障授信额度在集团全国各地成员单位的使用，实现集团对银行授信的统一安排。

（3）外币贷款。对项目建设中国外设备的采购，我行可提供外币融资支持。

（4）过桥贷款。我行支持贵集团扩大生产能力，增加装机容量。在对外进行收购兼并时，我行可提供一揽子金融服务。

（5）银团贷款。我行可参加旨在向集团提供融资的银团贷款。可作为牵头行、管理行或代理行。目前，我行在国内银团贷款市场上拥有比较大的市场份额。

（二）专业化的资金管理服务

（1）支付结算服务。利用我行领先国内同业的对公结算产品，向集团及成员单位提供实时支付服务。通过该产品，在我行系统内的资金划拨，可实现瞬间到账、实时抵用，且安全可靠。

（2）集团资金集中统一管理。我行可协助集团搭建资金集中统一管理系统。在该系统中，由集团作为控制中心，集团成员作为被控制单位，依托我行网络，实现集团总部对成员单位资金的集中统一管理，包括对成员单位的资金收支进行控制。我行保证协调系统内分支机构实现对集团成员单位的服务。

（3）现金管理服务：

——人民币资金保值增值产品：协定利率存款、通知存款。

——外币资金保值增值产品：除提供外汇买卖、利率掉期等产品外，我行重点向集团提供结构性存款服务。

（三）延伸性的增值链服务

（1）为建设施工企业提供招投标保函、保理等在内的一揽子银行服务。

（2）为用电企业提供包括贷款、承兑、保理等在内的全线银行产品。

（3）为集团员工提供代发工资、个人消费信贷、个人理财、代收费用等个人金融业务。

（四）个性化的顾问咨询服务

（1）我行拥有一个高素质、从业经验丰富的员工队伍，利用他们的专业技能，可为贵集团提供个性化的财务、资金管理等方面的专业培训，也可为贵集团构建现代化的资金结算体系提供建设性意见。

（2）在贵集团资本经营战略研究、核心产业链构建、战略扩展等方面提供战略顾问服务。

（3）担当兼并收购顾问、筹融资顾问、财务与风险控制系统设计等专项财务顾问。

（4）借助证券、保险公司，可向贵集团提供全方位的金融服务，如利用证券公司，可向贵集团提供资本市场业务，而保险公司可向贵集团提供保险服务。

（五）特色金融服务——买方付利票据贴现与结构性存款

我行为贵集团量身定做买方付利票据贴现与结构性存款两项业务品种。

——买方付息票据贴现。

从市场运行主体角度考虑，节约成本开支、走集约化经营道路必将取代计划经济时代发电企业重视成本管理不够的粗放式发展道路。

买方付息票据贴现业务即能更大限度地降低企业运行成本。该项业务是指石津煤电集团所属发电企业与煤炭销售企业签订买卖合同后，发电企业签发银行承兑汇票或商业承兑汇票，并承诺支付贴现利息，煤炭销售企业持未到期的汇票转让给银行，银行审核无误后，将票面金额全额支付给煤炭销售企业，并向发电企业来收取贴现利息。

——结构性存款。

该项产品主要考虑到客户外币资金充裕、适于专业理财的需要。它是根据客户对收益的预期及对风险的承受能力，而为客户设计推荐具体的理财方案并由我行资金交易专业人员进行操作。在此业务项下，能保证客户在不损失本金的前提下，根据风险收益水平获得尽可能高的收益。

四、金融服务保障机制

（一）组织结构

（1）我行推行总分行密切配合的联动服务模式，从总行到相关分支机构均针对贵集团成立专门的服务小组，配置相关资源，在服务人员、金融产品、融资方案等方面给予充分保障。

（2）在总行成立石津煤电集团服务领导小组，由行领导挂帅，统一协调全行调配系统资源，保障实现对集团的优质、全面服务。

（3）由我行开源路支行作为主办行，具体负责对贵集团的日常服务，以感受我行服务之便利。

（4）集团成员单位所在地的我行相关机构成立专门的服务小组，负责对当地成员单位的金融服务。

（5）我行将保证以最优秀的人力资源为贵集团提供高效、快捷、便利的银行服务。

（二）金融服务小组特点

（1）具有卓越领导才能的我行总行高层及中层领导亲自参加，可保证向贵集团提供高效、有序的银行服务。

（2）集合了我行多个部门（会计结算部、公司业务部、信息科技部）及多家分支行的业务精英参加，可保证向贵集团提供全方位的金融服务。

（3）秉承"诚心、敬业、周到、创新"的专业服务精神。

（4）小组成员具备金融、财会、法律及银行业务的全面知识背景，在统一授信、银团贷款等领域有着丰富的从业经验，大多具有硕士以上学位或高级技术职称。

（5）已成功为一批国内知名公司提供了个性化金融服务，获得企业好评。

专栏 1 - 16

××人民政府战略合作与金融服务建议书

一、前进中的××银行

（一）××银行的发展历史

（二）××银行的主要特色

（三）××银行的机构网络

（四）××银行已成为支持地方经济发展的重要力量

（五）××银行正在按照×××董事长的战略部署，为实现战略愿景而锐意改革，积极进取

二、××银行在××市

（一）××市作为中国改革开放政策和现代化建设先行先试的地区，创造了世界工业化、城市化、现代化史上的奇迹

××市是世界第四大集装箱港口、中国第四大航空港、中国第四大旅游城市，是中国第一个、世界第六个，也是发展中国家第一个被联合国教科文组织授予"设计之都"称号的城市。

高交会、文博会每年在××市举行，极大地提升了城市形象，推动了经济社会发展。第××届××运动会将于××××年在××举办，××市成为该运动会史上最年轻的举办城市。

作为全国重要的证券资本市场中心，××市拥有两家证券交易所，银行、证券、保险业机构密度、外资金融机构数量以及从业人员比例均居全国前列。

国务院发布的《××地区改革发展规划纲要》将××市定位为建设"国家综合配套改革试验区"、"全国经济中心城市"、"国家创新型城市"、"中国特色社会主义示范市"和"国际化城市"。

（二）××银行始终重视在××市的发展，为××市的经济发展已做出一定的贡献

已在××市建立起比较完善的机构网络，设有×家支行，为本

系统内设置分支机构较多的分行之一。

以重点项目为切入点，大力支持事关××市经济社会发展的大企业、大项目，包括：市地铁集团有限公司、市能源集团等。

××银行对××市经济发展的支持力度在不断提升。正在为××市一万多家企事业单位和十多万私人客户提供众多高端金融服务；在钢材贸易、机械加工、电池制造、建筑安装、建材批复等中小企业占主导地位的领域，也闪现着××银行的身影。

三、战略合作与金融服务建议

××银行愿意同××市政府建立战略合作关系，将××市作为重要战略合作城市和业务发展的重点支持区域，愿意继续在高新技术产业、现代物流业、金融服务业、创意文化产业等领域为××市进一步发展提供全方位的金融服务。

（一）加大对××市重大项目、重点工程和重点企业的金融服务力度，支持××市加快建设"全国经济中心城市"的步伐

对事关××市经济发展的重大项目和重点工程，××银行将优先提供信贷资金、结算、财务顾问等金融服务，并在信贷政策、信贷规模、业务运作效率和资源配置上给予优先支持。

针对××市重点企业的综合性金融需求，××银行将集合优秀团队，专门设计全方位的金融服务方案，并提供一揽子、一站式的金融服务。

组织集团化、规模大型化、资金集中化、布局网络化是企业发展的重要特征。××银行将优先支持××市企业在这方面的金融需求。

产业整合与并购重组是企业做大、做强的重要途径。××银行在这方面也积累了丰富的经验，愿意为××市企业分享经验并直接提供金融服务。

（二）加大对××市高新区入区企业及××市高科技企业的金融支持力度，促进××市高新技术产业的发展

××银行将采取信用、企业互保、第三方担保、货押、供应链融资

等方式加强对××市高科技企业的信贷资金支持力度，采取辅导上市、财务顾问和资产管理等方式加强对××市高科技企业的融资支持力度。

针对高新企业具体特点，分别向重大科技项目、科技中小企业、科技园区、创业投资基金提供差异化、综合性金融服务。加大直接投资高新技术产业和其他技术创新企业的力度，积极参与企业孵化器的建设，积极参与设立创业投资基金或产业投资基金，促进本地企业的发展壮大。

搭建××银行与××市高科技企业对接服务平台，通过××银行的具体服务，支持××市高新技术园区基础设施建设和企业项目建设，积极探索多种融资模式，为进入园区建设企业和入园企业解决融资难问题。

（三）加大对××市机场、港口等交通基础设施及其配套企业的金融支持力度，做××市发展现代物流产业的有力促进者

××银行将继续加强对××市港口、铁路、集装箱中心站、航空港设施项目的支持力度，推动珠三角区域经济一体化，发挥××市的龙头作用。

××银行将加大对船舶交易、船舶管理、航运经纪、航运咨询、船舶技术等各类航运服务企业的金融支持力度。

××银行将加大对仓储、物流等服务企业以及交通设施建设企业的支持力度，并积极整合系统内力量，为这些企业提供全方位的金融服务。

××银行将充分发挥综合业务优势，借助自己在国内外市场上的影响力与运作经验，为××市的物流企业参与市场竞争提供帮助，包括市场信息提供、业务商机介绍、海外上市辅导、产品出口融资、海外代理行等服务。

（四）把××市作为金融产品创新的实验地和创新金融产品的试用地，大力支持××市发展金融服务业

××银行将重点、有序开发跨机构、跨市场、跨产品的金融业

务，加强与××市在项目收益债券、金融衍生产品、期货保税交割、外币债券、境外企业发行人民币股票、非上市公众公司股份转让、港深证券产品合作、银行间债市和交易所债市互联互通等创新领域的合作。

××银行将在并购贷款、离岸金融、融资融券、股指期货、国际融资、资产证券化、银行结算、企业重组、企业年金、个人金融、信托租赁、汽车金融等领域加大创新力度，并将这些创新产品率先在××市试用。

××银行将把旗下资产管理和直接投资板块的业务重点向深圳倾斜，积极参与××市的风险投资、产业基金设立等事业。

（五）积极探索支持创意文化产业的金融新途径，促进××市创意文化产业的发展

××银行积极丰富融资品种，创新融资质押方式（尝试以知识产权、企业无形资产和电影（电视、动漫）制作权的质押方式），逐步解决创意文化企业的融资问题。

××银行积极统驭旗下信托、资产管理等相关机构，为文化创意企业提供资金结算、机构理财、供应链融资、并购贷款、上市融资、私募集股权基金投资等综合性金融服务。

××银行积极与××市相关机构搭建合作平台，为创意文化企业提供批量化服务，并利用自身的金融专业力量，扩大××市创意文化产业及部分重点企业的知名度和品牌影响力。

（六）加大对××市环保、新能源项目的投入与支持力度，做××市发展低碳经济、循环经济的践行者

以项目的融资、建设、运营为依托，积极支持××市发展生物质能发电、太阳能发电、污水处理、垃圾焚烧发电等项目。

协调相关力量，加大对××市环保高科技企业的直接投资与辅导上市服务。

（七）加强与××市政府的全面金融合作，做××市发展高端金融产业的坚定支持者

××银行将重视从自身层面支持××市引进高端金融人才的工作，在年度人员招聘指标上优先倾斜。

××银行愿意协调系统内不同金融机构，与××市属金融企业结成合作伙伴，共同发展。

××银行将集合系统内金融板块力量，加强对××市地方经济与金融的研究，为××市发展金融经济提供专业咨询建议。

××银行将加大对××市设立的各个政府平台公司的合作，支持这些企业在并购重组、产业整合、土地收储、业务扩张等领域的发展。

（八）关注民生、支持民生，为××市人民群众提供丰富、适用的全线金融产品

××银行将协调集团内对私业务板块，积极为××市人民群众提供包括理财、基金、保险、资本市场等金融产品。

××银行将针对××市的经济特点与民众习惯，设计并提供有针对性的各种金融新产品。

××银行将加大对居民个人文化、物质消费领域的支持力度，提升民众生活水准。

××银行充分发挥自身优势，统领旗下涵盖整个金融领域的众多分公司、子公司，以更便捷、更优质的金融服务更多地融入××市人民群众的生活之中。

四、服务安排

（一）建立双方高层磋商机制，不断完善××银行服务××市经济金融发展的运作平台

××银行与××市政府签署战略合作协议，明确××银行对××市进行金融支持的范围、方式、手段等内容。

××银行与××市政府高层建立定期互访与沟通机制，交流信息与需求，谋求共同发展。

双方建立日常联系沟通机制，互相通报工作动态和重要信息，协调重大事项与相关业务，探求业务合作机会并具体落实相关合作事宜。

××市向××银行提供重点工程、项目及企业名单及相关信息，××银行则优先对名单内的重点工程、项目及企业提供金融支持。

（二）××银行将建立针对××市的金融服务保障机制，确保对××市金融服务的及时、到位

××银行推行总部与旗下各企业密切配合的联动服务模式，从总部到相关企业均针对贵市成立专门的服务小组，在服务人员、金融产品、融资方案等方面给予充分保障。

由××银行总部统一协调旗下各企业，调配系统内资源，保障实现对××市客户的优质、全面服务。

××银行××部作为日常联系机构，具体负责规划、部署系统内企业开展对××市公私客户的日常服务。

××银行将与下属各企业建立定期信息沟通机制，及时了解我行在服务中存在的问题并予以改进。

五、结语

××银行愿意与××市紧密战略合作，实现共同发展！

★ 财务报表分析技能

企业财务分析与评价的第一步是要读懂财务报表。

一、关于财务报表的 50 个判断

（1）财务报表与会计准则不是技术性的，而是利益的博弈，这在大型企业那里最能体现。TCL、中国建设银行等大型企业的整体上市催生财政部尽快制订并购准则。

（2）财务报表出了问题，就说明整个公司的方方面面都出现了问题。财务报表有欺诈，没有被披露并不等于人们心里不知道，因为一些人在共谋。精确并不代表正确，财务数据精确到毫，却可能是财务欺诈。

（3）财务报表的每一项都可能导致整个报表生辉或失色——每一项都值得认真分析。

（4）审计承担法律责任，审阅则不承担，因而对财务预测应审慎看待。

（5）持续的是核心利润，偶然的是非正常损益。业绩不够，补贴来凑——光看利润数是不行的，应看主营利润。

（6）经营导致的是业绩，凡与经营无关的都不是业绩，非经营结果称为利得。例如，瘟疫暴发时药品收入为利得，因为次年就没有了。

（7）代销不能算收入，只有风险与报酬均转移才能确认为收入。

（8）收入项是最易被操纵的，应重点关注。存货跌价减值准备回转是操纵利润的重要手段。

（9）能带来经济利益、为企业所拥有或控制、因交易或事项而形成、能以货币计量的就是资产，即能带来现金流入或具有偿债能力的才是资产。如存货、应收账款不一定必然是资产，应先进行适当扣除。还要先区分核心资产与非核心资产。

（10）到期不能偿还债务就是破产，资不抵债并不必然破产，因而关键是看现金流量而非利润——现金为王。

（11）固定资产加速折旧有利于少缴税（因利润减少），但国内公司很少采用此法，因为它不关心多缴多少税，只关心业绩。

（12）隐性负债干扰着人们对企业实力的判断力，如融资租赁在表外反映，企业负债率低是不可信的。里程奖励计划是航空公司的隐性负债，却不在资产负债表反映，如同时进行，则航空公司只有现金流出而无流入，因里程奖励计划破产的例子是有的。

（13）财务分析的基本理念：不要只看财务报表。分析的基本流程是"战略→会计→财务→前景"。

（14）不能孤立地看盈利的绝对数值，而是应画出曲线（波动程度）看盈利的成长性。广告促销与产品研发是两项重要的收入和利润调节项。

（15）固定资产过高会引起退出成本过高且对销售收入的敏感性强（销售收入一下降就可能亏损）。

（16）企业现金流量为王（现金流至关重要）。只有自由现金流量才能用来归还银行贷款。所谓自由现金流，是指在正常经营之外可支配的现金流量。

（17）在分析报表之前，需先进行会计报表的信息甄别：谁编的（单位的考核机制如何）？怎么编的（权责发生制或其他）？有无造假的动机和机会？

（18）"造血"靠经营现金流，"放血"是投资现金流，"输血"是筹资现金流。

（19）流动资产小于流动负债的财务解释是短借长用。

（20）如果短期借款大于货币资金与下年的经营现金流入之和，则意味着企业存在资金缺口。

（21）人数、规模、销售收入、现金流量同项相差很大/市值反差很大的两家公司哪家优哪家劣？哪家强哪家弱？无法准确判断，尚需结合利润、资产结构等详细信息综合判断。

（22）业绩如何评价？从股东角度，看投入产出；从社会角度，看就业、所得税（员工多的企业个人所得税交得多）、养活的供应商/销售商数量。

（23）净资产收益率（净利润/净资产）是影响企业的重要投入产出指标。净资产乘以银行利率约等于资本成本。经济增加值等于净利润减去资本成本（资本成本率乘以投资资本）。企业的投资收益只有大于资本成本才有可能盈利。

（24）经营现金流量大于净利润表明利润质量非常可靠。

（25）客户欠款（分关联方欠款和非关联方欠款）集中会凸现风险，在一年内巨额冲销会导致巨亏。这样做意味着前几年的盈利可能是假的——随意计提巨额坏账的公司值得关注。

（26）资产的持有利得是指与入账价值相比超出的溢价部分。资产要从产出角度考虑（能给企业带来经济利益），而不能单从控制角度出发。我国会计制度不反映溢价，而国际潮流是反映溢价的。

（27）报表最可能造假的一块就是如何反映资产减值。如果每股市价低于每股净资产，一般认为是低估了股票价值，但实质上这很可能是资产没有得到正确反映。

（28）减值导致利润减少，而计算税收时要把减值加上，因而企业没有减值的动力。加速折旧会使企业利润减少，如果税务按折旧后的利润征收，则会使企业可用资金增多，从而促进企业发展。

（29）营销人员应认真分析资产的质量而非数量，要能给企业资产科学地打折。资产确认存在两大难题：一是所有权难以确定。有些客户故意将一些资产放到表外反映。例如，企业当年利润任务未完成，可与友好客户签发一个将存货卖出的协议（之后转回，存货并未移库）即可。二是难以计量。例如，品牌、商誉很难精确计量，固定资产折旧年限、方法不一致，导致的结果也不一致。

（30）长期资产（发展的基础）、获利能力和经营现金流是最需要关注的三个方面。相应的三个指标是资产负债率、净资产报酬率、经营现金流/净资产。

（31）收益是资产的增值。两年净资产相减即为资产创利能力。

（32）"黑钱"和营业外收入转入主营业务收入会使毛利率突然增加，因而需要对毛利率突然增加进行详尽分析。

（33）高质量收益具有如下特征：不因会计政策变更而致利润大幅下降；销售能快速转化为现金；债务水平适当；主营业务收入占比高；收益创造过程中固定资产使用完好。

（34）一般而言，经营活动现金流量应大于净利润，否则可能是一次性支出很多，如广告支出。广告、商誉摊销会减少当期利润。

（35）销售收入增加而管理成本下降，可能是企业故意隐藏成本摊销至以后而使当前利润增加。此时，可对企业长期利益是否受到威胁提出质疑。

（36）毛利率下降是企业最可怕的事情之一。此外，如下事项也需关注：应收款与销售收入不成比例的增长、应付款或期限的增加、无形资产额非正常上升、依赖于非核心业务、过去计提的准备金转回、对未来损失计提不足、借款异常增加、年末现金和易变现证券金额低、存货周转率低。

（37）经营现金流量为负值，如果流出用于季节性材料储备，则负值并无不妥；经营现金流量为正值，如果是主营业务带来的，则评价较好。投资现金流为正不符合企业发展规律，应仔细分析。

（38）企业原先采取加速折旧法，如突然变为直线折旧法，则往往意味着企业业绩下滑，用折旧来弥补盈利缺口。

（39）在财务报表项目的结构上（流动资产与固定资产的比例），可以看出企业的财务偏好。报表反映的是结果，而结果是靠不住的，应重点关注过程，如资金/流动资产的周转速度。

（40）货币资金、应收票据、短期投资比较容易变现，一般被列为季节性流动资产。流动负债一般应用季节性流动资产来偿还。流动负债大于季节性流动资产的部分成为资金缺口，如果经常性流动资产不能及时变现，则借款到期就无法归还。

（41）只有具备银企关系良好（前提是企业好）、社会经济环境稳定（无关于公司的负面消息）、企业造血机制健全等三个必备条件，才能有适当资金缺口，否则企业会很难运行下去。

（42）现金为王。企业应该要现金而非利润。

（43）资产利润率小于贷款利率的项目是不能做的。收入与利润增长并不能证明该企业优良，还要看资本成本（债务成本和股权成本），要看是由多少资本造成的。

（44）企业价值等于未来收益的贴现。企业价值的增大取决于持续的盈利，而持续的盈利又取决于企业在产品市场和金融市场两方面都能成功。

（45）企业最终财务崩溃并不是因银行收贷导致资金链断裂，实际是由于企业自身财务不稳健造成的，是企业自己搞垮自己的。

（46）会计用特有语言反映经济活动，是对过去交易成果的反映，会计收益不等于经济收益。此外，不同会计准则下的会计结果是不可比的。投资要考虑未来，应分析趋势。

（47）无形资产的本质是费用，是实力不够的表现；如果企业财务实力强，是不需要无形资产的。

（48）营运资本为流动资产减去流动负债，如营运资本为负值，则意味着公司大量借短期债务且用于长期项目。

（49）销售收入或净利润持续增长、经营现金流量持续下降，即增长曲线呈喇叭口形状的企业是比较危险的，一般很难坚持很久。

（50）经营杠杆与固定资产投资决策相关——在固定成本小的情况下，业务量的小变化能撬动大的营业利润，随着固定成本的增大，业务量的变化越来越难撬动营业利润的增加；财务杠杆与筹资决策（利息水平）相关。

二、资产负债表的解读

资产负债表反映的是公司在某一个特定时点，通常是某日（如年末、半年末、季度末、月末等）的全部资产、负债和所有者权益的状况，从而反映公司的投资的资产价值情况（资产方）和投资回报的索取权价值（负债和所有者权益方）。由于"资产＝负债＋所有者权益"，所以资产负债表的基本目标实际上是报告股东某时点在公司的净投资的账面价值或会计价值。资产负债表上的股东权益是账面价值，其一般与市场价值有差距。这种差距是由投资者根据企业未来发展预期的判断所引起的。

评价企业最关键的是要看资产负债表的左边即资产（质量），看企业的"造血"功能，对银行尤其如此。

（一）解读资产负债表的注意事项

（1）资产负债表提供的是企业在某一特定时点财务状况的资料，表明企业在某一时点所能控制或拥有的经济资源、承担的义务和所有者对净资产的求偿权。它分左、右两方，左方为资产方，右方为负债和所有者权益方，左右方列示金额相等。资产负债表左边反映的是钱怎么花，越往下流动性越差；右边反映的是钱怎么来，越往下期限越长。

（2）根据资产负债表可了解企业的短期及长期偿债能力。短期偿债能力取决于企业在短期内可以变现的资产数量是否不少于同期需要偿还的债务数量，因此可用流动资产减去流动负债后的差额大致衡量；长期偿债能力取决于债务在企业资金整体来源中所占的比例，以及企业的盈利状况、故负债所占的比例越高，长期偿债能力就越没保障。

（3）注意企业债务的期间匹配问题。短期负债一般只用于满足短期的资金需要，而长期负债既可以用于满足长期的资金需要，也可以用于短期资金中的固定部分（指不随生产规模变化而变化的资金需要，如工人工资、动力耗费等）。如靠短期负债解决长期资金需要或以短期债务满足短期资金需要，一旦遭遇到资金紧张的情况，就会使企业出现麻烦。

（4）对会计准则没有要求出现在资产负债表上但可能是很重要的项目也应予以特别关注。如经营性租赁的租赁费不要求作为一项负债在资产负债表上反映，但经营性租赁与融资租赁的界限比较模糊，为防止企业通过合约的安排使一项融资租赁看起来是经营租赁，从而影响对其偿债能力的判断，营销人员必须详细了解租赁的性质及租赁费的支出等情况。另外，由于会计制度的制定必然滞后于实践的发展，对一些新的融资工具尚没规定必须在资产负债表上反映。故须对企业的融资结构和方式作更深入的了解。

（5）关注表中各项目的确认基础。资产负债表通常按历史成本计量，但随着金融衍生工具的发展，会计准则允许对部分资产和负债按市场价值或成本价与市价孰低法计量，如股份公司的短期投资，这样就使同一张报表不同项目有了不同的确认基础。对于按同一原则进行计量的，也应关注其结构，如存货就需关注存货的种类及每类的期限等情况。

（二）资产负债表主要科目分析要点

（1）短期投资。短期投资的种类有哪些？这些投资是否做过质押？这些投资的实际价值是多少（而不是购买价）？

（2）应收账款。收回的比例有多大？账龄结构如何？应收账款是否集中于某几个客户或个别地区？坏账损失有多大？坏账准备金能否弥补坏账损失？

（3）存货。存货的构成如何（原材料还是产成品）？采取何种计价方法？存货是否购买了保险，是否作了抵押？存货的市场价格大致有多少？了解存货明细。

（4）长期投资。流动性如何？变现后的价值如何？采用何种计价方法？一般来讲，无实际控制权的长期投资，采取成本法核算；有实际控制权的长期投资，采取权益法核算。

（5）固定资产。各类固定资产的价值是多少？是否作了抵押？采取哪种折旧方法？实际价值多大？

（6）无形资产和递延资产。这类资产的价值是如何确定的？

（7）应付账款、应付票据。应付账款是否按合同规定金额付出？有多少应付票据，应付给谁？应付票据是如何产生的？关注期限、利率和到期日。

（8）或有负债。有多少或有负债？或有负债的债权人是谁？变为真实负债的可能性有多大？这些或有负债是否做过担保，以什么资产做担保？

（9）其他应收款。"其他应收款"是企业的"垃圾桶"，多为关联占款，如金额较大则比较麻烦。

（10）所有者权益。了解其中是否存在虚假成分。

三、损益表的解读

损益表反映公司在一段时期内，通常是一年、半年、一季度或一个月内，使用资产从事经营活动所产生的净利润或净亏损。由于公司编制损益表的依据是："销售收入－销售成本－经营费用－管理费用－财务费用－利息－所得税＝税后利润"，所以，净利润增加了投资者的价值，而净亏损减少了投资者的价值。由于损益表的编制依据"权责会计制"，因此，利润不等于现金。假定其他因素不变，如果"应收账款"太多，盈利的企业可能没有现金；如果"应付账款"增加，亏损的企业不一定没有现金。

损益表能够解释一部分资产、负债和所有者权益变化的原因。该表的逻辑基础是"收入－费用＝利润"，但收入、费用的确认依据是权责发生制，而不是现金的流入与流出。因此，净利润高并不一定表示企业盈利状况好，也并不一定等于企业当年增加的现金，即高利润并不意味着高偿债能力，也不意味着企业有充足的现金。对企业偿债能力的分析，必须结合现金流量表进行。

实际工作中有些企业在人为地操纵损益表，借以给监管者及银行造成企业效益很好的假象。营销人员对此必须能够识别。企业操纵损益表的方式不外乎两种：时间上的操纵，即通过改变对经济活动的确认时间，影响损益数字在不同会计期间的分配；分类上的操纵，即通过选择不同的会计方法，改变经济活动在财务报表上的分类，如将资本项目作为当期损益直接计入费用、将经常项目列为非经常项目，或者反过来。具体来说有以下五种方式。

（1）对好消息和坏消息区别对待。如对盈利项目尽量作为主营业务反映，对亏损项目则尽量列入营业外收支或其他非经常项目中。

（2）熨平收益，以使别人产生经营风险小的印象。在收益比较低的年份将收益做高，或相反。方式有二：延迟或提前对收入和费用的确认时间；调整对经济活动的分类。如一家房地产公司年底时卖掉一栋楼，盈利 50 万元，它就可以通过安排收款时间来延迟或提前对收入和费用的确认时间来熨平收益，还可以把楼房作为存货出售以将收益计入主营业务利润（为经常项目），也可以把楼房作为自己使用的办公楼房（属于固定资产）出售以将收益计入营业外收入（为非经常项目）。

（3）一次性确认，即把今后可能的损失在当前一次性列出来，以使今后的收益状况比较好看。面临摘牌的上市公司如第一年亏损，第二年就可能把前几年难以回收的委托代销商品、盘亏报废的存货以及难以收回的货款、代垫款一并作为当年的管理费用列支，做成巨额亏损，但第三年就可能因负担减轻而实现账面或实际盈利，从而避免被摘牌的命运。

（4）会计方法的变更。如主管部门同意调整折旧政策而可能使净利润增加。这时，前后年份的报表具有不可比性，应加以调整。

（5）改变成本核算方法。典型的做法是不通过增加销售量而使净利润增加。具体方法是：将更多的动力、管理人员工资等制造费用分配给流动缓慢的项目，就会使更多的制造费用附着在存货中，形成资产的一部分，而不是很快进入产品销售成本成为当期损益的一部分，结果就会使当年的净利润被夸大。

四、利润分配表的解读

利润分配表作为损益表的附表，反映企业在一定期间对实现利润的分配情况。提取法定公益金、盈余公积金和任意盈余公积金只是对当期利润分配的一种限制，并不是对资金的实际占用，也不是将这部分资金单独从企业的资金周转中抽出，它们的具体存在形式既可能是现金，也可能是存货或固定资产。

未分配利润作为所有者权益的一个组成部分在资产负债表上列示。未分配利润与损益表末项"净利润"的关系是：

——净利润 + 年初未分配利润 + 盈余公积转入 = 可供分配的利润

——可供分配的利润 - 提取法定盈余公积 - 提取法定公益金 = 可供股东分配的利润

——可供股东分配的利润 - 应付优先股股利 - 提取任意盈余公积 - 应付普通股股利 - 转作股本的普通股股利 = 未分配利润

五、财务报表的舞弊技术及其识别

谁有动机做舞弊报表？利益相关者都可能有动机。舞弊手段多样且具有创造性，查处舞弊可从会计、经营、客户交往等方面的预警信号开始。单纯的财务报表分析无法得出科学的结论，必须借助于报表附注及相关的会计政策解读。账表是否相符是确定报表是否真实的基本方法，但实际中很难操作，因为客户不会给你账本。

（一）典型的财务报表舞弊技术及其识别

无论什么企业、在什么时候、以什么方式、用何种方式编制虚假财务报表，总是在资产、负债、所有者权益、收入、成本、费用、投资收益、税金、利润以及财务报表附注等财务数据与非财务数据等方面做文章，如虚增资产、隐匿负债、增加收入等。对营销人员而言，要做的事情包括：提高和掌握预防、识别、检查财务舞弊的知识与技能；深入了解客户经营管理状况，发现各种舞弊征兆；加强财务报表分析，看报表的主要项目金额前后各期是否发生异常、非经常性损益占利润总额的比重是否过大、会计利润与应能税所得额差距是否过大、报表是否经过审计；保持应有的职业谨慎，不要轻易相信客户的口头保证；深入现场做好调研，同时利用会计师事务所的专家力量。

以下是典型的财务报表造假手段：

1. 资产项目虚假

（1）改变资产确认的条件，将不是企业拥有或控制的，不能给企业带来经济利益流入的、不能可靠地计量的资产确认为企业的资产入账；故意将资产提前或推迟确认时间，虚列或漏列资产价值。

（2）修改资产计量的标准，以计划成本、预计成本代替实际成本，少摊或多摊资产的使用损耗价值，以高估或低估资产的入账价值。

（3）虚构交易事项，同时虚增资产、负债和所有者权益，扩大资产总额。

（4）不按规定计提各种资产减值准备金，不按公允价值反映资产的账面价值。

（5）对已确定的资产损失不予转销而挂账，导致账面价值大于实际价值。

2. 负债项目虚假

（1）改变负债的确认条件，对已经发生的应当履行的现时义务不列为负债；将不属于企业的债务列入负债，将债务作为接受投资，或者将接受的投资作为债务入账；将负债提前或推迟入账。

（2）变更负债计量的标准，不按实际发生的应付金额入账。

（3）通过关联方交易，滥用债务重组政策，冲销负债。

3. 所有者权益项目虚假

（1）实收资本虚假。比如，非现金资产投入资本以没有经过评估的价值入账。

（2）资本公积虚假。比如，通过虚增应收债权、无形资产及存货或虚假债务豁免而虚增资本公积，或者通过虚假评估增值和虚增受赠资产价值而扩大资本公积。

（3）盈余公积虚假。比如，已经发生盈余公积的支出或减少不列账冲销，或者用盈余公积弥补亏损不作转销。

4. 收入项目虚假

（1）和同行或者过去比，销售收入太高，销售退回或折扣过低，坏账准备明显不足。

（2）对外报告的收入中已经收回的现金明显偏低。

（3）根据收入测算的经营规模不断扩大，而存货急剧下降。

（4）应收账款的增幅明显高于销售收入增幅。

（5）当期确认坏账占过去几年收入比重明显偏高，或本期发生的退货占前期销售比重明显偏高。

（6）销售收入和经营活动现金流呈背离趋势。

（7）和收入相关的相关交易没有完整记录。

（8）最后时刻的收入调整极大改善当期经营业绩。

（9）不能提供证明收入的原始凭证。

（10）改变收入的确认条件，虚列收入或隐瞒收入。

（11）不按实际交易发生的金额确认销售收入。

（12）虚构交易或事项，或将预收账款作为收入。

5. 成本费用项目虚假

（1）和同行或者过去比，销售成本过低，降幅太大，销售退回或折扣过高。

（2）期末存货余额太高或增幅太大。

（3）存货和销售成本的相关交易没有完整和及时记录。

（4）期末的存货和销售成本调整对当期损益影响大。

（5）不能提供存货和销售成本的原始凭证。

（6）存货记录和盘点数字不符合。

（7）成本计算方法突然变动。

（8）将收益性支出作为资本性支出，不把当期费用留待以后分摊；人为调节成本费用，少计或多计当期费用。

（9）不以实际发生的成本费用入账；不按规定的年限、折旧率和原值计提固定资产折旧；对已经发生但尚未支付的费用不预提；待摊费用不按规定期限摊销。

（10）不按规定的成本对象归集和分配成本费用，随意改变成本计算方法、成本对象和存货成本的摊销及结转方法，少摊或多摊成本费用。

（11）应当在当期列支或摊销的费用不列支、期末不结转；应当于当期预提的支出、费用、税金不予计提或不予提足；把费用直接冲抵收入；随意压低或提高产品或商品销售成本。

（12）利用母、子公司进行费用分担与费用转嫁，如母公司承担本应由子公司承担的各种费用。

6. 投资收益、利润等项目直接造假

（1）对于盈利的被投资企业，年末合并会计报表时，采用权益法核算，而对于亏损的被投资企业采取成本法核算。

（2）利用资产重组调节或转移利润。

（3）假借托管，以托管费用的高低人为调节利润。

（4）依靠收取资金占用费来冲减当期财务费用进而逃避亏损。

（5）利用母、子公司之间的不正常业务往来及其他非市场行为来调节利润。

（6）经营活动现金净流量增幅大于销售收入增幅，意味着企业将收益藏匿，一般放在递延收入中。

（二）上市公司财务报表的舞弊技术及其识别

上市公司是一类特殊的银行客户，分析其财务报表除按对一般企业进行财务分析的方法进行外，还应特别注意一些上市公司特有的"陷阱"。营销人员应该能够识别这些"陷阱"。

1. 上市公司财务报表的主要"陷阱"

（1）将产品销售给控股股东和非控股子公司。此类销售活动实际并未实现最终销售，然而对上市公司而言，的确增加了销售收入。

（2）不同控股程度子公司间的销售安排。上市公司的不同控股程度的子公司如果经营同一业务，则上市公司可在不同子公司之间分配订单以达到调节利润的目的。比如，上市公司想增加利润，就可将全部订单交由控股程度高的子公司进行生产。

（3）上市公司溢价采购控股子公司产品或劳务，子公司的销售得以实现，该收益可确认为当期合并报表利润。对上市公司而言，可造成利润增加。

（4）对跨年度实现的销售，上市公司可通过在年度间分配利润来左右当年实现的利润。

（5）调整成本费用的不同项目，以达到调整费用比率进而提高利润水平的目的。比如有的上市公司将销售折扣列入销售费用，有的上市公司却单列为一项。

（6）对使用控股股东品牌的上市公司而言，上市公司按品牌产品销售额的一定比例向控股股东支付商标使用费。比例的高低就能影响到上市公司的利润水平。

（7）有些控股股东大量占用上市公司的资金，上市公司收取的利息是高是低也能影响到上市公司的利润水平。

（8）对于返还的所得税，有的上市公司按权责发生制入账，有的上市公司却按收付实现制入账。确认时间不同，上市公司的收益也不相同。

（9）对于实行垂直一体化的上市公司而言，如果不同环节所交增值税有所不同，则可通过内部转移价格来规避增值税，从而影响成本，进而影响利润。

（10）通过溢价向控股股东转让应收账款、存货等不良资产或用不良资产与控股股东成立合资公司，借以提高上市公司的当期收益。

（11）调节股权投资比率。根据企业会计准则规定，上市公司对于持股比例在20%以上的子公司采取权益法核算，20%以下则按成本法核算。有的上市公司利用这一规定，将连年亏损的子公司的持股比率减至20%以下，而将盈利的子公司的持股比率提高到20%以上。

（12）固定资产折旧占销售收入比重大的上市公司通过确定一个折旧比率的区间，可调节所提取的折旧金额。

（13）利用各类资产减值准备的提取与冲回具有回旋余地大的特点，做成不影响当期利润的结果。

2. "陷阱"的识别

（1）对上市公司的控股股东及子公司作详细了解，并对其间的关联交易作深入分析。

（2）对各项新出台的会计政策及税收政策进行追踪，分析其对上市公司的影响。

（3）详细阅读上市公司披露的财务报告，尤其是会计报表附注。

六、财务指标的计算公式及说明

财务分析的常用方法是通过有关财务指标的计算，了解客户的财务状况。常用的计算公式如表1-2所示。

表1-2　财务指标的计算公式及说明

盈利能力指标		
指标	计算公式	说　　明
销售利润率	销售利润÷销售收入净额	销售利润=销售收入净额-销售成本-销售费用-销售税金及附加。用来评价企业产品销售收入净额的盈利能力，表示每一元销售收入所带来的净利润。指标越高，销售收入的盈利能力越强
营业利润率	营业利润÷销售收入净额×100%	营业利润=销售利润-管理费用-财务费用。为息税前利润占销售收入的比重，表示每一元销售收入所带来的利息、所得税和净利润。指标越高，销售收入的盈利能力越强。该比率越高，说明企业盈利水平越高。对企业连续几年的营业利润率加以比较分析，可以对其盈利能力的变动趋势作出评价
总资产利润率	净利润÷总资产×100%	净利润与总资产的比例关系，表示每一元总资产所带来的净利润。指标越高，总资产的盈利能力越强
权益资本利润率（ROE）	净利润÷平均权益资本×100%	净利润与权益资本的比例关系，表示股东投入每一元权益资本所带来的净利润。指标越高，股东权益资本的盈利能力越强
净利润率	净利润÷销售收入净额×100%	该比率直接关系到企业未来偿还债务的能力和水平
成本费用利润率	利润总额÷成本费用总额×100%	成本费用总额=销售成本+销售费用+财务费用+管理费用

在分析企业的盈利能力时，应将上述各个指标结合起来，综合评价企业盈利能力的高低及变动情况，引起变动的原因及其对企业将来的盈利能力可能造成的影响。

营运能力指标		
指标	计算公式	说　明
总资产周转率	销售收入净额÷资产平均净额	销售收入与资产的比例关系。表明总资产的使用效率，即每一元资产所能带来的销售收入。指标越大，说明企业利用其全部资产进行经营的效率越高；反之越低。资产平均总额＝（期初余额＋期末余额）÷2。
固定资产周转次数	销售收入净额÷固定资产平均净值	销售收入与固定资产的比例关系。表明固定资产的使用效率，即每一元固定资产所能带来的销售收入。指标越大，固定资产使用效率越高；反之越低。固定资产平均净值＝（期初余额＋期末余额）÷2
应收账款周转率	赊销收入净额÷应收账款平均余额	应收账款平均余额＝（期初应收账款余额＋期末应收账款余额）÷2。通常来说，一定时期内应收账款周转次数越多，说明企业收回赊销账款的能力越强，应收账款的变现能力和流动性越强，管理工作的效率越高
存货周转率	销货成本÷平均存货余额	平均存货余额＝（期初存货余额＋期末存货余额）÷2。存货周转率越高，说明企业存货从资金投入到销售收回的时间越短。在营业利润率相同的情况下，存货周转率越高，获取的利润就越多
资产报酬率	税前净利润÷资产平均总额×100%	该比率越高，说明企业资产的利用效率越高
权益报酬率	利润总额÷有形净资产×100%	该比率越高，说明所有者投资的收益水平越高，营运能力越强，盈利能力也越强

营运能力实际上是一种效率指标。

负债与长期偿债能力指标		
指标	计算公式	说　明
资产负债率	负债总额÷资产总额×100%	该指标表示企业资产对债权人权益的保障程度。比率越低，表明债权的保障程度越高，风险也越小
负债与所有者权益比率	负债总额÷所有者权益×100%	该指标表示企业所有者权益对债权人权益的保障程度。比率越低，表明企业的长期偿债能力越强。但比率过低则意味着企业不能充分发挥财务杠杆作用

负债与长期偿债能力指标

指标	计算公式	说　明
负债与有形净资产比率	负债总额÷有形净资产×100%	有形净资产＝所有者权益－无形资产－递延资产。该指标表示有形净资产对债权人权益的保障程度。考虑的是企业清算时的情况
权益乘数	平均总资产÷平均权益资本	权益资本与总资产的比例关系。表示每一元权益资本所支撑的总资产。指标越大，说明负债比例越高；反之越低
权益负债比	平均权益资本÷平均长期负债×100%	权益资本与长期负债的比例关系。表示每元长期负债所对应的权益资本。指标越大，说明长期负债的程度越低；反之越高
利息保障倍数	（税前利润＋利息费用）÷利息费用	该数值越高，表明企业支付利息费的能力越高。其中，利息费用包括流动负债利息费用、长期负债中进入损益的利息费用和进入固定资产原价的利息费用，以及长期租赁费用等
权益资产比	平均权益资本÷平均总资产×100%	股东权益资本占总资产的比重。指标越大，说明权益资本所占比重越高，负债比例越低

　　除上述指标外，尚有一些因素对企业的长期偿债能力发生影响，如：企业的现金流量、较长时期的经营租赁业务、或有负债、子公司状况等，需结合起来一同分析。

短期偿债能力指标

指标	计算公式	说　明
流动比率	流动资产÷流动负债	流动资产与流动负债的比例关系。表示每一元流动负债有多少元流动资产做"抵押"。一方面反映企业流动负债的清偿能力，另一方面反映企业流动资产的流动性或变现能力。该比率高，不仅反映企业拥有的营运资金多，可用以抵偿短期债务，而且表明企业可以变现的资产数额大，债权人遭受损失的风险小。但比率过高，会影响到资产的使用效率和盈利能力
速动比率	速动资产÷流动负债	除了存货之外的流动资产与流动负债的比例关系。速动资产＝流动资产－存货－预付账款－待摊费用。表示每一元流动负债有多少元更具变现性的流动资产做"抵押"。一方面反映企业流动负债的清偿能力，另一方面反映企业除存货外流动资产的变现能力。可用作流动比率的辅助指标

指标	计算公式	说　明
现金比率	现金类资产÷流动负债×100%	现金类资产是速动资产扣除应收账款后的余额，包括货币资金和易于变现的有价证券，最能反映企业直接偿付流动负债的能力
营运资金	流动资产－流动负债	负值说明企业是用流动负债支持部分长期资产。在分析时，要结合销售额、总资产才更有意义
营运资本需求量比率	营运资金÷平均总资产×100%	营运资本需求量占总资产的比重，具有双重含义：一方面反映企业流动资产的变现能力，指标越大，变现能力越强；另一方面反映企业多出的流动资产占用资金的情况，指标越大，资金占用越多，特别是当流动资产中变现能力差的存货、应收款、预付款增加
营运资本比率	平均非付息流动资产÷平均非付息流动负债×100%	企业经营性流动资产（无息的流动资产）与经营性流动负债（无息的流动负债）之间的比例关系。该指标越小，说明企业运用无息的流动负债来经营的能力越强，企业的资本成本越低，营运资本管理水平越高；反之，说明企业运用无息流动负债来经营的能力越弱，企业的资本成本越高，营运资本管理水平越低

现金创造能力指标

指标	计算公式	说　明
现金销售比	经营性净现金或销售获得的现金收入÷销售收入×100%	表示每一元销售收入所含的经营性净现金或现金收入。指标越大，销售收入的经营性净现金含量或现金收入含量越高；反之越低
净利润的现金含量	经营性净现金÷净利润的比例关系×100%	表明每一元净利润所含的经营性净现金。指标越大，净利润的经营性净现金含量越高；反之越低
总资产获现率	经营性净现金÷总资产×100%	表示每一元总资产获取的经营性净现金。指标越大，总资产的"获现能力"越高；反之越低
投入资本获现率	经营性净现金÷投入资本×100%	表示每一元投入资本（权益资本和付息债务资本）获取的经营性净现金。指标越大，投入资本的"获现能力"越高；反之越低

续表

指标	计算公式	说　明
权益资本获现率	经营性净现金÷平均权益资本×100%	表示每一元权益资本获取的经营性净现金。指标越大，权益资本的"获现能力"越高；反之越低

增长指标

指标	计算公式	说　明
净销售收入增长率	（当期销售收入－上期销售收入）÷上期净销售收入×100%	分别反映净销售收入、净利润、总资产、总负债和资产净值的增长速度。可将多个年份的增长速度对比分析，以了解其趋势变化情况
净利润增长率	（当期净利润－上期净利润）÷上期净利润×100%	
总资产增长率	（当期总资产－上期总资产）÷上期总资产×100%	
总负债增长率	（当期总负债－上期负债）÷上期总负债×100%	
资产净值增长率	（当期资产净值－上期资产净值）÷上期资产净值×100%	

财富增值能力指标

指标	计算公式	说　明
经济增加值（EVA）		在支付利息和股东合适报酬之后的"超额收益"或"剩余收益"。当指标为正，表示股东财富增值，反之损值；指标越大，表示企业的股东财富增值越多，反之越少
市值面值比	股票价格÷股票面值×100%	当股票交易价格超过账面价值，说明投资者愿意支付比股票账面价值更高的价格来买卖股票，股票增值；反之，股票贬值。可见，该指标从资本市场投资的角度反映了企业是否为股东创造或增加价值
投入资本效率（创值率）	经济增加值÷平均投入资本×100%	表示每一元投入资本所产生的经济增加值。指标越大，投入资本创造价值的能力越强；反之越弱
权益资本创值率	经济增加值÷平均权益资本×100%	表示每一元权益资本所产生的经济增加值。指标越大，权益资本创造价值的能力越强；反之越弱

资本市场表现指标

指标	计算公式	说　明
每股利润	期末净利润÷发行在外的股份数	表示一股所拥有的净利润。指标越高，说明每股的盈利能力越强；反之越低
每股净资产	期末净资产÷期末股份数	表示一股所拥有的净资产。指标越高，说明每股的净资产账面价值越高；反之越低
每股现金流	税后经营性净现金÷发行在外的股份数	表示一股所拥有的经营性净现金。指标越高，说明每股的"获现能力"越强；反之越弱
每股分红	［净利润×（1-留存收益比例）］÷发行在外的股份数	现金分红与股份数之比。表示一股所分配到的净利润。指标越高，说明每股的盈利能力越强；反之越低。此外，DPS/EPS反映企业利润得分配比例——利润分红和利润留存的比例关系
市盈率	每股价格÷每股净利润	股价与每股净利润之间的倍数关系，表示每一元净利润支撑多少元的股票价格，或投资者愿意以多少元的股票价格来购买企业每一元的净利润。指标高低均具有正、负面含义，比较复杂，需谨慎解读。一般而言，指标高可能说明企业前景好，低可能说明前景不好。但指标高也可能说明股价被高估，低可能说明股价被低估
股价资产比	每股价格÷每股净资产	股价与每股净资产之间的倍数关系，表示每一元净资产支撑多少元的股票价格，或投资者愿意以多少元的股票价格来购买企业每一元的净资产。一般而言，指标高可能说明股价高估，低可能说明股价低估。但指标高也可能说明企业前景好，低可能说明前景不好
股价与现金比	每股价格÷每股经营性净现金	股价与每股经营性净现金之间的倍数关系，表示每一元经营性净现金支撑多少元的股价，或投资者愿意以多少元的股票价格来购买企业每一元的经营性净现金。一般而言，指标高可能说明股价被高估，低可能说明股价被低估。但指标高也可能说明企业前景好，低可能说明前景不好

★ 现金流量表编制技能

现金流量表反映公司在一段时期内从事经营活动、投资活动和筹资活动所产生的现金流量。因此，该报表分别报告公司"来自经营活动的现金流量"（如净利润、折旧、摊销、递延所得税、流动资产与流动负债之差等）、"来自投资活动的现金流量"（如资本性支出、并购支出、出售资产、投资回收等）和"来自筹资活动的现金流量"（长短期负债增减、配股、增发新股、利息和股利支出等）。三类现金均有"流入"、"流出"、"净流入"之分：

现金流入－现金流出＝现金净流入

来自经营性活动的现金净流入量简称"净营业现金流"，它是由企业正常的经营活动产生的，与企业"出售资产"、"银行借款"、"发行股票"或"发行债券"无关。因此，净营业现金流是企业现金流量表的最重要组成部分，其信息的含义对企业高层经理、投资者、银行和政府主管机关，都具有重要的政策启示。

一、现金流量表的编制步骤

现金流量表的编制依据是会计恒等式及其变形，可以分以下两种情况进行编制：

（一）在未进行利润分配情况下的编制步骤

该种情况的编制前提是净利润全额结转到盈余公积和未分配利润科目，资产负债表盈余公积和未分配利润科目的本年增加数等于损益表的本年度净利润数。具体编制步骤为：

（1）检查并调整资产负债表和损益表，保证资产负债表真实、准确和完整，保证损益表有关栏目准确地结转至资产负债表。

（2）计算资产负债表各项目的本年增加数：本年增加数 = 期末数 − 期初数。

（3）验证下列公式是否成立：净利润 = Δ 盈余公积 + Δ 未分配利润。若上述公式不成立，则可能是以下原因所致：企业可能进行过利润分配，按"利润分配情况下的编制步骤"操作；损益表净利润科目的结转有错误，或企业提供假报表。调整资产负债表，直至上述等式成立；若经过上述调整仍无法使等式成立，则下列的差额按利润分配处理，按"利润分配情况下的编制步骤"操作：利润分配 = 本年净利润 − Δ（盈余公积 + 未分配利润）。

（4）将资产负债表各项目的本年增加数和损益表的各项目填入现金流量表，并按表格的提示计算现金净流量。

（二）利润分配情况下的编制步骤

在进行利润分配的情况下，结转到资产负债表的为利润分配表最末一项"未分配利润"。但由于企业的利润分配表通常难以得到，故在损益表的净利润结转时，需作技术处理。编制步骤如下：

（1）检查并调整资产负债表和损益表，保证资产负债表真实、准确和完整，保证损益表有关栏目准确地结转至资产负债表。

（2）计算资产负债表各项目的本年增加数：本年增加数 = 期末数 − 期初数。

（3）计算利润分配数。利润分配 = 净利润 − Δ（盈余公积 + 未分配利润）。

（4）将资产负债表各项目的本年增加数和损益表的各项目填入现金流量表，将计算得到的"利润分配"填入现金流量表，按表中提示计算净现金流量。

二、计算填表所需的现金流量数据的简单方法

如表 1 − 3 所示，现金净流量 = 经营活动的现金净流量 + 投资活动的现金净流量 + 融资活动的现金净流量 = 现金流入量 − 现金流出量。

表 1 - 3　计算填表所需的现金流量数据的简单方法

类型	现金流入	现金流出
经营活动的现金流量	销货现金收入	购货现金支出
	利息与股息收入	营业费用现金支出
	增值税销项税款和出口退税	支付利息
	其他业务现金收入	缴纳所得税
		其他业务现金支出
投资活动的现金流量	出售证券（不包括现金等价物）	购买有价证券
	出售固定资产	购置固定资产
	收回对外投资本金	
融资活动的现金流量	取得短期与长期贷款	偿还借款本金
	发行股票和债券	分配现金股利

三、现金流量表的具体编制

现金流量表中列示各项与资产负债表、损益表中列示各项存在对应关系，故根据资产负债表和损益表可计算出现金流量表中各项数据，即可根据资产负债表（如表 1 - 4 所示）、损益表（如表 1 - 5 所示）编制现金流量表（如表 1 - 6 所示）。

表 1 - 4　资产负债表

编制单位：　　　　　　　　　　　　　　　　　　　　单位：万元

资产	行次	期初	期末	负债及所有者权益	行次	期初	期末
流动资产：				流动负债	42		
货币资金	1			短期借款	43		
短期投资	2			应付票据	44		
减：投资跌价准备	3			应付账款	45		
短期投资净额	4			预收账款	46		
应收票据	5			代销商品款	47		
应收股利	6			应付工资	48		
应收利息	7			应付福利费			
应收账款	8			应付股利	49		
减：坏账准备	9			应缴税金	50		
应收账款净额	10			其他应交款	51		

续表

资产	行次	期初	期末	负债及所有者权益	行次	期初	期末
预付账款	11			其他应付款	52		
应收补贴款	12			预提费用	53		
其他应收款	13			一年期长期负债	54		
存货	14			其他流动负债	55		
减：存货跌价准备	15						
存货净额	16						
待摊费用	17						
待处理流动资产净损失	18			流动负债合计	56		
一年期长期债权投资	19			长期负债：			
其他流动资产	20			长期借款	57		
流动资产合计	21			应付债券	58		
长期投资：				长期应付款	59		
长期股权投资	22			住房周转金	60		
长期债权投资	23			其他长期负债	61		
长期投资合计	24						
减：长投减值准备	25						
长期投资净额	26			长期负债合计	62		
固定资产：				递延税项：			
固定资产原价	27			递延税项贷项	63		
减：累计折旧	28						
固定资产净值	29			负债合计	64		
工程物资	30			股东权益			
在建工程	31			股本	65		
固定资产清理	32			资本公积	66		
待处理固定资产净损失	33			盈余公积	67		
固定资产合计	34			其中：公益金	68		
无形资产及其他资产：				未分配利润	69		
无形资产	35						
开办费	36						
长期待摊费用	37						
其他长期资产	38						
无形及其他资产合计	39						
递延税项：							
递延税项借项	40			股东权益合计	70		
资产总计	41			负债和股东权益总计	71		

表1-5 损益表

编制单位：   单位：万元

项目	行次	金额
一、主营业务收入	1	
减：折扣与折让	2	
主营业务收入净额	3	
减：主营业务成本	4	
主营业务税金及附加	5	
二、主营业务利润	6	
加：其他业务利润	7	
减：存货跌价损失	8	
营业费用	9	
管理费用	10	
财务费用	11	
三、营业利润	12	
加：投资收益	13	
补贴收入	14	
营业外收入	15	
减：营业外支出	16	
加：以前年度损益调整	17	
四、利润总额	18	
减：所得税	19	
五、净利润	20	

表1-6 现金流量表

编制单位（人）：   单位：万元

项目	行次	金额
一、经营活动的现金流量		
1. 销售所得现金	1	
销售收入净额（损益3）	2	
减：应收票据本年增加数（5）	3	

项目	行次	金额
应收账款净额本年增加数（10）	4	
销售所得现金	5	
2. 购货所付现金	6	
产品销售成本（损益4）	7	
加：销售税金及附加（损益5）	8	
存货净额本年增加数（16）	9	
存货跌价损失（损益8）	10	
减：应付票据本年增加数（43）	11	
应付账款本年增加数（44）	12	
购货所付现金	13	
3. 其他业务所得现金	14	
其他业务利润（损益7）	15	
加：补贴收入（损益14）	16	
营业外收入（损益15）	17	
以前年度损益调整（损益17）	18	
预收账款本年增加数（45）	19	
代销商品款本年增加数（46）	20	
其他应交款本年增加数（51）	21	
其他应付款本年增加数（52）	22	
其他流动负债本年增加数（55）	23	
长期应付款本年增加数（59）	24	
其他长期负债本年增加数（61）	25	
递延税项贷项本年增加数（63）	26	
减：营业外支出（损益16）	27	
预付账款本年增加数（11）	28	
应收补贴款本年增加数（12）	29	
其他应收款本年增加数（13）	30	
待处理流动资产净损失本年增加数（18）	31	
其他流动资产本年增加数（20）	32	
递延税项借项本年增加数（40）	33	
其他业务所得现金	34	

项目	行次	金额
4. 管理费用现金支出	35	
管理费用（损益10）	36	
加：待摊费用本年增加数（17）	37	
减：应付工资本年增加数（47）	38	
应付福利费本年增加数（48）	39	
预提费用本年增加数（53）	40	
住房周转金本年增加数（60）	41	
管理费用现金支出	42	
5. 营业费用现金支出	43	
营业费用（损益9）	44	
6. 缴纳所得税	45	
所得税（损益19）	46	
减：应缴税金本年增加数（50）	47	
交纳所得税现金支出	48	
经营活动的现金净流量	49	
二、投资活动的现金流量		
1. 投资活动现金流入	50	
投资收益（损益13）	51	
2. 固定资产投资现金支出	52	
固定资产现金净值本年增加数（29）	53	
加：工程物资本年增加数（30）	54	
在建工程本年增加数（31）	55	
固定资产清理本年增加数（32）	56	
待处理固定资产净损失本年增加数（33）	57	
固定资产投资现金支出	58	
3. 投资支付的现金	59	
短期投资净额本年增加数（4）	60	
应收股利本年增加数（6）	61	
应收利息本年增加数（4）	62	
一年期长期债权投资本年增加数（19）	63	
长期投资净额本年增加数（26）	64	

续表

项目	行次	金额
无形资产本年增加数（35）	65	
开办费本年增加数（36）	66	
长期待摊费用本年增加数（37）	67	
其他长期资产本年增加数（38）	68	
投资支付的现金	69	
投资活动的现金净流量	70	
三、融资活动的现金净流量		
应付利息本年增加数	71	
减：财务费用（损益11）	72	
加：短期借款本年增加数（42）	73	
一年期长期负债本年增加数（54）	74	
长期借款本年增加数（57）	75	
应付债券本年增加数（58）	76	
股本本年增加数（65）	77	
资本公积本年增加数（66）	78	
应付股利本年增加数（49）	79	
减：利润分配	80	
融资活动的现金净流量	81	
四、现金流量净增加额	82	

注：括号内有"损益"二字的为损益表内有关行次；无"损益"二字的为资产负债表内有关行次。

表1−7　现金流量表内各行次的关系

项目	经营活动	投资活动	融资活动	现金净流量
关系	$49 = 5 - 13 + 34 - 42 - 44 - 48$	$70 = 51 - 58 - 69$	81	$82 = 49 + 70 + 81$

中篇 案例整理与观摩

　　营销人员的营销技能需要经过实践的磨炼才能提高，观摩案例也可间接起到这种作用。另外，通过案例还可加强营销人员对客户拓展工作的认识，使营销人员能更加深入地理解自己的职责、要求和专业技能。营销人员可组织其他营销人员进行案例讨论或参与其他营销人员组织的案例研讨。介绍案例的营销人员要把案例的背景、案例的主要过程和做法、案例的结果和案例体现的主要经验与教训介绍给其他营销人员。其他参加人员就介绍的案例进行讨论，讨论的主要内容包括：案例成功和失败的地方、失败的原因、可以采取的改进措施、可以借鉴和学习的做法等。

　　本篇汇集了特点各异的若干案例。这些案例是对实际素材进行整理后总结出来的，对涉及的公司均采用了虚拟处理方式。营销人员可从中体会案例的整理方法，自己在今后的实际工作中也应有意识地积累案例。这样坚持几年，营销人员将会发现自己的业务拓展能力和文字组织水平会大大提高。

★　大型客户的综合开发

一、案例背景

京河纸业股份公司是以生产高档纸张为主营业务的上市公司。银行与该公司有近十年的合作，曾为公司提供固定资产贷款，支持公司引进造纸机等生产设备。随着公司上市和资本运作的深入及银行产品品种的日益丰富，双方都渴望打破以往单纯的信贷关系，走出一条新型的银企合作的路子。

二、案例过程

（一）客户培育阶段

（1）准备阶段。根据总行关于进行大型客户综合深度开发的统一部署，营销人员对本地区数家有实力的企业进行了分析、比较，最终选择了京河纸业股份公司作为客户综合深度开发试点。

（2）达成合作意向阶段。分行领导将开发意图和初步方案向该公司介绍以后，引起了企业领导的浓厚兴趣，双方达成合作意向，并签署了合作意向书。

（3）组建客户开发小组。组成了由银行总行公司的业务部门牵头，由分行公司业务部门、国际业务部、营业部、支行和外部财务、法律和行业专家组成的营销人员联合工作小组。工作小组拟订详细的工作计划、分工原则、授权范围、经费使用和管理办法、服务产品提供与评价等。

（4）调研阶段。工作小组选派人员调查了该公司的外部环境和内部的各个系统，对公司的优势和有待于改进的方面进行了深入了解，并在此基础上完成了《造纸行业研究报告》、《企业价值分析报告》、《合作建议书》、《客户开发方案》等基础文本。

（5）协议起草和谈判阶段。经和公司磋商，数易其稿，起草了主合同《银企战略合作协议》和《综合授信协议》、《资金结算协议》、《财务顾问协议》、《投融资顾问协议》和《管理咨询协议》等附件。

（6）报批和最终签约。调查报告和合同文本经总行有权部门批准，使得协议最终签署。

（二）服务提供阶段

（1）专人负责、全面服务。合同签署以后，各项产品和服务正式启动，总行、分行、支行三级机构人员和外部专家组成的联合工作小组共同为公司提供各种服务。由支行为公司提供存款和日常资金结算服务，分行办理授信、信贷、国际业务等业务，联合工作小组则负责为公司提供公司发展战略研究、定期财务分析评价、企业管理诊断和咨询、行业和市场研究、投资项目评价、公司配股和并购财务顾问、市场营销策划以及利用信息优势和网络优势协助其开拓市场等非常规服务。

（2）利用网络，开拓市场。总分行各级参与服务的部门利用信息优势和网络优势，协助客户开拓市场，效果良好。

（三）客户维护阶段

（1）双方高层领导定期会晤，互通信息。对前一阶段合作情况进行总结，对下一阶段的具体合作内容做出部署。

（2）在提供服务的过程中，工作小组密切关注公司所处行业、区域、公司本身和同业的发展动态。定期对公司进行财务状况分析，对公司的投资项目、募集资金和信贷资金投向、配股、增发、资本运作、股权分置改革等重要活动进行分析监控，随时掌握和化解公司可能存在的风险以及可能给银行信贷资金带来的损失，对于公司不合理的投资项目提出银行独立的分析意见，并提出建议，当公司财务状况出现恶化倾向时，及时给予提醒。

（3）工作小组还协助公司实施对银行贷款企业某纸箱厂的兼并，研发设计并推动实施了兼并方案，既帮助公司获得了发展的空间，寻找到了配股的目标资产，又盘活了银行的不良资产。

三、案例经验

这个项目的运作是传统银行业务和顾问咨询业务的结合，是企业思维和金融思维的融合，是银行经营多元化、收益来源多元化、客户服务综合化的成功尝试，在银行由粗放、外延的增长方式向集约、内涵的增长方式转变中发挥了导向和示范作用，有助于银行培养复合型业务人员、扩大银行知名度、同客户建立新型的银企合作关系。主要经验是：

（1）客户选择和客户价值发现。客户的选择是该项目成功的关键，在选择客户时注重了企业的成长性和企业配合的程度，特别是公司领导人对新型银企战略合作及咨询顾问类产品的接受和认可。通过充分调研，发现了公司的核心竞争优势和市场价值，使银行产品的启动和运作有了扎实的基础。

（2）营销人员小组的成功运作。通过组建由各种等级营销人员、各种专长专家组成的营销人员小组，实现了对客户全方位、多层次的服务，满足了客户的综合金融需求，包括资金、结算、战略、顾问、资本运作等。

（3）总行、分行、支行三级联动，内外联动的运作机制。总行、分行、支行明确职责、分工协作。在业务推进中，总行、分行、支行联动模式的效用得到充分发挥，团队精神得到培养。总行发挥规划、指导作用，并协调总行各部门和外围专家群的关系；分行是这项业务的执行者，负责潜在客户的挖掘、调查、合同的起草及后续的管理工作；支行则主要提供日常的金融服务和对客户日常资金动向的监测。

（4）在现有的业务合作基础上努力扩大销售。原来银、企间的合作主要是信贷和部分人民币结算业务，银行适时抓住公司上市的机会，在原来的业务合作基础上，通过成功的运作，顺利地实现了银行产品的扩大销售，并把公司的基本账户由它行转移到本行。

（5）与资本市场的有效链接。该客户是上市公司，其发展战略、经营活动和资金使用等均与资本市场紧密相关，工作小组在案例过程中，通过提供财务顾问和杠杆融资，实现了与资本市场的有效连接，满足了公司在资本经营方面的金融需求。

（6）财务顾问产品的导入使银行能够最大程度地了解客户。通过提供财务顾问，银行的人员可以深入了解客户的全面情况，对公司经营和财务状况的了解更加透彻，有效地防范和化解了公司的行业、市场和经营风险，也确保了银行信贷资金的安全。

★ 以财务顾问为核心带动全面产品营销

一、案例背景

中派集团公司是我国制造光纤通讯产品的国家大型骨干企业，其独家发起组建的上市公司近年来已连续向银行申请了总计 1 亿元的贷款，担保人为集团公司。为进一步推进银企间合作，深化合作内容，培育一个良好的基本客户，在上市公司拟进行配股之际，银行营销人员提出以财务顾问业务为切入点，和集团公司缔结战略合作伙伴关系，向该集团公司和其下属控股、参股公司提供全方位的金融产品和服务。

二、案例过程

（一）方案提出

通过与集团公司高层领导进行深层次会谈和对集团公司进行全面深入地调查，银行营销人员提出以下产品方案：

1. 长期战略咨询

与集团公司一同制定解决目前面临困难及针对未来长远发展所需的战略方案，部署总体及阶段性行动步骤。

2. 专项财务顾问

（1）利用银行在财务顾问方面的专业人才，在集团公司的兼并收购、资产置换等资本经营活动中，发挥专业金融顾问的作用，并进行最合理的资金安排。

（2）为上市公司的配股项目选择、评估以及配股方案的设计和实施提供全面的专业服务。

（3）协助上市公司寻找符合其战略目标的优质资产，实现资产购买和股权收购，促使该公司资本低成本快速扩张，并同时保持满意的盈利能力。

3. 综合授信

（1）对集团公司日常的生产经营活动和有价值的投资项目予以及时足量的资金支持，包括为满足日常生产经营活动提供融资便利（常规的公开授信额度）以及项目投资和资本运作方面所需的融资安排（专项备用授信额度），协助客户适时把握商机，赢得市场竞争的主动权。

（2）同时，为包括集团公司及其所有控股子公司在内的整个企业集团核定一个总的授信额度，在额度内，银行优先向该集团公司及其控股公司提供信贷支持。这样，也便于集团公司对其下属公司的举债活动进行统一管理。

4. 结算及理财服务

集团公司的分支机构遍及全国，为协助集团公司加强对其分支机构资金运用的统一管理，营销人员提出利用银行的清算系统为其提供资金划拨管理及理财服务。

（二）方案运作

产品方案报批同意后，营销人员牵头展开运作。通过提供以财务顾问为切入点的全面金融服务，银行和客户的关系逐渐密切。银行先后分别向集团公司的两家控股公司发放贷款，并获得其相关的资金结算业务。通过集团公司，逐步向其核心的优质控股公司渗透，取得合作的突破性进展。在上市公司实施配股后，还争取到了大部分的配股资金存放。通过为客户提供配股策划、投资项目评估、行业分析和长期战略咨询等顾问服务，除了获得一定顾问费收入之外，还加深了对客户的了解，有效地把握了客户风险，进一步确保了信贷资金的安全。

三、案例经验

（1）营销人员应熟悉作业方案的设计思路及合作建议书的写作方法，能通过这些方案或建议书引起客户对银行服务的浓厚兴趣。

（2）善于以点带面，将对集团公司的服务延伸到对包括其控股公司、参股公司在内的整个集团的服务，要能够围绕集团内的核心企业向其上、下游企业进行延伸。

（3）财务顾问服务是银行新的效益增长点和业务切入点，营销人员应能将此业务与传统的银行服务如信贷、结算、国际业务等有机地结合起来一同向客户提供。

（4）最先切入客户的服务产品可以是专项财务顾问，也可以是银行的其他产品。这要根据银行的特色及客户的需求灵活地加以确定。

（5）营销集团客户有两条路径，一条是"从上到下"的路径，即先重点营销集团公司，通过集团公司再向其下属公司提供服务；另一条是"从下到上"的路径，即先从集团公司的下属公司开始营销，获得认可后再逐步扩大服务范围。营销人员可根据客户的具体情况选择采取哪一种路径。

★ 向客户提供资产重组专项财务顾问

一、案例背景

东风机械厂是金辉租赁公司的租赁企业。由于债务负担沉重、机制老化、企业亏损严重，无力向租赁公司支付租金。租赁合同到期后，租赁公司出于自身权益考虑，委托银行处理对该厂租赁转投资的资产重组事宜，并委托银行对该厂所属行业进行调查，提交企业价值评估报告和拿出具有实际操作价值的重组方案。

二、案例过程

（1）在签订了有关顾问服务协议之后，银行组织了具有财务方案设计能力的营销人员和外围人员组成项目小组，开始工作。

（2）通过行业调查，发现该厂所属行业是一个正在快速成长的行业，国家政策也鼓励发展。通过企业调查发现该厂拥有自己的主导产品，在生产、技术和销售方面拥有一定优势，关键是财务负担过重、机制不活。

（3）根据对行业和企业价值的基本判断，项目小组设计了股份合作制改造的重组方案，其基本思路是：

①首先对企业现有资产进行剥离，把企业原有的非经营性资产和无效资产剥离出去，以优质高效的经营性资产投入到新企业，作为改制后新企业继续发展的物质基础，并最大限度地发挥资源优势。

②承接原企业的有关合理负债，适当减轻老企业的债务负担，为老企业下一步的改造与发展留出空间。

③将租赁公司对企业的租赁转为股权投资，并把企业独立核算的引进车间分离出来，按照规范化的公司制度组建双方合资的新企业。

④由企业职工自愿投资入股，购买部分（资产与负债相抵后形成的）净资产，以充分调动职工的积极性。

⑤经资产剥离后的老企业继续作为法人实体存在，探索通过重组改造、租赁承包、出售、托管等方式寻求出路。

（4）该方案获得企业及租赁公司认可后实施。租赁公司的收益从企业发展盈利中获取。

三、案例经验

（1）营销人员应该选准业务操作对象。在决定进行重组服务前，应组成专家小组对操作对象作详细的评估。

（2）资产重组只是重组的一项内容，可结合业务重组、股权重组、负债重组、职员重组、管理体制重组等其他重组服务一同向客户提供，借以谋求同客户在深层次领域的全面合作。

（3）营销人员应该谨防政策风险，严防国有资产流失，应多同政府有关部门协调、沟通，重组方案应征得利益相关方的同意。

（4）营销人员应该学习资产重组等与资本运作相关联的新知识，满足客户的新需求。近些年，关于企业重组的书籍已出版了很多，营销人员应该能够很方便地获得这方面的理论知识。

（5）金融混业经营的步伐在加快，商业银行也需适当开展一些与资本市场业务密切相关的业务，但制约商业银行顺利开展此类业务的一大障碍是人才匮乏。商业银行可有意识地引进一些投资银行的从业人员加入本单位中来，通过交叉思维、相互感染、彼此带动，使本单位的投资银行业务开创出一个新局面。

★ 筛选优质客户进行重点开发

一、案例背景

清河化工集团（位于郑州）联合其控股上市公司（在上交所挂牌）全面收购某投资公司所持伊阳乙烯工业公司85％股份，向银行申请过桥贷款5亿元人民币，期限为1年，借款人为上市公司，担保人为集团公司，还款来源为上市公司当年配股资金。同时，愿意聘请银行为本次收购和今后集团资本运作的财务顾问。

二、案例过程

（1）银行公司业务部门接到该集团的贷款申请。经对该集团及集团所处的行业进行深入分析，认为该客户合作潜力较大，有望将其培育成本银行的"黄金客户"。

（2）公司业务部门要求集团进一步提供下列材料：收购乙烯公司的方案；乙烯36万吨项目改造方案；乙烯公司今后三年的财务预测及现金流量表；收购乙烯后的合并财务预测、现金流量表变动情况；收购资金的还款来源和保证条款。

（3）公司业务部门提出同该集团进一步合作的前提：做这次收购的财务顾问，包括设计收购方案、进行融资安排、参与资金使用监督、进行战略研究、搞好财务分析；上海分行做上市公司的主办银行；按照贷款资金规模安排郑州分行部分结算量。

（4）公司业务部门与郑州分行和上海分行的行长及营销人员进行沟通、研究，成立联合作业小组，明确职责分工。

①联合作业小组由总行公司业务部门、上海分行、郑州分行和外聘机构、专家组成，总行相关部门配合。

②公司业务部门：项目牵头人，总体方案设计和策划，总体组织、协调和管理，总体风险控制，负责保持总行、郑州分行、上海分行之间的充分沟通和高度统一。遇重大情况随时向行领导汇报。保密工作，负责项目档案保管工作。

③上海分行：上市公司的账户开设，与券商的联络，起草法律文本，担当配股收款行。抽 2~3 名业务骨干参加作业小组。对上市公司全面把握，专项情况每月汇报一次，重大事项随时汇报。

④郑州分行：投资公司的账户开设、吸存工作，与政府有关部门的沟通，对该集团的监控。要求：搞好与该集团的关系；监测该集团的生产经营情况；收集地方政府及集团公司的重大信息和举动。

⑤总行相关部门：计财部门负责核拨资金、项目单独考核，法规部门对法律文本最后把关，风险管理部门负责信贷审批。

⑥外聘化工规划院、经济发展研究中心、会计师事务所、律师事务所、投资顾问公司等单位参与项目作业。

（5）对项目进行调研。包括对目标企业现场调研和对债权银行、当地政府等外围部门进行调研。

（6）识别项目作业风险，研究风险防范对策。

①配股风险。配股能否成功及配股资金能否及时到位关系到银行信贷资金的安全。作业小组认为，配股失败的可能性几乎没有，不能确定的只是配股价格的高低、配股比例的大小及配股时间的早晚。对策是积极参与企业配股工作，监测企业配股进程。

②信贷风险。借款人的现金流量正常、财务及偿债能力良好，信贷风险较小。

③政府行为风险。政府干预企业的行为可能造成企业并购活动的失败。对策是通过适当渠道向当地政府提出合理化建议。

④目标企业风险。乙烯公司在国内乙烯行业中属效益较好者，其风险主要体现在改扩建风险方面。对策是积极协助企业搞好改扩建项

目的可行性论证及筹融资方案设计工作。

⑤银行控制能力风险。郑州分行加强对企业的监控，定期拜会企业，谋求地方政府的支持。

（7）公司业务部门向该集团提出进一步合作的要点：希望该集团成为银行的一个核心客户；作为该集团的财务顾问，银行方派人参与收购乙烯公司的运作，包括参加与收购有关的各种会议（会谈）、阅读与收购有关的文件和资料。银行方派出人员对收购活动有知情权、建议权；参与操作收购后的再重组，以及乙烯改扩建的境内外融资服务、资金管理、发行股票的财务顾问；作为上市公司的主办银行和配股资金的收款行，作为上市公司的财务顾问机构，为其配股、收购兼并、战略扩张等提供专业服务；由银行郑州分行向该集团提供全面金融服务；向上市公司提供一年期的过桥贷款，必要时给予综合授信；财务顾问费分项目财务顾问费和专项财务顾问费两部分。项目财务顾问费按实际到位金额的 0.5% 左右收取，其他专项财务顾问费按国内惯例和项目情况单独考虑。

（8）听取化工行业权威人士及产业经济专家关于该集团和乙烯工业公司的独立意见，听取上市公司上市的主承销商关于上市公司配股的独立意见。

（9）收益成本分析。通过此项目运作，上海分行可作为上市公司的主办银行，可以成为配股资金的收款行；郑州分行可以得到集团及其关联企业在郑州的结算业务，并吸收与此次收购有关的某投资公司的存款 2 亿元以上。可见，银行可取得如下收益：贷款利差、存款收益、结算手续费、顾问费（含专项财务顾问费）等。为获此收益，银行需向企业提供 5 亿元过桥贷款，并向企业出具具有专业水准的顾问报告。

（10）履行正常手续，办理信贷审批工作。

（11）开始金融顾问服务。与证券公司联系，就证券公司将上市公司的配股资金支付给银行事宜进行商谈，并签订协议；与化工规划院联系，就委托规划院进行该集团发展战略研究一事商谈，并签订委托协议；与会计师事务所联系，就委托会计师事务所对乙烯公司进行财务分析一事商谈，并签订委托协议；与经济发展研究中心联系，就委托其对该集团资本经营战略、石化行业发展等问题撰写建议报告事宜进行商谈，并签订委托协议；与投资顾问公司联系，就委托该公司策划乙烯改扩建项目的筹融资方案及该集团的重组方案事宜进行商谈，并签订委托协议；与律师事务所联系，就委托律师事务所担任银行上海分行（项目）法律顾问事宜商谈，并签订委托协议。

（12）督促外聘单位按协议抓紧作业，全面推进金融顾问服务工作。

（13）对各类顾问报告进行总撰，向企业提交顾问服务报告，并获企业书面认可。

（14）配股工作开始后，上海分行担任配股收款行。将配股资金直接划至银行账户，用以归还欠款。

三、案例经验

（1）提供综合金融服务一定要选准项目，并详细分析运作风险。营销人员的时间有限，应选择把握性大的客户作为一个"点"来进行运作，避免遍地开花。

（2）采取了项目小组作业方式，且项目小组成员贯彻了团队精神。对重点客户的服务往往不是一个营销人员能单独完成的，需要不同专长、不同个性的营销人员组成作业小组来共同进行。

（3）按市场规则和市场规范办事。在与客户交往中，同客户建立起融洽的私人关系是可能的，有时还很必要，但营销人员在提供服务过程中，却不能掺和任何私人因素，必须遵守市场规则和市场规范，能给客户真正带来效益，能帮助客户增加价值。

（4）贯彻了"以客户为中心，客户事情无小事，为客户服务"的经营理念。可以说，每一个营销人员都知道这样的经营理念，但真正贯彻起来却很难。营销人员只有对工作认真负责，急客户所急，想客户所想，才能深入贯彻这一理念。

（5）要学会利用外力为我服务，并且在作业中，注意加强行内、行外作业人员的相互配合。对一些重点客户来讲，由于其涉及很多业务领域，某些业务领域专业性还很强，聘请一些外部专家参与对该客户的服务是必要的。聘请外部专家还能在客户面前提升形象。由于营销人员与外部专家来自两个不同的系统，应注意在工作中加以磨合。

（6）要加强风险锁定工作，特别是要学会通过法律协议的方式锁定风险。拿出的任何协议文本及书面意见、报告都要经律师审定，以免出现法律上的漏洞，留下合作隐患。

（7）利用项目作业展开人才培养。注意吸收一些新营销人员加入作业小组，借以加速培养后备人才。

（8）注重对团队成员的绩效激励。团队成员来自不同的单位，代表的利益主体虽然基本一致但也略有不同，工作时间往往不会很长，这就给保持该工作团队的高效性及在面向客户服务时的一致性提出了很高的要求，做好对参与项目各单位的利益分配及对每个参加人员的有效激励就变得十分必要。

★ 由浅入深建立合作关系

一、案例背景

天祥电子公司为在深交所挂牌的上市公司，1999 年以其集团公司作担保，向××银行西安分行（以下简称分行）申请 5000 万元人民币贷款，因合作较好，又向分行贷款 5000 万元，并且其下属全资子公司光源公司和集团的经销公司各向分行贷款 1000 万元。分行以此为契机，提出和集团缔结战略合作伙伴关系，向该集团公司和其下属控股、参股公司提供全方位的金融顾问服务和全套商业银行业务。分行参与了该公司对其欲收购的企业的评估，并提供了有关行业的分析报告。

二、案例过程

（1）通过私人关系和电子公司建立了一定的存款合作关系，当时数量较少。

（2）电子公司的控股子公司光源股份公司向分行申请贷款 400 万元，分行提出要电子公司担保，并在分行开户、结算。电子公司同意后，贷款立即到位。

（3）主动向电子公司提出提供贷款服务，送款上门。同时提出集团作为担保企业，建立和集团公司的往来。鉴于该企业的产品为电子类产品，特别是照明光源类产品，市场竞争十分激烈，故分行特别注意了对该行业的信息收集，及时防范风险。

（4）首笔给电子公司贷款 5000 万元，利率低、速度快，合作开端较好。并通过该公司申请贷款的材料，了解到该企业和集团资金流量较大，合资企业质量较高。特别是华飞股份公司和华塞股份公司，规模大，技术领先，前景看好。

（5）确定电子公司为重点发展客户，向其授信 1 亿元人民币的贷款额度，期限一年，又提供贷款 2500 万元。

（6）在总行公司业务部门的支持下，由总行、分行的领导与集团、电子公司的高层领导会谈，提出建立战略合作的意向。分行为华电初步设想提供包括综合授信项下的资金支持、长期战略咨询、专项金融顾问等产品在内的特别定制服务。

（7）在此基础上，企业和分行的关系逐渐密切。分行又向电子公司的控股子公司光源公司授信 1000 万元，取得了该公司的大部分结算业务。同时向电子公司经销公司贷款 1000 万元，以获得销售回笼款的结算。

（8）通过电子公司的关系，向华飞和华塞两合资公司渗透，目前处于培养阶段。

（9）提供金融专业顾问服务，代表电子公司对南京金运网络公司进行投资收购的评估，撰写评估报告和计算机网络信息服务的行业报告，在质量和效率方面得到企业的好评。

（10）在该企业今后的配股资金的投向、配股的操作、行业分析、市场前景、长期战略咨询等方面加深合作。

三、案例经验

（1）要善于根据企业的需要，把握机遇，找准合作的契机，开展工作。

（2）对企业要有长期培养，长线收益的准备，眼光要长远。有些业务合作是水到渠成之事，不能急于求成，拔苗助长往往会使效果适得其反。

（3）要善于以点到面，从一个企业的突破开始，向其关联企业发展，达到多培养优质客户的目的。

　　（4）将产品交叉销售的理念贯彻到客户工作中，尽可能实现深度营销，从一个客户身上挖掘的价值要做到最大化。从另一个角度讲，客户使用的银行产品越多，对银行的依赖程度就越高，也就越不容易离开该银行而去谋求新的合作伙伴。

★ 通过特色服务培育存款客户

一、案例背景

嘉旺实业公司为儿童玩具行业的排头兵，有大量产品销往海外，银行非常想与其建立良好的合作关系，而企业对银行业务的理解还局限在存贷款及结算上，对一些新的银行产品不了解。

二、案例过程

（1）通过营销人员的信息网获悉该企业最近得到一笔美元汇款，需开立美元账户，但由于对外汇政策不熟悉，收汇行也无力帮助解决，致使这笔美元无法到达该公司账户。营销人员随即与外管局接洽做说服工作并得到其认可和支持，帮助企业开立外汇账户，致使这笔美元到达该企业账户。出于感激之情，该企业将美元存入营销人员所在银行。

（2）企业获得向某国出口一批产品的订单，由于流动资金紧张，特向银行申请融资支持。银行决定采用出口信用证质押的方式为其开立银行承兑汇票，并在受理出口来证、监察货物、港口出运、交单、议付、收汇等方面进行全过程监控，既控制了风险，又解决了企业的生产流动资金问题。承兑汇票按期兑付，并为银行吸收了一笔存款。

（3）双方合作关系建立后，营销人员适时向企业推出了综合代理、委托贷款、打包放款、仓单质押、保理业务以及清算服务、网上银行服务、通存通兑、信用卡等多种金融服务，并协助企业申请政策性银行贷款，通过代理政策性银行贷款，沉淀了大量资金。

（4）合作过程中，银行及时与企业沟通。在节假日及客户主要领导人生日时，主动向客户道贺。并及时利用银行的信息网络为企业收集产品市场信息，帮助企业拓展市场。随着双方信任的增强及合作的深入，企业在银行的存款大增。

三、案例经验

（1）最好不要单纯去找客户谈存款，而是要先了解客户需求，用综合性、多品种的服务去满足客户的多种需求，从而赢得客户，带动存款增长。

（2）急企业所急，想企业所想，注意从细微之处赢得客户认可。只要获得客户认可，双方建立了相互信任的合作关系，存款自然而然就会跟来。

（3）逐步扩大社交范围，交结更多的朋友，从中发现可能的业务机会。认识的朋友多一倍，信息的增加量可能就是十倍，营销人员从中可筛选的有用信息也就会大大增加。

（4）创新特色产品，比同业"略胜一筹"。现在银行业务同质化越来越明显，很多银行业务没有自己的特色，无法吸引客户来办业务。客户经理应该多了解客户的新需求，并及时反馈给产品研发部门，力争尽快完成产品创新并投入市场。只有这样，才能不断地提升自己的竞争优势，才能获得客户的认可。

★ 为集团客户建立集团结算网

一、案例背景

新中实公司是一家跨地区经营的大型零售连锁企业，在全国采取会员店、大型超市的经营模式，公司资金规模庞大，一直是各家商业银行争取的优质客户。该公司在华北、华东地区共计有 17 家会员店（超市），最近该公司还将在华南地区建立营业机构。这些各地子公司都由新中实公司联合当地企业合资成立，由新中实公司控股。

以往新中实公司各地营业机构自行决定在商业银行的资金结算，因此开户行五花八门，新中实公司在调度各地营业机构的资金时，由于通过多家银行的结算网络，速度非常慢。为此，希望寻找一家具有全国资金实时汇划能力的银行为其建立集团内部结算网，协助其高效管理各地营业机构的销售资金，并能通过该银行网络，由新中实公司采取异地划款方式集中办理对供应商采购货款的支付。此外，该公司希望银行为其建立结算网时必须能为其解决异地付款的增值税抵扣问题（新中实公司从各地营业机构上收资金后，通过公司账户集中向供应商付款，由于付款凭证上显示付款方为公司而不是各地营业机构，各地营业机构所在地的税务局不允许其在当地办理增值税的抵扣）。

二、案例过程

（1）得知新中实公司需求消息后，营销人员立即与新中实公司取得联系，为其"量体裁衣"设计了服务方案。

该服务方案具体内容为：

①新中实公司在营销人员所在支行开立结算账户，各地营业机构在本银行当地分支机构开结算账户，刻制两套银行印鉴，新中实公司保管各地营业机构的一套开户印鉴。

②新中实公司各地营业机构只准办理小额资金的支用，如工资、日常经费开支；整个新中实公司系统采取集中采购，各地营业机构定期向新中实公司上报采购清单，由新中实公司根据各地营业机构的采购安排，采取异地划款方式将货物采购资金从营业机构账户直接划转给各供应商。支付凭证显示付款方为营业机构，营业机构可以持划款凭证在当地完成增值税的抵扣。

（2）营销人员多次上门营销上述服务方案，向其财务人员演示最新结算产品，得到客户认可，最终决定采纳本行的服务方案。

（3）在新中实公司决定采取上述方案建立集团结算网后，经过与新中实公司的反复协商，营销人员又对客户服务方案进行了细化。随后由银行总行向全行发文要求各有关分行立即开展针对新中实公司各地营业机构的营销工作，并将新中实公司在各地营业机构财务负责人的联系方式通知各分支行。新中实公司也同时通知各地营业机构立即与银行的当地分支机构建立业务合作联系。

（4）双方发文后，由银行总行市场营销人员带队，营销人员专门与新中实公司分管财务的负责人赴其最重要的三个营业机构推广营销结算网。每到一处，都组织银行的相关分支行与新中实公司当地营业机构进行洽谈，部署建立结算网络的具体工作。

（5）集团结算网在新中实公司系统内建成并进行具体运作。

（6）针对新中实公司供应商遍布全国这一特点，营销人员又进行了深入营销，希望借该公司的力量与其主要的供货商建立业务合作关系，以求扩大合作范围。另外，营销人员准备在条件具备时，将根据银行授信条件向新中实公司提供统一授信业务，以把双方的合作进一步推向深入。

三、案例经验

（1）企业要么是在组织结构上跨地区，要么是其供货商或客户跨地区，因而银行服务的客户就其实质来讲都是集团性客户。从这个视角来看银行客户，营销人员就会发现很多业务机会。

（2）单纯依靠某个分支行已经很难满足客户的整体需求。因此，必须整合银行的全部营销资源，总行与相关分、支行密切配合，形成合力，共同开展对客户的服务工作，发挥一体化营销的优势。营销人员应积极要求总行派人参加对集团客户的营销。

（3）针对客户需求，设计出适合客户的个性化产品，为客户提供区别于其他银行的差异化服务。而一旦将这些源头客户成功营销，则银行的其他分支机构也可以顺理成章地与这些客户的子公司建立合作关系。

（4）注意运用银行特色产品为客户提供优质服务，确保在提供服务时不出差错。为此，营销人员一定要把握此类服务的要点，严格按照操作流程进行。

★ 建立集团结算网并提供授信业务

一、案例背景

京华总公司是一家以生产、销售电器为主的集团公司，在国内有40家生产企业和1家销售公司。京华总公司系统内分工非常明确，40家生产企业专职负责各类电器产品的生产，销售公司则通过设置在北京、大连、上海、成都、厦门、广州、深圳、杭州、济南、武汉等地的分公司完成产品的销售。京华销售公司经营业绩突出，资金规模庞大，同时是开发京华公司系统成员单位的源头，因此该销售公司成为各家商业银行积极争取的重点客户。

二、案例过程

（1）京华销售公司名下分公司实行收、支两条线管理，为此营销人员设计如下服务方案：京华销售公司的资金管理中心在本行开立主结算账户，其余分公司在银行相关分支机构开立收入、支出两个专用账户。银行全面为京华销售公司开通网上银行，由其资金管理中心每天查询分公司账户余额情况，不定时将收入账户的资金划转至主结算账户；根据分公司的需求，每天不定时将分公司的支出资金划转至分公司支出账户。该营销方案成功后，京华销售公司通过系统内发文，要求其全部分公司在银行相应分支机构开立完毕两个账户，并组织将网上银行的授权书传真至京华销售公司。营销人员通过银行总行将京华销售公司系统成员财务负责人的联系方式通知有关分行，协调两大系统人员的联系，最终为客户建立起内部集团结算网。

（2）在为京华销售公司建立内部集团结算网后，营销人员仍经常拜访该客户，了解客户需求信息。在拜访中，了解到京华销售公司向京华总公司其他成员企业（生产企业）支付银行承兑汇票，在收票人向银行申请贴现完成后，会由承兑申请人将贴现利息转移付给贴现申请人。这种京华公司系统内部企业之间的单纯转款行为，对外（尤其是对税务部门）没有合法的单据，对收款方而言，税务机关将其作为收入处理，要征税；对付款方而言，也很难做费用处理。而且，由于两方的单纯划款，没有单据，因此，双方都很难做账。为解决这一问题，营销人员专门设计了买方付息票据贴现产品，利用银行来扣划承兑申请人的账户，由其完成贴现利息的支付，银行出具完整的凭证，方便承兑申请人、贴现申请人完成记账。由于开立银行承兑汇票资金成本相对于银行贷款成本低得多，只为贴现的利息，同时承兑汇票还可以转贴现、再贴现，该项服务引起客户的极大兴趣。在具体运作时，采取如下流程：

①由银行总行以京华销售公司为授信主体，统一核定银行承兑汇票额度，由京华销售公司协调安排使用。

②京华销售公司的各家分公司分别向对应的分行提出申请，由对应的分行分别向银行总行领用承兑额度。

③京华总公司各生产企业收到京华销售公司签发的银行承兑汇票后办理贴现，取得票据全款，贴现利息由银行向京华销售公司扣收。

三、案例经验

（1）经常拜访现有客户，了解其需求，针对客户的新需求量身定做设计金融新产品，借以加大同现有客户合作的深度与广度。现有客户往往蕴涵着巨大的业务机会，挖掘现有客户的新需求并满足它，往往比开发全新客户更易见效。

（2）本案例反映的营销思想适用于内部资金管理非常严格的大型企业集团、外商投资企业的总公司。这是因为，这些公司在本系统内有资金管理中心（或财务公司或内部结算中心），其对内部成员单位的资金管理非常严格，要求所属全部成员单位在一家银行开户，由总公司利用银行提供的工具，汇划系统内资金，实现资金的统一调控。这些公司在内部账户设置、资金划转上会与本案例中建立内部集团结算网的做法很相似。同时，由于这些公司对降低资金成本有着较高的要求，因此，非常愿意接受银行提供的最新金融产品，营销人员可根据其需求专门设计有关银行产品。

★ 统一授信额度的营销与切分

一、案例背景

京泰实业公司为一家上市公司，主要从事铁矿石的勘探开发、开采、炼制与销售，是上、中、下游综合一体化的铁矿产品生产商、供应商，其内部主要采取总分公司管理架构，辅之以部分的子公司（控股、参股子公司），共70余家下属企业。

二、案例过程

京泰实业公司经营规模庞大。多家银行提供了较多的授信，其大部分额度一直没有使用。为降低财务成本，该公司将债务结构不断调整，最明显的是短期借款急剧下降，传统的银行产品、服务模式已经很难引起对方的兴趣。

营销人员了解到，作为上市公司，京泰实业公司有降低财务成本的巨大压力。由于京泰实业公司为上、中、下游一体化企业，结算大量在系统内企业之间进行。因此，该企业一直在系统内大力推行使用银行承兑汇票，但采取的是传统的贴现方式，比较麻烦。

为此，营销人员以买方付息票据业务为主要产品为京泰实业公司"量体裁衣"，设计了服务方案。该服务方案具体内容为：由京泰实业公司作为授信申请人向银行申请统一授信，由其本部和旗下的分公司使用。授信额度由京泰实业公司和银行总行共同切分，京泰实业公司向系统内推荐使用银行的买方付息票据贴现业务。京泰实业公司在本行开立结算账户，系统内成员公司在当地的银行分支机构开立结算账户。京泰实业公司的销售、冶炼企业开出银行承兑汇票后，开采企业持票向银行申请贴现，银行直接将票面全款付给开采企业后，向销售、冶炼企业收取贴现利息。通过开立买方付息票据，涉及该业务的京泰实业公司上、下游企业必将全部在银行开立账户。

通过上述运作，营销人员以"量体裁衣"式的银行产品攻克了这家很少使用银行授信的客户，使之启用了授信额度。

三、案例经验

（1）从源头客户抓营销工作。此次营销京泰实业公司成功后，银行的分支机构就可以顺理成章地与其子公司建立合作关系。这对银行整合全行营销资源，加强总行、分行之间联动，发挥一体化营销的优势，也具有十分重要的意义。

（2）银行总行一定要照顾到发起行的利益，从机制上保证分支行营销人员拓展集团性客户的积极性。换句话说，总行要在营销集团性客户中发挥积极作用。

★ 与企业一同成长，逐步与客户建立战略合作关系

一、案例背景

企业在不同的发展阶段，其对银行服务需求的重点也不一样，营销人员应从客户的成长期开始（当然是指有发展潜力的客户），密切关注客户的银行需求，并提供有针对性的服务。在银行的支持下，企业会成长壮大；同样，随着客户的发展壮大，银行也将从中得到越来越多的收益。

二、案例过程

津通股份公司的成长经历了三个发展阶段，在每一阶段，营销人员都提供了有针对性的服务，最终与该企业建立了战略合作关系。

第一阶段：津通股份公司主要产品为房地产开发。其技术装备、施工力量、市场开发能力等仅居当时市场中等水平，但该企业经营比较稳定，效益较好，行业前景看好，尤其是该企业具有很强的创新意识。其需求主要是流动资金贷款、结算和项目贷款。此外，拟进行股份制改造，争取上市。营销人员则提供了信贷、行业咨询、上市服务，包括与客户一同跑政策部门、选择证券公司等。此时，该客户还处在营销人员单独维护层次上。

第二阶段：津通股份公司完成了股份制改造，并发行股票整体上市，产品范围扩展到工程设计、建筑安装、建材销售等方面，在国内已有一定的市场影响，已开始在国内发达城市设置分公司，构建营销

网络。客户需求主要表现在：依靠募集资金开始了跨行业扩展，但银行融资需求仍很大，在项目投资、财务管理、资金管理、风险管理等方面需要借助外力进行决策。营销人员为该客户组成专门顾问服务小组，向客户同时提供授信与结算服务。

第三阶段：津通股份公司企业财务模式更趋合理化，并进行了一系列跨行业收购。已进入生产经营和资本运营并重的阶段，资本市场筹资能力大增，拟进行配股增资计划。客户需求主要是：配股、兼并收购、资产重组、项目投资等资本运营方面的财务顾问及融资安排。营销人员针对客户的并购扩展，适时将自己的贷款项目重组后让客户收购，借以处置本行历史上曾经形成的不良资产；根据客户的配股要求，承担起配股收款行的职责。

三、案例经验

（1）根据客户在不同发展阶段呈现出的不同特点提供有针对性的银行服务，做到与企业一同成长。每个客户都有自己的主办银行，而对一家银行来讲，主办银行的地位得之不易，往往需要很长时间的人力资源投入和业务资源投入。如果在企业成长期银行就有所介入，或者在企业最为困难的时候，银行提供过支持，则这样的银企关系往往能持久。

（2）用发展的观点思考问题，做到与企业一同成长、一同发展。寻找好客户要从企业还没发展起来开始，想不施肥就摘果实的想法只能是空想。这需要客户经理提升判断能力，能从众多的客户中判断出哪些具有较大发展潜力，哪些不会有太大的发展，从而采取有针对性的策略。

★ 与优质客户建立密切往来

一、案例背景

云涛公司是一家集研发、生产和销售锂离子、镍氢、镍镉等二次充电电池、手机部件生产和汽车制造为一体的民营高新技术企业，为上市公司。年销售收入 200 亿元，净利润 20 亿元。

二、案例过程

银行与该公司刚开始合作时，该公司已经是中外各家银行竞相争取的黄金客户。面对激烈的同业竞争，合作初期本银行与企业的关系并不紧密，除了偶尔几笔开证，毫无进展。但是营销人员没有泄气，摆正心态，一直耐心等待合适的切入点。营销人员第一个向该公司提出授信额度允许母公司转授权子公司使用的灵活方便的授信方式，令企业刮目相看，其子公司也陆续在银行开户，从一个象征性的授信额度，到开始使用，再到充分使用，企业在银行逐步开展资产业务的同时，也给银行带来了相应的日常结算业务。随着该公司的成长，该公司从传统的二次充电电池业务进入汽车制造行业，营销人员就伺机向客户推出了汽车融资产品，成为客户第一批的汽车金融业务合作银行。

三、案例经验

（1）选择并培养优质核心客户。要重点选择那些具有持续发展能力、抗风险能力强的优质企业开展营销，并且在营销时，不能满足于企业纯粹的贷款或存款，而是在开展资产业务的同时，要把企业大量的结算业务争取到银行。

（2）以客户为中心、以市场为导向。当前，金融市场竞争异常激烈，特别是面对一个优质大客户，所有银行都不择手段地铆足了劲往上冲，把黄金客户捧上了天。这些客户只会选取满足他最终需求——节约成本并提高资金使用效率——的银行产品和服务。因此，营销人员要不断了解市场变化，学习最新政策、银行创新产品等业务知识，并努力挖掘银行产品中的亮点，将企业的需求、同业信息及时反馈至银行，根据市场需要不断改良和创新能满足企业需求的银行产品。所以，熟悉政策产品，了解客户需求，把握市场热点，勇于开拓创新是一个成功的市场营销案例所必须具备的要素。

（3）加强内部管理，培养优秀人才。银行与企业的合作，归根结底是人与人之间的合作。在合作的时候，要始终以客户为中心，时时想着客户、处处方便客户，要做到"带着感情做、做出感情来"。

（4）要有打"持久战"的思想，有些工作做了很多，但效果可能一时不理想，但不应气馁。尤其是现在围绕着优质客户想做业务的银行很多，如果没有过硬的实力是很难争取到这样的客户的。很多时候，离业务做成往往只差那么一小步。如果坚持下来了，就会成功。

★ 实行品牌形象与产品交叉销售的良性互动

一、案例背景

中工能源集团公司是营销人员所在银行的重点目标客户，营销人员追踪并营销该客户已经有较长时间，但进展不大。恰逢中国人民银行允许符合条件的企业发行短期融资券，营销人员所在的银行已获得中国人民银行许可在第一时间获得承销资格。营销人员认为这是一个切入该客户的好机会，于是抓紧学习短期融资券的相关知识与中国人民银行的相关规定，并把追踪该客户以来所收集到的关于该客户的资料重新研读，得出判断：该客户因近期要购进一批生产设备，存在融资需求；该企业符合中国人民银行规定的发行短期融资券的条件。

二、案例过程

（1）营销人员为该企业设计关于发行短期融资券的金融服务方案。重点突出以下几点：与贷款相比，短期融资券筹资成本能下降到3%，对改善企业财务状况有很大好处；尝试用新的融资工具筹集资金，能在市场上树立创新者的好形象；所服务的银行与管理机关在短期融资券方面存在密切的联系，有助于发行的成功；所服务的银行具有一个高素质的专业团队，能最大限度地帮助企业降低筹资成本，增加财务效益。

（2）向银行高层汇报营销该客户的具体思路，并请求银行高层拜访企业高层，商谈短期融资券发行事宜。随后，营销人员通过利益诱导、关系介入等多种方式安排了银行高层与企业高层的会面，在短期融资券发行上取得了一致意见。

（3）按照银行统一部署，成立工作团队，按照项目作业方式，密切与人民银行及企业的沟通，在既定时间内完成了企业短期融资券的发行工作。

（4）通过短期融资券的发行工作，营销人员与企业财务人员的关系进一步密切，并且短期融资券的发行的确给企业带来了实实在在的利益。营销人员与客户的关系出现了质的飞跃。

（5）按照循序渐进的策略，营销人员向客户推荐了越来越多的银行产品。营销人员注意到，单纯的信贷业务已不能引起该客户的足够兴趣，新形势下对现金管理、理财增值业务的需求已超过了对传统银行产品的需求。因而，营销人员向该客户推荐的产品虽多，但都围绕着一个主题，那就是增加客户价值。

（6）凭借为该企业成功发行短期融资券的机会，营销人员又向其他具有类似需求但同样久攻不下的客户进行了短期融资券发行业务的营销，常用的一句话就是"中工能源的短期融资券就是我们承销的"。结果营销人员营销成功的短期融资券客户越来越多，在市场上逐渐形成了"要发短期融资券，找××××银行"的良好市场效应。随着短期融资券发行业务的成功，该营销人员也把更多的产品销售给了这些企业。

三、案例经验

（1）不断学习新知识，及时追踪业界最新动态，发现能给客户带来实际利益的机会并尽快抓住，在第一时间内应用于自己的客户营销实践。这需要客户经理要有敏锐的市场感觉，要有意识地注意这方面的信息。

（2）与监管部门及人民银行保持密切的沟通，或通过新闻媒体及时了解政策动态，搜寻其中的业务机会。监管部门的一个新政策，可以创造新的业务机会，也可能扼杀某些业务机会，客户经理对此及时把握，非常有利于自己的业务拓展。

（3）在一个客户身上尽量挖掘出最大价值，通过多种产品的交叉销售，逐步使银行成为该客户的主办银行。挖掘一个现实的、已有一定业务基础的客户比拓展一个全新的客户，要省时省力得多，也容易获得更大的业务收益。因此，客户经理对一个客户要做深做透，不能浅尝辄止。

（4）品牌就像金字塔一样不是一天内就能建立起来的，品牌需要一点一滴地积累，才能慢慢形成。品牌光靠广告是不行的，广告可以一时加深品牌影响，但如果没有产品优质、反应迅速等基础作支撑，则影响只能产生一时而无法持久。因此，客户经理应通过扎扎实实的产品与服务，慢慢地为品牌建设添砖加瓦。

★　运用票据产品连通企业上、下游

一、案例背景

琼力钢铁是一家以生产板材为主的钢铁生产企业，需要采购大量的煤炭用于生产，其产品主要通过全国的 10 家一级经销商对外销售。由于煤炭价格上涨及经销商资金短缺，该钢铁公司承担着上、下游客户的双重挤压。该客户的价值在于市场知名度高，拥有一批稳定的客户群，加之整个市场需求处于上升周期，产品能够维持一定的市场份额。

二、案例过程

（1）营销人员经过认真分析，得出结论：银行服务的切入点应该是提高产品的市场销售速度并帮助客户稳定煤炭供应。从这一设想出发，营销人员设计出帮助经销商融资和给煤炭供应商让利的服务方案。具体来讲，有以下两点：①建立包括琼力钢铁、10 家经销商和银行在内的金融服务网络，经销商签发银行承兑汇票，营销人员所服务的银行协调经销商所在地该银行分支机构予以承兑，定向用于支付购买琼力钢铁的货款。为确保银行权益，用经销商购买的钢材作质押，必要时引入专业仓储公司进行钢材的出、入库管理。②利用买方付息票据贴现产品，使煤炭销售企业得到全款，实际上是增加了煤炭销售企业的利益。

（2）将上述方案向企业演示，得到企业认可后进入具体操作过程。

（3）案例过程中，营销人员为使服务方案能给银行带来最大化的利益而采取了一系列措施，包括：将经销商签发的承兑汇票交给琼力钢铁后，琼力钢铁必须在客户所服务的银行进行贴现；通过经销商向分销商及终端客户延伸；劝说煤炭销售公司收取现款，使琼力钢铁签发的承兑汇票在营销人员所服务的银行直接贴现后，把贴现款划至煤炭销售公司在营销人员所服务的银行的账户上。

三、案例经验

（1）在现代市场经济条件下，任何企业都不是孤立存在的，它或多或少都要和其他企业、其他产业发生经贸往来，它要么向其他企业购买原材料、半成品或成品，要么向其他企业销售半成品或成品。因此我们绝不能孤立地观察某个企业，而应结合上、下游，把企业放到一个大的经济系统中来观察。只有把这个企业的生态环境研究透了，才能对这个企业有较深的了解。

（2）票据产品的天然属性是能够连通企业上、下游客户，对钢铁、家电、石油化工等行业的客户非常适合。

（3）只有把企业的上、下游客户都用银行产品串联在一起，才能够稳固银企关系，使企业更加依赖银行。

（4）票据产品具有较大的创新空间，营销人员应认识这一产品的优势，在客户营销实践中多加运用。

★ 推进废钢货押融资业务

一、案例背景

腾达炉料公司是西部地区较大的炉料运营商，在西南市场上居垄断地位，市场占有率超过 40%，客户废钢库存量达 52266 吨。公司的上游供货商是重庆市区附近 600 家废钢铁收购经营者，公司已与这 600 家废钢铁收购经营者签订了长期收购协议，买卖双方采取现金交易。下游厂商是中西部大型钢铁企业。由于该公司是钢厂的主要供货商，因而额外享有每吨 100~200 元的保量补贴，而且该公司与大钢厂签订合同时，已达成了价格协议来防范价格波动风险：如遇涨价，该公司会少盈利；遇跌价，该公司会少损失。

二、案例过程

腾达炉料这一客户具有在其经营的领域相对垄断，营业规模较大，但是固定资产很小、没有与银行合作的经验等特点。该公司以往均靠自身原始积累才发展到今日，要与银行合作，没有大公司担保和传统意义上的抵押物，很难促成。但是银行观察到该公司在西南地区几乎垄断了各大钢厂废钢的供给，公司最值钱的就是存货——废钢。考虑到货押业务可做钢材，而废钢是炼钢的一种基本原材料，也可比照钢材货押业务来操作。

根据公司整个经营流程，营销人员为其设计了如下方案：公司可用存放在重庆三个堆场的废钢现货出质，向银行申请流动资金贷款（可串用为银行承兑汇票）；银行引入一家物流公司作为监管人，监管合同采取银行标准合同，监管人向银行出具非标准仓单；盯市渠道采用"我的钢铁网"于出账日公布的重庆地区废钢市场价格结合申请人同日开出的发票价格（扣除保量补贴价格后）确定，以价低者为准；质押率不超过70%，赎货期4个月；贷款资金用于废钢铁的收购。

具体操作流程为：

（一）贷前

监管人监管废钢实物出具仓单，确定质押物的数量；银行按盯市取值方法确定质押物的价格；以仓单为最低库存，实施动态监管：

（1）银行与公司、监管人签订《仓储监管协议》，委托监管人对公司现货实施仓储和监管，监管人对公司存放在堆场的存货以全程仓储、保管等方式实施监管。

（2）监管人控制质物后出具仓单交银行保管，仓单对应的库存即为监管库存。

（3）银行在核实仓单的真实性、合法性、有效性和唯一性后确定价格标准和质押率，向公司放款。

（二）贷中

贷款资金的使用，款项只能支付给其供货商在银行或他行开立的结算户上，贷款资金不能挪作他用，并且主要通过银行实行代发，以便更好地监控资金使用。

（三）贷后

（1）监管人每天以电邮方式向银行报送上日监管日报表，报表内容包括：各仓库的上日库存结余、当日出入库数量、当日仓库的库存结余等；监管人还应银行要求，每月向银行报送每月各料场向各钢厂供货情况表（这有利于银行监管公司销售回款情况）。公司每月还向银行报送签字盖章的纸质日报表及销售观察表。

（2）银行根据监管人提交的销售回款观察表，敦促申请人销售回款尽可能回到在银行开立的基本户上，银行承兑汇票需交回银行办理托收或贴现（贴现利率有竞争力的情况下）。对供货商货款的支付尽可能采用银行代发的方式，加快银行对私发展。

（3）银行不定期对客户的库存进行核查。

（4）因质押物价格下跌导致质押率达到75％以上时，银行立即通知监管人停止货物出库。公司可通过归还贷款或补充存货两种方式，将质押率恢复到70％以内；如果质押率超过85％，银行有权提前终止合同并直接拍卖或变卖质物，拍卖或变卖所得款项首先用于归还银行贷款本息。

（5）公司偿还银行全部或部分贷款后，由银行出具《提货通知书》，通知监管方解除与偿还贷款相对应的质押物。

银行通过对公司物流、资金流、信息流进行全方位的监管，以防范信贷风险。

三、案例经验

（1）银行用钢材作质押向客户提供融资的例子较多，但鲜见用废钢作质押的。其实，随着循环经济的兴起，单靠冶炼铁矿砂来生产钢材的时代已经过去了。大量钢材是靠废钢重新加工出来的。对这些冶炼企业的供应商来讲，废钢是其重要的资产。因此，营销人员可积极开拓这一领域的货押融资业务。

（2）货押融资业务的风险防范工作非常重要。除利用价格盯市方式防范价格波动风险外，还要针对贷前、贷中、贷后三个环节的不同特点制定具体的风险防范措施，尤其要加强对资金流向的监控。

★ 以制度建设先行开展保兑仓产品营销

一、案例背景

金光公司是我国特大型钢铁联合企业和不锈钢生产企业,主要产品有不锈钢、冷轧硅钢片(卷)、热连轧卷板、火车轮轴钢、合金模具钢、军工钢等。2013 年该公司钢产量达到 1000 万吨,其中不锈钢产量达到 300 万吨,全年销售收入 900 亿元,实现净利润 50 亿元,企业资产负债率 60%。

二、案例过程

由于该企业实力雄厚,行业地位凸显,成为各商业银行积极营销的目标,同业竞争非常激烈。据统计,与该企业合作的银行达到 15 家。长期以来,银行由于自身实力等原因对该公司信贷投入只有几千万元,一直不能带动相关业务的全面发展。在无有效业务切入点的情况下,银行继续加强服务,随时为企业解决遇到的困难与问题,与企业逐步建立了良好的互信关系。

2013 年该公司新建的 150 万吨配套项目 2250 毫米轧材生产线投产,能新增钢材产量 300 万吨,公司产生一定的销售压力。获此信息后,银行认为这是营销保兑仓产品的好时机(此前,该银行未办理过一笔保兑仓业务)。

首先,银行从其较大的经销商入手,逐户走访,向他们推介保兑仓产品,让他们看到保兑仓产品能给经销商带来扩大销售、提前锁定价格等优势，促使他们积极向太钢要求使用该产品。

其次，先后营销金光公司计财部、法律部、销售处等多个部门。根据金光公司提出的意见和要求，及时修改有关业务协议。银行诚恳务实的工作作风和周密的流程管理方案受到金光公司各相关部门的肯定。经过三个多月的不懈努力，该银行首笔保兑仓业务终于成功办理。第一笔业务成功办理后，银行乘胜追击，发挥团队优势，快速扩大战果，很快核心客户达到 3 户，经销商达到 26 户，吸收保证金、结算存款日均 8 亿元左右，年增加开票手续费收入 200 万元。同时在此项业务基础上开展了金光公司买方付息银承贴现业务，沉淀结算资金存款 3 亿元左右。

三、案例经验

（1）积极争取相关部门的支持与理解。由于保兑仓业务刚刚推出，银行尚未办理过一笔业务。在办理业务过程中肯定会遇到一些困难。银行、公司部门应与相关部门积极配合，就遇到的问题积极协商，取得了相关部门的支持和认可。

（2）及时制定相关业务办法。"无规矩不成方圆"，由于保兑仓业务对该银行来讲是新业务，必须制定一系列的管理办法与操作流程，为该项业务实施创造了良好的业务发展环境，以使一线人员有制度可依。

（3）制定产品管理办法时，一定要注意可操作性。这是因为办法制定者往往是管理人员而非操作人员，容易出现操作性不强的情况。为提升管理办法的可操作性，应多与基层沟通，多与一线操作人员协商，最好是先制定"试行办法"，取得经验后再行修订，颁布正式的管理办法。总之，制定产品管理办法要坚持"从群众中来，到群众中去"的工作方法，切忌"闭门造车"。

★　依托全方位合作谋求客户深度营销

一、案例背景

曙光集团是目前国内著名的电炉钢和优特钢生产基地，现拥有总资产 1000 多亿元，职工 26700 余名，主要工艺装备均达国际先进水平，其年生产能力为铁 2230 万吨、钢 2720 万吨，其中不锈钢板 100 万吨。

二、案例过程

通过了解企业的采购、生产、销售流程和资金流向，银行明确了与曙光集团的业务合作模式，即分如下四个层面与曙光集团进行全方位的合作：

（1）与曙光集团本部合作。根据其生产经营需要，给予流动资金贷款额度及银行承兑额度，争取其结算量及存款沉淀。目前在本银行授信额度为 21 亿元，主要授信品种为流动资金贷款、保兑仓回购担保、进口开证授信及借款保函。

（2）与曙光集团子公司合作。在曙光集团 21 亿授信额度中切分 4 亿元用于子公司的进口开证，获得国际结算量及中间业务收入。

（3）与曙光集团经销商合作。由曙光集团、经销商和银行签订三方协议，银行对经销商进行放款，曙光集团提供连带责任担保。

（4）与曙光集团最大的供应商及热轧卷板经销商××公司合作。银行给予该公司 1 亿元的授信额度，以先票后货的未来货权质押模式开展厂商银业务。

下面以与经销商××公司的合作为例介绍其业务流程。

××公司主营业务为铁矿石、钢材、铁合金、冶金炉料等批零业务，其钢材的存货周转情况为：公司与曙光集团确定当月的月度购销计划，并且交清货款，曙光集团于当月到次月发货，公司一般于第三个月销售完毕，这个过程大概是 3 个月左右。合同约定 2008 年中厚板的采购量是 10 万吨，月均 8500 吨；热卷板的采购量是 25 万吨，月均20800 吨。

由于该客户办公、仓储地点均又在本地，银行选择一家监管公司进行业务合作，项目采用先票后货的未来货权质押模式，操作流程如下：

（1）银行与申请人、供货方签订"厂、商、银"三方协议约定银票交付方式和收货人为银行。

（2）供货方与申请人签订买卖合同的补充合同，规定已签订的买卖合同受厂、商、银三方协议的约束。

（3）银行指定某物流公司作为质押物监管人、并与监管人、申请人签订仓储监管协议。

（4）申请人向银行申请开立以供货方为受益人的银行承兑汇票。

（5）银行将银票交付供货方指定人员。

（6）收货人为银行，银行委托监管人到供货方处提货，监管人承担货物运输责任。供货方发货前通知银行或监管人，监管人负责运输货物到指定仓库并在供货方交货后出具相应仓单（附仓储物清单），将仓单质押给银行，货物就此置于监管人监管之下。

（7）质押物置于仓库后银行现场核库。

（8）监管人须制作质押物出入库台账，与银行定期对账，银行定期或不定期查库。

（9）申请人缴纳保证金赎货。

（10）银行出具提货通知书。

（11）监管人放货。

三、案例经验

（1）跟踪企业物流和资金流，熟练运用银行产品，为客户量身定制融资方案。营销人员应充分研究企业的生产、财务、资金、物流状况，将银行推出的各项产品进行合理组合，为客户定向制定融资方案。随着银行对企业提供产品的增多，企业对银行的依存度不断提高，银行从中也可获得可观的经济效益。

（2）各司其职，强化管理，严控风险。银行信贷产品，特别是供应链融资产品，环节多、流程长、法律关系复杂且涉及的相关利益方较多，对风险控制提出了更高要求，银行应重点把控以下三个方面的风险：①银行内部的操作风险和法律风险。要严格执行业务管理办法和操作细则等一系列规章制度；各种法律文本、协议、合同等严格按照现有的既定格式与各相关方签署，若有修改需要，经各级法律合规部审核批准后再执行，以规避法律风险。②监管方的道德风险。要对监管方的监管资质、监管能力等做全方位的审查，重点考查其监管经验、风险控制能力、各项规章制度完善程度以及其代偿能力等。③企业的市场风险、经营风险和信用风险。应对企业的核心竞争力进行全面审查，密切关注企业所处行业的变化，产品价格的波动性，供销渠道的畅通性及现金流状况，上、下游企业间的历史交易等情况。关注企业法人代表、经营者以及大股东的个人信用状况和管理层的管理能力，质押物的自偿性等。

（3）以核心企业为切入点，准确了解核心企业与上、下游之间的商业模式、结算方式及货物流转特点，对客户全面把握和深度营销，设计合理的融资方案，通过资金的封闭循环以及对核心企业的责任捆绑，有效把握核心企业与其上、下游之间的贸易行为，防范银行信贷风险。

★ 借助行业供应链
实现厂、商、银三方共赢

一、案例背景

摩卡钢铁公司是我国特大型钢铁联合企业之一，具有车轮轮毂、高速线材、H 型钢、钢筋、CSP、冷轧、镀锌、彩涂等 20 条具有国际标准的生产线，形成了独具特色的"板、型、线、轮"产品结构。现拥有粗钢产能 1200 万吨，目前总资产 700 亿元，每股净资产 3 元，经营活动现金净流量 70 亿元，销售收入 600 亿元，营业利润 40 亿元，净利润 30 亿元。

二、案例过程

（1）瞄准目标，迎难而上，抓准业务切入点，成功介入。

摩卡钢铁公司是多家银行重点营销的目标客户。本银行多次上门营销，但由于摩卡钢铁公司对合作银行要求极高，且对一般的银行贷款业务不感兴趣，传统的"存贷款"业务在摩卡钢铁公司难有市场，故双方合作找不到有效"突破口"，一直未取得实质性进展。

面对困难，银行新成立的"营销小组"没有气馁，而是再次集思广益，分析对策，认为随着摩卡钢铁公司新区的投产使得该公司产能急剧扩张，虽然自身资金不成问题，但为其服务的经销商的资金却未必能跟上，一定存在融资需要，这一合理的资金需要如得不到满足反过来肯定影响摩卡钢铁公司的销售，借助银行已成熟的供应链融资产品优势，应该有机会实现厂、商、银三方共赢。于是银行迅速调整营销思路，将主攻重点由摩卡钢铁公司的财务部暂时转向摩卡钢铁公司的销售部门，站在摩卡钢铁公司的角度，提出银行愿意"帮助经销商融资，以促进摩卡钢铁公司销售"的想法，很快，新的思路有了效果，摩卡钢铁公司同意银行"拿出个方案"看有没有可操作性和优势，营销之路"柳暗花明"。

（2）趁热打铁，保持高效行动，用最专业的服务打动客户。

面对来之不易的"考试机会"，银行"营销小组"备感珍惜，决定一方面趁热打铁，保持高效行动，让摩卡钢铁公司感受到银行的合作诚意；另一方面内部做好分工，营销人员做好信息收集工作，了解摩卡钢铁公司与其他银行的合作模式、存在问题、可能提出的特殊要求等，做到知己知彼；银行领导继续与摩卡钢铁公司高层保持密切联系。最终，银行的方案凭借过硬的专业能力、个性化的服务、较强的可操作性，得到了摩卡钢铁公司的认同。

（3）立足长远，服务好每一家经销商，做大做强供应链融资网络。

由于本银行是后来者，存量经销商基本被其他银行占领，这就要求本银行必须付出更多的努力和汗水才能将网络工作做好。经过深入营销，摩卡钢铁公司原则上同意将每年新增的优质经销商优先推荐给本银行，同时如本银行能提供更好的服务，存量经销商也可自愿转入本银行。由此可见，能否做大做强的关键还在于银行能否提供优质服务。

（4）勇于创新、创造性推出钢材交易市场商户联保方案。

在摩卡钢铁公司供应商网络中，有一些当地龙头经销商未被列入推荐企业目录中，原因是摩卡钢铁公司认为这些公司虽然实力较强，回购风险较小，但其经营摩卡钢铁公司各品种钢材的资金已足够，如再帮助其融资，担心其可能会最终用于经销别的钢材，故不愿意为这些公司提供回购担保。银行如想占领这块市场就须另想他法。为了有效解决这类企业的融资需求，银行在授信担保方式方面，进行了大胆的探索，制订了由即将进驻钢材交易市场且经营情况处于前列的五家企业组成担保联合体，由银行对该联保体成员单位授信，每家成员单位的授信由其余四家企业共同承担连带责任保证的联保方案。

三、案例经验

（1）对重点客户，要成立专门的营销小组，协调各种资源共同营销。

（2）营销客户要用专业知识、敬业精神，举一反三，乘胜追击，取得最大营销效果。

（3）多研究产业知识，客户营销切忌"只见树木，不见森林"。

★ 落实风险控制举措，实现公私业务联动发展

一、案例背景

某国家级铁路重点工程需征用兴旺镇建设用地 4000 多亩，动迁农户 1100 多户，动迁企业 133 家，经测算，动迁成本约为 48.45 亿元。

二、案例过程

银行得知该项目消息后，密切跟踪项目动态，并积极与相关政府机构、申铁公司（动迁签约主体）等联系，登门拜访和了解该项目的背景、实施细节及相关文件。通过银行内部的初步沟通，决定介入该项目。银行内部经过信贷批复，同意给予 15 亿元单笔单批流动资金额度，期限两年，用于该项目的前期动迁资金。

为更好地防范风险，项目审批通过后，银行领导又多次与镇政府商讨，达成了该项目风险防范的具体措施：

（1）制订动迁资金内循环方案，确保资金专款专用。

（2）落实涉及动迁的 12 个村委会的资金内循环方案，12 个村委会在银行开立资金专户。

（3）通过村委会与 133 家动迁企业财务高管召开资金发放会议，争取开户的企业中 30% 成为银行的结算类客户。

（4）商定 12 个村委会 1100 户农户的补偿费由银行实行代发，并跟进配套理财，争取存款不外流。

（5）对拨付给动迁基地的工程费，银行与项目公司召开会议，要

求项目公司开户并深入营销，包括对四家中标的动迁基地建设公司项目提供再融资等服务。

（6）经营机构每周提供不少于 2 次的上门服务，并在动迁资金发放现场提供指导服务，确保动迁的顺利进行，并有效增加支行储蓄业务。

经测算，通过本次授信可以为银行带来近 1 亿元的利息收入和 225 万元的中间业务收入、日均 10 亿元左右的贸易融资余额、15000 万元的储蓄存款以及 1000 户个人 VIP，另有近 100 户补偿企业开户、12 个村委会开立动迁专户。此外，本项目的动迁资金总额超过 40 亿元以上，全部资金按照动迁进度通过在银行开设的专户拨付流转，加上贷款留存，对银行的存款增长做出了较大的贡献。

三、案例经验

该项目的成功，不仅能为银行带来相当规模的存款和综合收益，稳定了银行的对公客户，并延伸了客户范围，实现了由对公客户向对私客户的营销拓展及转变。

（1）银行的公、私业务应该联动。客户需求本来是全方位、多样化的，由于银行内部机构设置的分隔化，使得客户的综合需求往往只能被满足一部分。如果能打通银行内部各部门的业务樊篱，满足客户的多样化需求，则对银行带来的收益将会大大提高。

（2）银行公、私业务要能实现联动。①客户经理要有这个意识，提供公司业务的时候想着私人业务，提供私人业务的时候看有无提供公司业务的机会。②银行要有机制给予保障，比如对于联动成效显著的客户经理给予奖励等。③客户经理要能了解公、私产品，只有了解了相关产品，才能向客户提供这些产品。因此，客户经理要丰富自己的产品知识。

★ 实现效益目标与社会责任的
协调发展

一、案例背景

某市国有资产投资经营公司是市政府所属国有独资公司和市政府最大的融资平台。作为政府性投资项目建设主体，该公司主要承担全市安居工程，重大公益性、功能性项目，土地综合整治及委托拍卖等重大任务。该市因受地震影响多处建筑遭到破坏。市政府把受灾群众的安置问题列为灾后重建的中心工作，决定将原委托该公司拟建的"西河小区安居工程"变更为"受灾群众安置房"，用于对灾民的集中安置，同时要求政府相关部门大力支持该公司加快工程进度，使该项目尽快完工投入使用。除财政拨款投入资本金外，该项目其余资金由银行贷款解决。由于该项目性质特殊，时间要求较紧，为落实项目资金来源，市政府向银行发函，提出了贷款申请。

二、案例过程

在得到此项目的贷款申请后，银行尽可能丰富地收集能够全面反映该企业及项目的资料，详细地了解该项目情况以及当地经济发展状况、财政收入状况，做到有备无患。

虽然该企业和项目并不是银行信贷指引支持的范围，但为了积极参与和支持地震灾区的灾后重建，营销人员仍将该项目的具体情况形成专项报告，向银行领导进行了汇报，银行领导给予该项目大力支持，同意参与该项目的建设，指示相关部门尽快提出合理的授信方案，以最快的效率促成此笔业务的办理。

为此，银行提出以下授信方案：

（1）给予该公司基本建设固定资产贷款人民币 3 亿元，期限 36 个月，基准利率，由市建设发展有限公司提供连带责任担保以及出让的土地使用权作抵押，还款计划为第一年归还贷款本金不少于 5000 万元，第二年归还贷款本金不少于 1 亿元，第三年结清全部本息。

（2）该项目封闭运行，资金封闭使用，开立项目资本金专户、贷款资金使用专户和政府回购资金的还款专户，监控资金流向；政府财政部门承诺项目建成后按每平方米不低于 2200 元的单价进行回购，并将回购款直接支付至银行还款专户，优先用于贷款偿还；该项目回购款项列入财政预算内支出。

（3）按监管部门和银行相关规定办妥抵押物评估、登记、保险等相关手续。

（4）不少于 1 亿元的资本金全部到位后方可发放本笔贷款，项目建设中优先支用资本金，后使用贷款。

（5）银行贷款按照工程建设进度分次发放，专项用于安置房项目建设，贷款资金只能支付给指定的建筑承包商等，严禁挪用。

（6）为了更好监控该项目的资金，要求该项目的一级承建企业在银行开立账户，严格按照项目工程进度划拨建设资金，对一级承建商的资金也严格监控，必须划付指定的分包商（根据一级承建商提供的分包合同）零星支出、工资支出以及税费支出才可划回基本结算户。

（7）市财政在银行开立预算外结算账户，保证日均存款不低于 5000 万元。

三、案例经验

银行应增强社会责任意识，积极参与社会责任活动。很多银行实际上已经这样做了，甚至每年还发布《社会责任报告》。这对提升银行形象，继而带动银行更好的发展，大有裨益。银行作为社会上平均盈利水平较高的企业，是有条件每年拿出一定比例的钱来从事这项工作的。当发生地震、洪水、旱灾、火灾等灾害时，银行可在风险可控的前提下积极参与，对老少边穷地区的社会福利事业也可提供支持。这样，既可取得一定的经济效益，也可借此扩大社会影响。

★ 把握营销技巧，推动营销进步

一、案例背景

城投集团是市人民政府出资成立的按照现代企业机制运作的独立法人单位，作为市城市基础设施建设的投融资平台，该公司在资产规模、区域经济、财政支持、融资渠道、经营性资产盈利能力等方面都具有显著优势。

二、案例过程

在和该客户的一次攀谈当中，银行营销人员获悉，由城投集团组织实施的市地铁2号线、3号线项目因另一家合作银行贷款审批的延迟造成短期的资金紧张，当即提出短期过桥贷款的解决方案。当天营销人员就将该业务及时向银行进行了汇报，并设计了详细的方案，同时紧急沟通客户的另一家合作银行，询问贷款审批进度，落实了还款来源。银行在10个工作日完成了贷款审批和放款，当客户看到资金入账时，对银行的效率表示了敬佩，当即表示将该项目配套的财政拨款在银行结算。

由于该客户具有一定的垄断地位，银行组织了3人营销小组，由部门总经理带头，既分工又合作。基本上每天都有总经理和营销人员上门拜访，既及时为客户送去业务单据又能迅速了解客户业务需求，基本做到不用客户来银行就办好了业务。经过几年这样的坚持，客户对银行的服务非常满意。正因为勤走访，在客户有意向发行短期融资券时，银行第一时间捕捉到信息，通过艰苦的公关，最终争取到主代理商资格。

城投集团下属公司众多，原先资金分布分散，经常出现因子公司为自身利益超额向集团申请资金的情况。在多次走访当中，营销人员多次听到客户抱怨，经大家研究向其推荐了集团公司网上银行业务，这样城投集团可以实时查询各个子公司在银行的存款，避免了资金的过度沉淀，提高了资金利用率。

三、案例经验

营销人员的营销工作要讲求"诚、勤、细、新"。所谓"诚"，就是要讲诚信。诚信是维系现代市场经济的基石，是与客户相互沟通的桥梁，在与客户打交道时只有真诚相待、言行一致、急客户所急，想客户所想，才能赢得客户的一份信赖，换取客户的一份诚心。所谓"勤"，就是要勤谈，勤跑。只有与客户进行经常性的沟通与交流，了解客户的动向，知晓客户的所思所欲，才能及时调整营销策略，捕捉商机，在激烈的商战中抢占先机。所谓"细"，就是要细致入微。工作从细微处入手，在做出营销前对客户有充分地了解，要知道自己的客户看重的是什么，需要的是什么，发掘合作的广阔天地，同时要细心观察，见人所未见，想人所未想，捕捉蕴藏在事物背后的新商机。所谓"新"，就是要创新服务方式。营销不能停留在传统的习惯思维和做法上，要将新的营销理念和服务方式有机地结合起来，最大限度地满足客户日益提高的服务需求。

★ 抓住时机推进交叉营销

一、案例背景

　　幸福公司是全国房地产开发企业二十强之一，多年来在上海、南京、北京等地开发了一系列知名楼盘。该公司在福州注册成立幸福福州公司，注册资金 2 亿元人民币。拟开发外滩花园项目。该项目位于福州市中心城区，地理位置优越，交通便捷。

二、案例过程

　　银行是在一期建设已近尾声并已在福州当地产生巨大影响、二期销售前景看好的情况下介入外滩花园项目的。当时该项目监管账户已开在其他银行，开发商与几家银行均已合作。在开发贷款无法实现全封闭运行的情况下，银行秉承团队合作精神，制订周密营销方案，成功向幸福福州公司投放了 1 亿元房地产开发贷款，由幸福公司提供连带责任担保，并追加福州"外滩花园"部分在建工程抵押。作为一例非全封闭式的房地产开发贷款，银行从对公贷款入手，加强各环节的有效监控，公、私联动，实现了"未封闭项目相对封闭"的良好局面，带动各项相关业务的全面发展。

　　1. 上、下联动，交叉营销

　　（1）多角度沟通，及时了解项目情况。在项目营销及运行过程中，银行"一把手"亲自带队，与公司高管人员沟通，为建立密切的银、企关系打下了良好基础。支行领导定期与企业管理层联系，了解项目总体运行情况，经办营销人员实时了解工程进展及销售状况，通过房地产交易所的抵押登记可实时了解备案情况，掌握楼盘销售及办理按揭情况，做到心中有数，从而为开发贷款的合理使用和争取按揭业务量打下了很好的基础。

（2）经办行派专人坐镇售房现场，进行业务宣传并办理按揭业务。一方面，银行可以及时掌握楼盘销售进展情况，并与售楼人员做好沟通工作，在把握风险点的同时改进业务操作流程；另一方面创造了直接营销客户的机会。银行人员在帮助售楼人员介绍楼盘的同时，向客户介绍银行的概况以及银行办理按揭贷款的优势，这样既与售楼人员拉近了距离，又使客户在贷款时优先选择银行。

（3）从该项目指定的保险公司入手，实现信息共享。经办银行与保险公司建立良好关系，通过查看保险公司对外签约保单的数量，了解业务流失情况，积极调整营销手段。

（4）加强沟通，力争按揭业务量。鉴于该项目不属于封闭式贷款，因此福州公司对购房者选择在哪家银行办理按揭贷款没有强制要求，按揭业务量的大小关键取决于售楼人员对银行的认同程度。为增强双方的合作意识，经办银行采取与售楼人员联谊、沟通的方式，加深感情，促使售楼人员优先向客户推荐在本银行办理按揭贷款。这样不仅有利于银行掌握第一手资料，还实实在在地增加了按揭业务量，在一定程度上实现了"非封闭开发贷款"的"封闭运作"。

2. 团队协作，提高效率

（1）全行联动，通力配合。支行在办理业务过程中出现问题及时向银行汇报沟通，银行争取第一时间予以解决。

（2）现场办公，一步到位。支行在售楼处派驻人员并放置相关材料，客户签订购房合同时，可直接签订按揭贷款的相关资料，一次性可办理全部购房及按揭手续，节省时间。在此环节中，经办行要求营销人员办理贷款手续须一步到位，杜绝返工现象。

（3）经办行专门购买了合同套打软件打印合同，使每笔业务能在最短时间内上报银行审批。银行私人部则派专人办理抵押送件，确保两天内送达房地产交易中心，有效提高了工作效率。

3. 重视开发贷款的贷后管理

经办银行通过与企业保持频繁沟通和现场办公，不仅建立了相互信任、相互支持的合作关系，还能及时、充分地了解企业内部管理体系及资金运转模式。经办行指定专人随时了解楼盘销售及客户资金交付情况，适时调整策略，在企业规范管理的前提下，对账户上每笔资金的支出用途实行审批支付制，逐一上报银行审核，同时将每笔按揭贷款回笼至开发商专户，从而确保开发贷款用在项目上，按揭贷款实现的销售收入成为开发贷款的直接还款来源。

4. 积极带动银行业务多角度发展

经办行不仅为每一个按揭客户办理借记卡，签订水电、煤气、物业费等多项代收代缴业务协议，向开发商员工营销信用卡等业务，还利用各种机会推广银行业务。

三、案例经验

通过分行、支行两级人员的不懈努力，银行取得了比较丰厚的回报。启示有：

（1）一手房按揭贷款业务量充足、稳定，选择优质开发商的优质房地产开发项目，并适时介入，提供开发贷款的配套支持，不仅有利于对公业务的发展，而且更重要的是可有效拉动银行个人住房贷款业务，这也是银行目前开办房地产开发贷款的前提。

（2）优质开发商和优质楼盘的介入比较困难，但此类项目完工风险小，对应的个人客户总体素质较高，银行对开发商的资质、实力以及信誉有较为全面的了解，此类项目的开发贷款和之后的住房按揭贷款回收安全性较高。

（3）发掘和稳定客户必须要从客户角度出发，在控制风险的同时，满足客户需求，让客户直接受益，最大限度地挖掘优质客户的资源潜能。使得房地产开发封闭贷款业务不仅带来按揭贷款，还可获得中间业务、沉淀存款等一系列综合效益，使银、企关系走向持续的良性互动，最终实现银行产品和服务的价值最大化。

（4）要制订合理可行的管理方案，并伴以严格落实，加强操作环节的有效监控，是控制风险、保证开发贷款和按揭贷款实际意义上的"封闭运作"的关键。在对账户资金支取用途逐一报批的同时，还需定期调查了解项目的运行状况，关注项目的施工进度、工程质量、销售情况及资金动态，实行月报告制度。由于实施严格的管理，资金得以有效监管，房地产开发贷款业务的风险相对可控。

（5）强化细节管理，提高服务水平和业务水平，获得开发商和按揭客户的信任乃至依赖，是保证按揭贷款业务不断发展的关键。

★　实现对集团客户总公司、子公司的协同服务

一、案例背景

作为省国资委管理的国有骨干企业，星光交通控股公司旗下拥有省交通建设投资总公司、省汽车运输总公司、港务集团有限公司、省轮船总公司等五家全资子公司和八方物流公司等两家控股子公司、几十家控股的孙公司。公司业务范围主要以陆路、沿海的交通运输和港口、物流业为主。

二、案例过程

星光交通控股公司作为特大型国有企业，企业层级多，人员多，关系复杂，在营销中营销人员意识到必须了解企业关键人的想法。因此，营销人员有意识地做好情报工作，在企业内部的关键位置上（如财务部总经理或资金处处长等）寻找支持自己的人，加强对这些人的营销。

鉴于星光交通控股公司的强势市场地位和分公司、子公司众多的特点，银行为星光交通控股公司量身制定金融服务方案，专门成立上下联动的营销小组，指定银行公司业务管理部全面负责与该集团的业务合作，各经营单位在公司业务管理部的统一协调下全面展开对下属子公司的业务营销。

银行的多级服务体系与星光交通控股公司的多层次管理体系相吻合，加上营销人员的持续营销，营销终于在条件成熟时有了成效。由

于当时我国开始实行从严的货币政策，银行营销人员及时向星光交通控股公司推荐直接融资工具，针对其负债情况，适时提出了调整企业负债结构、减轻当年还贷压力和财务成本的建议，获得企业好评。营销人员乘胜追击，让客户启用了授信。在不断合作业务的同时，营销人员还通过积极营销，创造了在辖区内第一笔对交通行业实行基准利率投放贷款的先例（鉴于交通企业的优势市场地位，银行贷款一般采取下调利率的做法）。

三、案例经验

（1）上下联动的营销模式是多数客户尤其是垄断型集团客户营销的基础。在对星光交通控股公司的营销思路中，银行充分发挥了上下联动营销模式的优势。银行公司业务管理部牵头对集团公司营销，长期不断走访客户，与客户沟通各种经营过程中出现的商机，用银行的产品配合企业经营的需要，赢得了客户的信赖。从上至下的营销可以起到事半功倍的效果。

（2）营销集团性客户，把集团公司营销到位非常关键，但也不要忽视了对各个子公司的营销，不要指望集团公司一纸命令就可让各个子公司痛痛快快地与你发生业务往来。如果采取此种方式，即使建立了业务往来，恐怕也是磕磕碰碰。现在银行与企业是个复杂的网络性关系，银行只有"上下通吃"，与集团客户的关系才能变得日益融洽。

（3）在企业内部建立网络性关系，推动重点客户的营销工作。

在成功营销一个客户后，一般情况下银行与企业保持良好且固定关系的是财务系统的领导和职员，银、企关系更多呈现出直线型关系。但在实际工作中，随着企业发展和个人工作的变动，财务系统关键位置关键人的变化经常发生，这相应地就会影响银企合作的稳定性，特别是在项目公关的关键时刻发生的人事调整，对银行原先的公关部署有时会造成致命的影响，银行往往苦于在短时间内寻找不到熟悉的关系人而前功尽弃。这就要求银行在日常客户的维护工作中深入企业，渗透其方方面面，尽可能多地与企业的各个关键部门领导、职员接触

（如组织人事、办公室、销售、计划等）。在企业内部形成纵横交错的关系网，不但有利于掌握企业比较立体的发展动态，控制好业务风险，也有利于在关键时刻，寻求到支持银行业务发展的朋友。

（4）集团客户的营销与服务远较一般企业复杂，银行的牵头协调部门要经常召开协调性的会议，对服务该集团客户过程中的问题进行商讨，并尽快予以解决。对于合作过程中遇到的重大问题，更要及时加以会诊。银行与集团客户也要召开对接性的会议，对前一阶段的合作进行评估，并对以后的合作进行布置，并探讨解决合作过程中产生的问题。

★　构筑银、企双方战略性伙伴关系

一、案例背景

寰宇集团是中国客车行业的领军企业，其下属的客车、工程机械、零部件、房地产是集团发展的四大支柱。集团销售收入 100 亿元，实现利润 8 亿元。

二、案例过程

银行与寰宇集团的合作仅限于存款、贷款、承兑，业务品种同质化，缺乏竞争优势。后来，银行转变营销思路，积极采取措施，对寰宇集团进行全方位营销，实现了银、企合作的突破进展。

银行介入时，正遇国家实施宏观经济调控、压缩贷款规模，车贷出现大量不良贷款，各商业银行纷纷叫停汽车按揭贷款业务，汽车行业迎来了寒冬，寰宇客车的销售也受到了冲击。针对此种情况，银行领导多次带领营销人员深入企业搞调研，分析了解其中的风险点并探讨防范措施。通过调研发现，客车行业和乘用车、货运车生产销售的特点是不同的，其主要采用订单式生产、销售，下游客户相对固定，大多为客运公司、公交公司、旅游公司，企事业单位和个人挂靠。同时，客车行业销售的目的是再度盈利，寰宇客车本身就具有良好的抵御风险的资金实力，如果能够采取绑定寰宇客车的还款能力，向其产业链下游客户进行融资的话将可以有效带动寰宇客车的销售。在经过充分调研和论证的基础上，提出了以寰宇客车为核心、向其产业链下游客户延伸银行金融业务的思路，通过支持寰宇客车的销售，密切与客户的合作关系，在其他金融机构徘徊、观望时，抓住机遇，寻找业务合作的切入点。

在对寰宇集团的营销中，营销人员凭借其敬业精神，不断地去探索新业务、新知识。第一，把汽车行业分为乘用车制造行业、商用车制造行业，确定寰宇客车所处的客车制造行业。第二，总结出了客车制造行业的特点：客车制造行业下游客户相对固定；客车线路经营资格必须经交通运输部门批准，属于行业垄断资质；随着市场经济的不断发展和高速公路网的建成，客运行业必然有较好的发展空间；各地政府加强对客运市场的管理，竞争比较有序；下游客户购车后客车既转变为生产资料，有营运线路收入做保证，现金流稳定，借款人违约风险较少等。第三，根据客车制造行业的特点及寰宇客车在行业中的地位及企业自身的经营情况，营销人员认为进行法人客户、个人客户按揭贷款的拓展必定能为银行带来较大的收益。为此，银行打破传统的信贷营销模式，说服寰宇客车放弃见车回购的条件，改为逾期 3 个月即回购的模式，一方面为客户提供了量身定制的差别化金融产品和服务，另一方面也有效保障了银行的资金安全。

通过对客户和市场的了解和沟通，营销人员发现，制约寰宇客车销售大幅上升的障碍主要来自其下游企业融资困难，如果该瓶颈能够突破，那么客车的销售情况将会攀升到一个新的高度。于是营销人员根据客户的具体情况将银行产品进行了组合创新，以寰宇客车为核心，为其下游终端法人、个人客户提供融资服务，在风险防范上，采取以寰宇客车回购担保＋借款人车辆抵押＋一定比例保证金的方式。银、企合作关系得到突飞猛进的发展并日渐巩固，寰宇集团已逐步成为银行的一家核心骨干客户，银行在企业中的认知度和影响力也获得提升。

三、案例经验

通过此案例，营销人员应该得到如下启示：要善于分析宏观调控政策，抓住机遇，积极寻找业务切入点；要认真细分市场和客户，积极提供差别化营销服务；要急客户所急，解决客户实际困难；要因势而变，不断创新，提高客户满意度；要了解客户特点及需求，不能做客户知识的"门外汉"。

★　针对客户经营特点提供相应服务

一、案例背景

信海公司为医药行业药品销售流通企业。虽然该公司属于中、小型企业，但该公司具备以下三点特色优势：

（1）在历次地方政府组织的药品招标采购中，该公司药品中标量均属前列。良好的中标情况为公司的快速发展奠定了基础。主要供货商（上游客户）为全国知名的药品生产企业，其中全国独家代理品种 14 个，区域独家代理品种近 50 个。

（2）销售对象均为当地各级医疗单位（医院）。公司依托良好的品牌、信誉和优质的服务以及经营代理品种的优势，成为当地各大中型医疗机构最主要的供应商。

（3）该公司具有完整的内部控制的组织架构和规章制度，尤其是作为药品销售企业，从库房管理到医院供药再到财务结算，都有一整套严格的管理办法以及完整的 ERP 系统管理。

二、案例过程

银行首先对信海公司的业务流程进行了了解。发现该公司业务流程如下：

（1）生产厂家与配送公司签订委托经销合同。

（2）销售代理企业针对各个药品品种进行投标竞价，招标机构公布中标结果，中标配送企业与招标公司签订采购合同。

（3）医院在中标目录中向指定配送企业采购药品，一般为电话采购或网上采购，不再另外签订相关合同。

（4）配送企业给医院送货，医院药库人员清点签收。

（5）3~9个月后，医院付款。

根据该公司的上述经营特点和业务流程模式，针对销售过程中产生的赊销情况，银行决定先谨慎介入。虽然保理业务在当地市场还不多见，企业使用也较少，但营销人员由于前期对这一业务进行了充分地了解和学习，随推荐客户办理保理业务，希望通过该业务参与企业贸易链、给予客户信贷支持。然后，再根据企业自身实力增强和经营规模的扩大，逐步扩大银行授信规模，丰富授信业务品种。经过长期的业务往来，银行对该公司的授信规模由最初的3000万元增大到13000万元，授信品种由最初单一的保理业务发展为以保理业务为核心涵盖多种贸易金融产品的综合授信。公司也在此期间得到了较大规模的发展。

三、案例经验

（1）树立高度的责任心。银行工作不仅具有很强的专业性，而且具有风险性，责任心是保证营销工作有序、高效进行的切实保障。办理保理一类的银行业务，对营销人员责任心的要求尤其高，因为此类业务需要营销人员及时了解医药行业信息、不定期去实地查看企业经营、应收账款和存货情况，以便了解第一手信息，防范授信风险。

（2）根据客户特点营销相应业务。客户所处行业不同、自身特点不同，对银行的业务需求也会有所不同。营销人员应认真摸清客户的需求，再有针对性地提供相应的银行产品。

★ 针对区域经济特点探索银、企业务合作新模式

一、案例背景

浙江绍兴是我国纺织行业的优势地区，经过多年的发展，目前已经形成了 PTA、涤纶丝、织布、印染、服装等一条完整的纺织产业链条群。位于绍兴的某交易市场就是一家以各种纺织原料贸易集散为特色的著名专业市场。该市场的市场行情已成为我国轻纺原料行情的"晴雨表"。

伴随市场的成长，市场中产生了一批实力强、规模大的轻纺原料工贸公司，这些企业贸易品种全，市场营销网络广，拥有较大的交易量，在市场中处于龙头地位。这些企业属于工贸结合型企业，所需流动资金较多，有较高的融资需求，但该类企业在向银行贷款时一般较难提供足额抵押物，有时也较难找到合适的担保企业，所以担保问题成为这类企业融资时的瓶颈。

二、案例过程

经深入调查分析、反复论证，根据区域经济特点，结合企业需求，银行提出由该交易市场中 9 家龙头企业组成担保联合体，银行对该联保体成员企业提供授信，联保体中所有成员企业共同为授信承担连带责任保证的联保贷款方案。

联保方案是建立在企业互相了解，愿意共同承担风险的基础上的，通过设计合理的方案，可以有效地分散授信风险，达到减小风险的目

的，作为一种创新的业务模式，其最大的特点在于联保提供了一种创新的授信担保方式。联保业务通过多家企业抱团担保及引入风险保证金的方式，在降低我行授信风险的同时，解决了中小企业贷款担保难的问题。

银行在还实际操作中，主要采取了如下措施：

（1）严格筛选联保成员企业，确保授信主体资质良好。入选企业均为当地优质企业，以往经营业绩较好，近两年销售收入平均增长率在 15% 以上，同时在银行的信用评级较高。

（2）签署银行、联保成员企业的担保协议。银行与所有成员企业签订协议，约定任一成员企业在银行的授信出现风险时，由所有成员企业共同承担连带保证责任。

在协议中约定各成员企业依据银行对其授信敞口的 20% 缴纳风险保证金，任一成员企业授信出现风险，首先由该笔保证金清偿。

（3）落实风险保证金。在授信启用前，成员企业依据自身的授信敞口缴存了 20% 的风险保证金到银行账户。银行对该账户进行了冻结，落实了对风险保证金的控制权。

（4）所有授信均追加了企业实际控制人夫妻双方无限责任保证。

三、案例经验

（1）由于存在风险共担、风险分散、互相监督、信息共享的优势，联保业务本身具备一定的抗风险能力，在一定程度上可以规避传统担保模式上的缺点。但是如果组成联保体的全部企业都出现问题，那该业务照样也会出现风险。因此，银行做业务，要始终在风险与收益之间寻找一个平衡点，不要偏于某一种业务模式。例如，2008 年受世界金融危机影响，绍兴地区的部分企业出现拖欠银行贷款事件，进而引发部门企业的担保链条断裂。

（2）我国幅员广阔，各地经济特点有所不同。对一家全国性银行而言，制定的业务发展政策一定要考虑区域特点，不能"一刀切"。有的银行规定只与全国前 50 位的房地产客户发生业务往来。这就有些

"拍脑袋"了，有些地区根本没有全国排名前 50 位的房地产企业，但一些当地房地产企业开发的楼盘照样卖得很好，难道你不让你设在当地的机构从地方经济发展中获利谋益？

★ 把握企业动态，实现对存量客户的深度营销

一、案例背景

某公路发展集团是市国资委管理的大型企业集团，员工过万，与其合作的银行有很多家。

二、案例过程

该集团公司已与银行建立了业务合作关系。银行已提供了流动资金贷款、票据承兑等传统业务。营销人员在一次客户拜访活动中，得知该公司有开展企业年金业务的打算，并已开始在各机构间进行比选。得知这个消息，营销人员立即与银行的年金中心联系，由专业团队为客户提供咨询服务，并结合该公司实际情况提供建议，形成了长期跟踪机制。最终，银行成功获得企业年金托管人资格，并在协议签署后完成了存量资金的归集。应该说这次签约是银行长期营销的结晶，也是市场充分认可的证明。

三、案例经验

通过该营销案例，不难发现，营销成果取决于政策环境、企业需求和银行实力三者的结合，也就是人们常说的天时、地利、人和。

第一，银行要有开展新业务的知识、技能和人员储备。银行只有重视企业年金市场的开发，并坚持长期进行人员的业务培训、政策学习、信息交流，才能在机会来临时及时识别并抓住。

　　第二，银行能够持续跟踪服务，获取准确信息，加强横向、纵向联系。从银行的角度分析，企业年金业务具有营销周期长，涉及部门广，关联人员多的特点。因此，在营销年金业务时，营销人员的工作重点主要分为以下四个方面：一是通过业务，安排客户与银行高管见面，建立高层间的互访，提升双方合作的紧密度，并获取高层对银行的支持。因为最终的决策权仍然由高层行使。二是加强与客户人事部负责人的联系，随时掌握客户工作进度及安排等，并及时向客户提供最新的政策，辅助客户进行工作开展。三是与受托机构紧密联系，增加信息来源渠道，以便及时采取应对措施。四是逐步辨别主要竞争对手，准确判断优势、劣势。

　　第三，也是本案例的最大启示，那就是挖潜老客户比开发新客户要省力、省时。对银行来讲，不断拓展新客户虽然重要，但更要重视对老客户的持续营销。

★ 处理好业务发展与风险控制的关系

一、案例背景

中成进出口有限公司属于外经贸行业，以承接我国政府援外项目以及成套技术设备、机电产品等进出口业务为主，包括各类代理和自营进出口业务，兼顾内贸业务、工程承包及劳务合作，总资产1.2亿元。其母公司为上市公司，拥有庞大的项目和技术资源。

二、案例过程

中成进出口有限公司作为授信客户，虽然企业规模不是很大，但是企业符合国家产业政策，经济效益较好。根据企业对金融产品的需求，银行审批通过了5000万元综合授信额度，其中3000万元流动资金贷款针对企业援外项目，2000万元贸易融资主要针对企业一般进出口贸易。额度使用上，流动资金贷款额度按银行规定串用其他业务品种，进口开证额度按银行规定可串用其他业务品种及贸易融资非融资类保函品种。

鉴于该客户的财务人员、一些主要的业务经理都是女同志，她们容易接受周到、细致的服务。银行就有针对性地选派了一名曾从事过多年国际结算工作、有着优质服务意识和服务经验的营销人员为企业提供全面的金融服务。在业务上加强对客户联系和跟踪，掌握业务情况，保证贷后管理。在合同签订、制单、审单、结算过程中有时能够参与指导，及时帮助解决问题。在生活上，根据个人特点，提供亲情化服务。在技术上，适时推介银行各种产品，宣传银行特色优势，营销银行新业务，使该企业及企业职工早日用上了银行各种产品。营销人员和这些女同志打成一片，最终带来了银行、企业双赢。

客户的援外项目都是我国政府与外国政府签署协议后进行的，国家对每个项目都将进行全额专项资金划拨，而其母公司有多年外援经营背景与经验，因此项目风险较低。但这并不是说向该客户提供服务就没有风险。其实，外贸客户的风险还是蛮大的。营销人员特别注意了以下两方面风险的分析与防范：一方面要预防结算风险及其国内、国外客户的信用风险。营销人员要随时掌握市场动向，系统地监管每笔业务结算，及时控制结算风险和信用风险的发生。另一方面是预防汇率风险。该公司有进口业务也有出口业务，给公司建立现汇账户，可以将结汇、售汇搭配起来——在汇率形势稳定的情况下，可随时结汇、售汇，在汇率变动大的情况下，进行择日结汇，或现汇付款，规避汇率变动带来的风险。

三、案例经验

（1）选择好客户，找好突破口。虽然大多数传统外贸企业的资产规模、会计报表不具优势，没有抵押，风险难以控制，但有些客户却具有优势。银行应选择信誉较好的外贸企业，找到好的突破口，控制住风险点，就能够开展业务并获得收益。

（2）银行服务讲求"一企一策"，切忌用统一套路来营销不同的企业。要针对客户有关人员的具体情况选派有针对性的营销人员提供服务。

（3）随着我国国际化程度的加深，银行和一些产业企业越来越多地走向国际市场。银行通过政府牵线走向了国外，就要以此为契机，与更多的外国客户或涉外企业进行业务合作，追求"走出去"效益的最大化。当然也应该特别注意研究国别风险，国际化路上并不全是"鲜花"，也有"陷阱"。

★ 逐渐把客户关系推向深入

一、案例背景

广元汽车销售公司的主营业务为汽车销售与维修，为国内少数跨区域销售商之一。目前拥有 100 多家 4S 专业销售店，分布于新疆、广西、重庆、安徽等四大区域，并在各自区域内形成了绝对垄断优势。经过数据的收集与比较得出：该企业在注册资金、销售收入、销售网点、利润率等各项指标上都处于行业内领先地位，是国内最大的汽车销售服务商。

二、案例过程

（1）取得联系。银行通过现有客户，了解到汽车销售行业内的"老大"——广元汽车销售公司的管理中心落户在本地，立即通过网络联系及现有客户在其中穿针引线，与公司建立了初步联系。

（2）用产品打动客户。与企业沟通后，营销人员发现该企业正处于快速发展阶段，资金总量充裕。针对民营企业较为重视企业资金的合理使用及回报的特性，营销人员再次登门拜访客户时着重介绍了银行最新推出的通知存款的衍生产品：以 7 天为一周期、对企业的存款按复利计算的理财产品，这一创新产品打动了企业财务总监，并说服企业在银行开立了结算账户。在排除信贷业务合作的影响的前提下，企业在银行的日均存款已达 1.2 亿元人民币。

（3）了解企业需求，确定合作模式。与企业建立起结算关系后，营销人员一方面，通过各种信息渠道了解汽车销售行业的现状；另一方面，也通过与企业财务部、运营部等各部门领导充分沟通，寻找银、企进一步合作的切入点。通过这一步营销，银行了解到一个至关重要的信息——鉴于企业现在跨区经营但各网点各自为政、资金使用率低的情况，企业希望实现资金集团化管理，银企合作相对集中，存贷比例合理。针对以上情况，营销人员为企业设计了合作方案：开展总对总全面合作，在给予企业 10 亿元人民币信贷支持的基础上，协同企业在银行建立集团资金管理系统。

（4）加强银企沟通，掌握企业经营策略。方案制订初期，营销人员邀请了银行风险管理部门到企业进行平行作业。详细听取了企业领导对企业成立背景、运作思路、经营状况、发展计划等全面介绍，着重对企业管理层背景、财务中心对资金运用、监管的措施询问了企业领导，对授信方案提供了有效的补充。

（5）制定合作协议，防止信贷风险。企业的经营模式虽然得到了银行认可，但为了严格防范银行信贷资金的风险，通过银行各部门领导的共同商讨，在与企业制定的合作协议中补充了以下规定：要求企业股东方承诺不挪用银行的信贷资金；企业在银行建立集团资金管理系统，明确规定年资金结算量；银行信贷资金的实际使用人只能是相对应的汽车生产厂商；企业集团及股东方共同进行担保；限定银行支持的汽车品牌，并根据下属企业实际经营状况单独授信等。

三、案例经验

产品是营销人员打开客户之门、赢得客户信任的最好钥匙！当然，只有产品还不行。客户营销是个综合性较强的工作，需要"产品"、"激情"、"关系"的综合运用才行。此外，银行要通过逐步了解、满足客户需求来密切与客户的关系。不求快速获得客户认可，但求实现长期合作。在进行商务谈判时，营销人员要坚持把有关条款写入协议之中，以有效保护双方权益。

★ 通过创新性业务打开合作突破口

一、案例背景

星光煤业化工集团是以煤炭开采、煤炭转化为主的能源类化工企业，是西部某省最大的煤炭企业，在当地具有很强的竞争优势和规模优势，在地方经济发展中占有重要的地位。

二、案例过程

星光煤业化工集团作为地方龙头企业，在多家银行都有授信，但业务合作都停留在最原始的领域内，企业实际只使用过 6000 万元银行承兑票，且银行存款较少，基本上没有开展结算业务，银行综合收益很低。为此，银行决定加大对该客户的营销力度。

银行专门召开专题会，就如何全面切入该客户进行讨论，认为该客户并不是没有金融需求，而是没有做到对症下药。根据省煤业战略发展规划，拟把企业发展成为省内最大煤炭企业，而为完成该集团的这一目标，未来 5 ~ 10 年，需要规模逐渐增加的外来融资，因此，该客户仅依靠单一的融资渠道，是不能满足融资需求的，必须建立多渠道、持续稳定的融资渠道。由于各家银行都能提供一般的流动资金贷款，且企业均要求下调 10%，银行议价能力低，收益小，因此必须做一些其他银行还没有开展的而企业又有需求的产品，通过该业务打开突破口，让企业对银行产生依赖，达到全面切入客户的目的。营销人员通过对企业财务报表的分析，发现该集团下属矿井公司的固定资产较大，且折旧年限较长，在和企业的多次交谈中得知企业对融资租赁业务特别感兴趣，经多次深入企业，最终确定具体方案，确定开展融资租赁业务。融资租赁方案主要内容如下：

（1）由租赁公司向银行申请融资租赁贷款，用途为购买租赁设备，煤业集团对此提供连带责任担保，租赁公司和承租人签订租赁合同，将产生的应收租赁款质押给银行，银行按租赁期限收取本息的同时向租赁公司收取手续费。煤业下属矿井公司和租赁公司在银行开立监管账户，信贷资金及租金回款均由租赁公司书面委托银行按照用途划转，实现资金在银行内封闭运行。

（2）方案特点：租赁公司用银行资金购买租赁标的物，由此产生租赁合同项下对应的应收租赁账款；银行用租赁公司这个平台，通过监管账户封闭划转给煤业下属矿井公司，从而将信贷资金间接用于融资租赁；应收租赁款进行质押登记，加上煤业集团担保，银行债权双保险；煤业集团和租赁公司在银行开立账户，信贷资金及租金回款均由租赁公司书面委托银行按照用途划转，实现资金在银行内封闭运行。

（3）风险控制措施。该集团是资源类企业，地域行业垄断，银行融资租赁风险控制措施为：租赁公司资质、信用和业绩是经过严格审查，符合银行审批标准；承租人、出租人在银行开立租赁业务专户，签订账户管理协议，资金在银行监管下封闭运行；煤业集团提供连带责任保证；应收租赁款进行质押登记，有专业保险机构提供保险。

三、案例经验

针对那些设备投资金额大、设备更新和技术改造力度大的国有大型企业，如铁路、煤炭、电力、运输等行业，均可由租赁公司作为平台，通过提供抵押担保方式，采取封闭运行模式进行操作，可达到全面切入客户的目的。营销人员可举一反三，将上述案例的做法向类似企业推广。

下篇 营销能力测试

　　营销人员学习的目的是提高自己的营销实效，而不能为学习而学习，学习从来都是手段而不是目的。这一篇内容从不同侧面给营销人员提供了测评学习效果的方法。在前两部分中，我们分别就经济金融与社会文化领域提供了若干测试题，供大家巩固自己所掌握的营销人员必备的知识，也可供大家测试自己的知识与能力水平。在第三部分中，提供了若干个企业的资料，营销人员可根据这些资料来编制作业方案。在第四部分中，我们设计了一个"作业效果评估表"，并提供了一个衡量营销人员营销业绩的框架，旨在帮助大家在不断总结自己实践经验的基础上来提高自己的客户拓展技能。

★ 经济金融测试题及部分答案解说

本测试题主要用于考查客户对金融、企业、营销、财会、统计等方面知识与技能的掌握程度。测试题全部为选择题（答案可能有一个，也可能有多个）。考虑到银行营销人员面对的客户形形色色，必然需要掌握相关知识与技能，故选择的测试点尽可能地宽泛与实用。

一、试题范围

本测试题的测试范围包括：①《贷款通则》、《担保法》、《公司法》、《企业破产法》、《商业银行法》、《中央银行法》、《税法》、《城市房地产开发经营管理条例》等法律规章。②企（行）业调查与分析。③企业并购、重组、上市及企业股份制改造知识。④银行信贷风险分类知识。⑤企业管理基础知识。⑥企业集团化发展战略。⑦商业银行经营与管理。⑧中央银行及货币银行学基础知识。⑨算术平均数、调和平均数等统计指标的计算与分析。⑩现代企业制度的内涵及如何组建现代企业制度。⑪企业财务分析及管理知识（主要财务指标计算、筹融资决策等）。⑫新产品构思及产品商业化知识等市场营销知识。⑬市场风险、信用风险及操作风险的识别与规避。⑭商业银行的新兴业务。⑮除金融学之外的其他经济学知识。

二、测试题

1. 下述判断错误的有（ ）。

（1）借款人可以用贷款从事股本权益性投资

（2）借款人可以在一个贷款人同一辖区内的两个或两个以上同级

分支机构取得贷款

（3）借款人征得贷款人同意后，有权向第三人转让债务

（4）票据贴现不是一种贷款方式

（5）对借款人的短期贷款申请，贷款人必须在一个月内给予答复

2. 担保方式包括（　　）。

（1）保证

（2）质押

（3）抵押

（4）留置

（5）定金

3. 可用作抵押的财产有（　　）。

（1）抵押人所有的机器、交通运输工具

（2）学校的教育设施

（3）抵押人所有的房屋

（4）依法可以转让的股票、商标专用权

（5）抵押人依法有权处分的国有的土地使用权

4. 在对企业所在行业进行分析时，主要分析（　　）。

（1）行业规模结构及其变化趋势

（2）行业技术水平及发展方向

（3）行业产品品种、数量、价格的变化情况

（4）企业的竞争能力

（5）行业在国民经济中的地位

5. 属于反并购措施的有（　　）。

（1）提高股价

（2）减少收购行为的财务负担

（3）增加负债

（4）增加股票持有量

（5）出售收购公司拟收购的资产

6. 拟上市公司调小现有股本的方法主要有（　　）。

　　（1）剥离非经营性资产

　　（2）对资产进行分割

　　（3）出让部分投资

　　（4）将资本公积金转增股本

　　（5）折股处理

7. 收购上市公司并整顿后，重新挂牌上市。这种上市方式是（　　）。

　　（1）直接上市

　　（2）买壳上市

　　（3）借壳上市

　　（4）分拆上市

　　（5）间接上市

8. M2 包括（　　）。

　　（1）现金通货＋银行活期存款＋储蓄存款＋单位定期存款

　　（2）现金通货＋储蓄存款＋短期债券融资＋单位定期存款＋财政
金库存款

　　（3）现金通货＋银行活期存款＋储蓄存款＋商业票据＋财政金库
存款

　　（4）现金通货＋银行活期存款＋储蓄存款＋单位定期存款＋财政
金库存款

　　（5）现金通货＋商业票据＋短期融资债券＋单位定期存款＋储蓄
存款

9. 某企业生产一种产品，单价2元，单位变动成本1.20元，固定成本
1600元／月，则这种产品的盈亏临界点的销售量为（　　）。

　　（1）5000件

　　（2）3500件

　　（3）2000件

　　（4）1800件

　　（5）2500件

10. 某公司 1997 年底销售收入为 3000 万元，销售成本为 2100 万元，年初应收账款余额为 199 万元，年末应收账款余额为 401 万元，则该公司的应收账款周转率为（　　）。

　　（1）10

　　（2）20

　　（3）15

　　（4）36

　　（5）18

11. 借款人如果还款能力出现明显问题，依靠其正常经营收入已无法保证足额偿还本息，那么此贷款至少应划为（　　）。

　　（1）正常

　　（2）关注

　　（3）次级

　　（4）可疑

　　（5）损失

12. 反映借款人长期偿债能力的指标有（　　）。

　　（1）资产负债率

　　（2）负债与所有者权益比率

　　（3）利息保障倍数

　　（4）流动比率

　　（5）存货周转率

13. 以下速动比率计算公式最为精确的是（　　）。

　　（1）速动资产/流动负债

　　（2）（流动资产－存货）/流动负债

　　（3）（流动资产－存货－预付账款－待摊费用）/流动负债

　　（4）（流动资产－存货－应收账款－待摊费用）/流动负债

　　（5）（流动负债/（流动资产－存货－预付账款－待摊费用）

14. 按照法约尔的解释，管理活动包含以下含义（　　）。

　　（1）计划

　　（2）指挥

　　（3）控制

　　（4）协调

　　（5）组织

15. 我国乃至世界上最古老的带有理论性的货币思想是（　　）。

　　（1）春秋时期单旗的子母相权论

　　（2）西汉贾谊的铸币垄断权论

　　（3）司马迁的货币起源论

16. 有权决定股份有限公司内部管理机构设置的是（　　）。

　　（1）总经理

　　（2）董事长

　　（3）董事会

　　（4）监事会

　　（5）股东大会

17. 在我国，投资银行与商业银行的关系是（　　）。

　　（1）受《商业银行法》的限制，商业银行不能从事投资银行业务

　　（2）商业银行可借助投资银行业务的手段来盘活自身的不良资产

　　（3）投资银行在开展业务时不需要商业银行介入

　　（4）投资银行主要从事证券承销、资产证券化、企业并购等业务，商业银行主要从事贷款、存款及结算业务，故两者截然不同

　　（5）投资银行业务可作为商业银行新的利润增长点

18. 项目负责人在指挥项目小组成员完成某项系统工作时，应该坚持（　　）。

　　（1）指明目标的原则

　　（2）协调目标的原则

　　（3）统一指挥的原则

　　（4）激励与约束匹配的原则

　　（5）不越级指挥工作

19. 对现代股份有限公司总经理可采取的激励手段有（　　）。

（1）工资

（2）持有公司股票

（3）提供旅游经费

（4）强制性休假

20. 人的需要是分层次的，管理者只有了解被管理者的不同需求，才能调动被管理者的积极性。按照马斯洛的需求层次理论，人的需求按发生的先后次序依次为（　　）。

（1）生理需要—社交需要—安全需要—尊重需要—自我实现需要

（2）生理需要—安全需要—社交需要—尊重需要—自我实现需要

（3）自我实现需要—尊重需要—社交需要—安全需要—生理需要

（4）生理需要—安全需要—社交需要—尊重需要

21. 为增加权益，发行新普通股票的成本要高于增加未分配利润的成本，原因在于（　　）。

（1）每股收益可能会摊薄

（2）承销费用等相关成本大

（3）现有股东控制权降低

（4）以上答案全对

22. 对现代商业银行来讲，使用存款人资金比使用股东资金相比的好处是（　　）。

（1）成本较低，避免缴税

（2）业务风险和财务风险较低

（3）增加核心存款，使谨慎的管理者满意

（4）降低偿付风险，提高预期资本收益率

23. 实现资产质量目标最有力的信贷风险管理工具是（　　）。

（1）提高贷款技术

（2）风险定价

（3）改善信贷文化

（4）风险结构最佳化

24. 作为银行流动性管理的两个主要内容，发放短期贷款和增加核心存款属于在（　）方增强流动性的手段。

（1）分别为资产方和负债方

（2）分别为负债方和资产方

（3）资产方

（4）负债方

25. 为了实现长期盈利性的目的，银行应该（　）。

（1）使成本最低

（2）使收入最高

（3）通过出售适应市场需求的金融产品和服务进行有效竞争

（4）采取非市场手段挤垮其他银行

26. 在确定某个职能部门的管理幅度时，应该考虑的因素有（　）。

（1）上级人员的素质

（2）上、下级在信息沟通方面的方便程度

（3）下属工作的性质

（4）每一个上级主管的人员所管理的下级人员的数目以 6～8 人为宜

27. 某机械厂 180 名工人对某种零件的生产情况如下：

日产量（件）	15	16	17	18	19	20
工人人数	10	20	30	50	40	30

则工人的平均日产量为（　）。

（1）18 件

（2）17 件

（3）17.5 件

（4）18.5 件

28. 设市场上某种蔬菜早市每斤 0.25 元，中午每斤 0.2 元，晚市每斤 0.1 元，如果早、中、晚各买 1 斤，则平均每斤价格是（　）。

（1）0.179 元

  （2）0.189 元

  （3）0.158 元

  （4）0.168 元

29. 假设某种产品 1993～1997 年的产量分别为：

年份	1993	1994	1995	1996	1997
产量（个）	1104.3	1351.1	1707.0	2215.5	2872.4

  则 1996 年与 1993 年相比发展速度和增长速度分别为（　　）。

  （1）260.1%，160.1%

  （2）129.7%，29.4%

  （3）200.6%，100.6%

  （4）154.6%，126.3%

30. 以下关于企业集团的论述正确的有（　　）。

  （1）企业集团就其本质是指一个大企业

  （2）企业集团是由若干个具有法人资格的企业组成的"企业联合体"

  （3）在现代企业集团内部一般在组织形式上采用总公司和分公司制

  （4）在现代企业集团内部一般在组织形式上采用母子公司制

31. 企业走集团化发展道路的动因主要有（　　）。

  （1）为了增强企业在市场中的地位，一般在同其他企业的竞争中占据优势

  （2）为的是分散生产经营风险和获取规模经济效益

  （3）为的是突破单一行业、单一地区发展所造成的限制，借以实现联合生产、联合经营

  （4）为的是节约交易成本，控制更多的可利用资源

32. 在现代企业制度下，董事会与总经理的关系实质上是一种（　　）关系。

  （1）信任托管关系

　　　（2）委托代理关系

　　　（3）所有者与经营者的关系

　　　（4）制衡关系

33. 已知某企业只生产 A 产品，单价为 10 元/件，单位变动成本为 6 元/件，固定成本为 40000 元，1998 年生产经营能力为 12500 件，1999 年的目标利润为 12000 元（假设价格与成本同 1997 年相同），则 1999 年该企业实现目标利润的业务量应为（　　）。

　　　（1）12500 件

　　　（2）13000 件

　　　（3）13500 件

　　　（4）14000 件

34. 下列类型中，属于可能正确的经济业务有（　　）。

　　　（1）资产增加，负债减少，所有者权益减少

　　　（2）资产增加，负债减少，所有者权益增加

　　　（3）资产不变，负债减少，所有者权益减少

　　　（4）资产减少，负债增加，所有者权益增加

35. 企业一切经济业务的变化，其结果对资产和权益的影响可表现在（　　）。

　　　（1）资产增加，权益减少

　　　（2）资产和权益同增同减

　　　（3）权益不变，资产类有增有减

　　　（4）资产不变，权益类有增有减

36. 以下费用中能够构成生产成本的有（　　）。

　　　（1）直接材料费

　　　（2）直接人工费

　　　（3）劳动保险费

　　　（4）贷款利息

37. 以下各项属于银行处罚行为范围之内的有（　　）。

　　　（1）企业向个人收购废旧物资支付 3500 元

（2）企业将部分现销收入不入账而作为账外公款保留

（3）企业将现金暂时借给另一单位使用，未收取利息

（4）企业向装饰公司支付办公室装修费用896000元

38. 以下交易可以选用商业汇票结算方式的有（　）。

（1）工业企业出售其产品

（2）会计师事务所提供咨询服务

（3）运输公司提供的货物运输服务

（4）批发企业出售大宗商品

39. 按照企业会计制度规定，关于计提折旧，下列说法正确的是（　）。

（1）月份内减少的固定资产，当月照提折旧

（2）提前报废的固定资产，不再补提折旧

（3）月份内增加的固定资产，当月不提折旧

（4）临时性租入的固定资产，不计提折旧

40. 对工业企业来讲，生产费用中的外购材料包括企业耗用的一切从外部购入的（　）。

（1）原料及主要材料

（2）半成品

（3）辅助材料

（4）燃料

41. 下列费用，可列作待摊费用的有（　）。

（1）固定资产修理费用

（2）出租包装物

（3）预付固定资产租金

（4）预计借款利息

42. 破产财产由下列财产构成（　）。

（1）宣告破产时破产企业经营管理的全部财产

（2）破产企业在破产宣告后至破产程序终结前所取得的财产

（3）用作担保物的财产

（4）破产企业行使的其他财产权利

43. 股份有限公司发行新股的条件是（　　）。

（1）前一次发行的股份已募足，并间隔 1 年以上

（2）由股东大会做出决定

（3）公司在最近三年内连续盈利，并可向股东支付红利，且财务会计文件无虚假记载

（4）发行新股的预期利润率可达同期银行存款利率

44. 《税法》规定税务机关可以采取的强制措施有（　　）。

（1）书面通知纳税人开户银行或者其他金融机构暂停支付纳税人金额相当于应纳税款的存款

（2）书面通知纳税人开户银行或其他金融机构从其存款中扣缴税款

（3）扣押、查封、拍卖纳税人的价值相当于应纳税款的商品、货物或其他财产，以拍卖所得抵缴税款

（4）扣押、查封纳税人的价值相当于应纳税款的商品、货物或其他财产

45. 《企业所得税税法》规定，在计算应纳税所得额时准予从收入总额中扣除的项目包括（　　）。

（1）纳税人在生产经营期间，向金融机构借款的利息支出

（2）纳税人参加财产保险和运输保险，按规定缴纳的保险费

（3）按财政部规定提取的坏账准备金和商品销价准备金

（4）购买或自行开发无形资产发生的费用

46. 我国金融机构监管的"三驾马车"是（　　）。

（1）银监会、保监会、证监会

（2）中国人民银行、保监会、证监会

（3）中国人民银行、中国保险业协会、中国证券业协会

47. 以下项目应由"其他应收款"账户核算的项目有（　　）。

（1）存出的保证金

（2）应收的罚款

（3）为购货单位代垫的包装费、运杂费等

（4）应向职工个人收取的代垫费

48. 无形资产的摊销年限的确定原则为（　　）。

（1）法律、合同和企业有关申请书规定了法定有效期限和受益年限的，以此两者孰短为摊销年限

（2）无法定有效年限的，按受益年限为准

（3）既无法定有效年限也无受益年限的，以不短于10年的年限确定

（4）既无法定有效年限也无受益年限的，以不长于10年的期限确定

49. 盈余公积转增资本（　　）。

（1）减少了所有者权益

（2）改变了所有者权益的内部结构

（3）减少了盈余公积

（4）增加了实收资本

50. 属于管理费用开支的有（　　）。

（1）诉讼费

（2）审计费

（3）无形资产摊销

（4）技术转让费

51. 某企业按年利率12%从银行借入款项10万元，银行要求企业按贷款限额的10%保持补偿性余额，则该借款的实际利率为（　　）。

（1）12%

（2）13.33%

（3）10.8%

（4）14%

52. 某企业生产一种产品，单位售价20元，单位变动成本15元，年度固定成本100000元，目前年销售量为30000件，为使利润提高到200000元，可采取（　　）。

（1）单价提高 5 元

（2）单价提高 3 元，销量增加 13750 件

（3）单位变动成本降低 2 元，单价提高 3 元

（4）年度固定成本降低 20000 元，单位变动成本降低 4 元

53. 某企业取得 3 年期长期借款 200 万元，年利率 11%，每年付息一次，到期一次还本，筹资费用率 0.5%，企业所得费率 33%，则该项长期借款的资金成本为（　　）。

（1）3.3 年

（2）5.3 年

（3）5.4 年

（4）7.4 年

54. 股份有限公司的设立方式有（　　）。

（1）发起设立

（2）定向设立

（3）登记设立

（4）募集设立

55. 应收账款周转率低表明（　　）。

（1）账龄期限长

（2）短期偿债能力强

（3）资产流动性大

（4）收账费用和坏账损失可能增加

56. 当将一种新产品商业化时，一般要作出（　　）的决策。

（1）何时推出

（2）主要向谁推出

（3）用什么方法推出

（4）在什么地方推出

57. 促销的基本手段包括（　　）。

（1）通过研讨会、新闻发布会、路牌、印发宣传手册、上电视等方式做广告

（2）通过返还利益、建立合理的利益分配工作搞好销售促进

（3）密切同客户、同业及政府部门的关系（公共关系）

（4）上门推销

58. 为了了解我国钢铁产品的质量状况，调查人员分别选择了三家大型、中型、小型钢铁企业进行调查。这种调查是（　　）。

（1）非全面调查

（2）全面调查

（3）重点调查

（4）典型调查

59. 以下产品属于新产品的有（　　）。

（1）在汽车上加一种装置以使驾驶员更舒服一些

（2）将定期、活期等各种存折集中在一个本子上，实行"一本通"

（3）在储蓄卡上增加新的功能

（4）在铅笔上装橡皮，制成带橡皮的铅笔

60. 在对一个企业的市场形象作出评判前，我们主要应该（　　）。

（1）向企业及其同业作调查

（2）询问企业领导者的看法

（3）对宏观经济环境作分析

（4）走访企业的重要客户

61. 在一个规范的市场下，如果目前比前段时间厂商有所增加，所获利润也在增加，但风险仍较高，则我们可对未来一段时间内的市场情况作出如下判断（　　）。

（1）厂商数量将减少，可能出现亏损，风险很高

（2）厂商数量将减少，利润较高，风险减少

（3）厂商数量减少，利润减少乃至亏损，风险降低

（4）厂商数量继续增加，利润也增加，风险减少

62. 我国当前及未来相当长的时间内比较流行的融资工具有（　　）。

（1）股权融资

（2）可转换债券融资

（3）投资基金

（4）贸易融资

63. 对于在市场经营中遇到的风险，您将采取（　　）方式规避。

　　（1）将风险降低

　　（2）将风险转移

　　（3）将风险分散

　　（4）将风险集中

64. 以下关于中间业务的论述哪些是正确的（　　）。

　　（1）中间业务是指银行不运用或较少运用自己的资财，以中间人的身份替客户办理收付和其他委托事项，提供各类金融服务并收取手续费的业务

　　（2）汇兑结算、票据承兑、代客理财都属于中间业务的范围

　　（3）中间业务可直接在银行的资产负债表上反映出来

　　（4）我国商业银行从事中间业务应尽可能同服务资本市场结合起来

65. 以下关于资本市场业务的论述正确的是（　　）。

　　（1）所谓商业银行从事资本市场业务，就是指商业银行从事证券投资、发行、包销等与资本市场紧密相连的业务

　　（2）所谓商业银行从事资本市场业务，就是指商业银行在企业并购、重组、上市等活动中，以独立人的身份向企业提供金融服务

　　（3）商业银行在开展资本市场业务时，会受到证券公司等专门从事资本市场业务的机构的抵制，因此应该联合会计事务所、律师事务所等机构一起同它们竞争

　　（4）受《商业银行法》限制，商业银行开展资本市场业务的政策风险很大，不如先积蓄力量，等分业限制减少的时候再大规模开展

66. 以下关于"营销人员制度"的论述正确的有（　　）。

　　（1）营销人员制度实质是银行经营管理体制上的一项变革，它会对银行的人事、劳动报酬、经营理念等产生冲击

（2）营销人员制度将改变信贷人员不熟悉国际业务、国际业务不熟悉资产管理业务的商业银行传统局面。营销人员是个银行知识的"全才"

（3）营销人员就是指那些以客户为中心直接向客户兜售一揽子金融产品的银行专门人才，他们在银行人员中的比重较小

（4）营销人员的收入应该与他给银行创造的收益相匹配，并且营销人员的资格也应因自身业绩的变化而作调整，因此对营销人员的管理应体现动态的观念

67. 某企业 3 月 1 日向银行贷款 18 万元，利率为月息 8 厘，7 月 15 日归还，则到期时的本利和（设银行按单利计算）为（ ）。

（1）244800 元

（2）186480 元

（3）198300 元

（4）187300 元

68. 企业年初打算存入一笔资金，3 年后一次取出本利和 1000 元，已知年复利率为 6%，则企业现在应存（ ）（取整数）。

（1）840 元

（2）850 元

（3）830 元

（4）845 元

69. 如果人民币贬值，那么将会（ ）。

（1）极大地促进我国产品的出口，提高我国产品在国际市场上的竞争力

（2）打击国外投资者的信心，不利于我国国际收支的长远平衡

（3）损害人们对人民币的信心，不利于扩大内需目标的实现

（4）使进口商品的价格上升

70. 以下判断错误的有（ ）。

（1）骗购、非法买卖外汇等行为构成犯罪

（2）对于违反售付汇管理规定的金融机构，要停止其办理结售汇

业务，并对责任人作行政和纪律处分

（3）维持经济增长的三大支柱是投资、消费和出口

（4）职工代表大会是全民企业的权力机构

71. 最佳投资规模在（　　）条件下出现。

（1）边际收入等于边际成本

（2）利润最大化

（3）加权平均报酬投资率最高

（4）边际投资报酬率等于必要投资报酬率

72. 对于同一投资方案，下列论述成立的有（　　）。

（1）资金成本越低，净现值越大

（2）资金成本与内部报酬率相等时，净现值为 0

（3）资金成本高于内部报酬率时，净现值将出现负数

（4）资金成本越高，净现值越大

73. 某企业 1997 年税后利润为 500 万元，利息支出为 100 万元，所得税为 150 万元，则该企业已获利息倍数为（　　）。

（1）5

（2）6

（3）6.5

（4）7.5

74. 影响资产净利率高低的因素有（　　）。

（1）产品价格

（2）产品成本

（3）资金占用量

（4）资金占用结构

75. 在国有独资公司中，必须由国家授权投资的机构或者国家授权的部门决定的事项有（　　）。

（1）总经理的聘任与解聘

（2）发行公司债券

（3）增减资本

（4）公司年度预算方案、决算方案的制定

76. 税后利润的分配渠道主要有（　　）。

（1）盈余公积补亏

（2）提取盈余公积

（3）应付利润

（4）应交特种基金

77. MBO、CEO、CFO、CIO、CWO、COO 的含义分别是（　　）。

（1）管理层收购、首席执行官、首席财务官、首席信息官、首席网络官、首席运营官

（2）首席执行官、管理层收购、首席财务官、首席网络官、首席运营官、首席信息官

（3）首席财务官、管理层收购、首席执行官、首席网络官、首席运营官、首席信息官

78. 以下属于生产力宏观布局理论模式的有（　　）。

（1）梯度推进理论

（2）跳跃式理论

（3）生长极理论

（4）点轴理论

（5）优区位理论

（6）中心地网络体系理论

79. 如何理解 6σ？（　　）

（1）小写希腊字母西格玛（σ）代表标准差，6σ 表示质量水平达到了 99.9997%

（2）6σ 的目的是帮助人们在提供产品和服务方面确定更高的目标，但同时也承认产品和服务总会存在缺陷

（3）6σ 一条最基本的原理是：与某项工作关系最密切的员工具有最好的条件去改善此项工作。为此，要调动一线员工进行 6σ 改革的积极性

（4）6σ 带来的不仅是客户满意度的提高和股东收益的增加，还有

员工满意度的提高和凝聚力的增加

80. 操作风险评估遵循的原则一般包括（　　）。

（1）由表及里

（2）自上而下

（3）自下而上

（4）从现在到将来

（5）从已知到未知

81.《新巴塞尔资本协议》中提到银行内部评级应基于二维评级体系。其中"二维"是指（　　）。

（1）领导下评

（2）员工上评

（3）客户评级

（4）债项评级

82. 常用的信用衍生工具包括（　　）。

（1）总收益互换

（2）信用联动票据

（3）信用违约互换

（4）信用价差衍生产品

83. 在《商业银行风险监管核心指标》中，核心负债比率为核心负债与负债总额之比，不得低于（　　）。

（1）60%

（2）20%

（3）40%

（4）50%

84. 风险管理的目标在于（　　）。

（1）获得最大的安全保障

（2）把风险降低到零

（3）选择最佳风险管理技术组合

（4）风险识别与计量

85. 您如何理解"商业"的含义？（ ）

    （1）商业是和工业相对的一个行业概念，它不是指从事工业生产而是指从事商品贸易（流通）的行业，属于服务业

    （2）任何以谋求效益为目的的生产经营活动均可称为商业活动，生产也是一种商业活动

    （3）国内商品流通称为内贸，进出口业务属于外贸，但都属于商业活动

86. 以下那些经济学家获得过诺贝尔经济学奖？（ ）

    （1）弗里德曼

    （2）莫迪利亚尼

    （3）托宾

    （4）西蒙

    （5）科斯

    （6）罗伯特·默顿

87. 以下可行性分析步骤是否合理？（ ）

    明确项目目标，确定研究项目的范围和要求，如产品的品种结构和档次、销售市场（出口还是内销）等。→实地调查研究，包括市场需求、产品价格及竞争情况、资源供应及运输条件等。→拟订方案，根据项目的目标，结合调查的资料进行分析研究，拟定可行方案，如厂址选择、生产规模的确定、产品结构、工艺设备的选择等。→投资费用估算及项目财务分析，对项目进行经济评价与论证。→编制可行性研究报告。拟定资金筹措计划。

    （1）合理

    （2）不合理

88. 商业银行不得向关系人发放信用贷款，向关系人发放担保贷款的条件不得优于其他借款人同类贷款的条件。此处的"关系人"是指（ ）。

    （1）商业银行的董事、监事、管理人员

    （2）商业银行的信贷业务人员及其近亲属

（3）上述人员投资或者担任高级管理职务的公司、企业或其他经济组织

89. 以下哪类组织可以作为保证人？（　　）

（1）具有代为清偿债务能力的法人、其他组织或者公民

（2）国家机关

（3）学校、幼儿园、医院等以公益为目的的事业单位、社会团体

90. 以下关于信用证的判断正确的是（　　）。

（1）信用证只限于转账结算，不得支取现金

（2）信用证与作为其依据的购销合同相互独立，银行在处理信用证业务时，不受购销合同的约束

（3）在信用证结算中，各有关当事人处理的只是单据，而不是与单据有关的货物及劳务

（4）开证行开立信用证，可按规定向申请人收取开证手续费及邮电费

91. 以下关于银行资本金的论述哪些是正确的？（　　）

（1）商业银行的资本金由核心资本与附属资本组成

（2）核心资本包括永久性股本金和公开储备，在会计账户上反映为实收资本、资本公积、盈余公积和未分配利润

（3）附属资本包括未公开储备、混合型债务资本工具和长期次级债务，在会计账户上反映为各项准备金和发行的 5 年期以上的金融债券

（4）各项准备金包括贷款呆账准备金、坏账准备金和投资风险准备金

92. 先阅读材料，然后回答问题。

材料：1996 年 3 月，A 公司与 B 公司签订协议，由 A 公司将 100 万元人民币借给 B 公司使用，期限 1 年，利率 20%。双方补签了《质押合同》，B 方以某银行出具的、B 公司为存款人的、金额为 100 万人民币、期限为 1 年的银行存单作为质押担保。之后，B 公司将该存单交给了 A 公司，A 公司持该存单与签发银行联系，得知该存单确系该

行签发，是真实的。这样，A 公司如约发放了借款。存单到期后，B 公司无力偿还本息。A 公司遂持该存单及质押合同到签发银行要求行使质权，兑付存单。签发银行声称 B 公司在开出存单的第三天即持单位证明，声称存单遗失，要求挂失。银行审查合规后办理了挂失手续。七天后，应 B 公司提前支取的要求，将该存单项下 100 万元转入 B 公司的活期账户。银行遂以该存单项下款项早已不存在为由强行收回了存单。

问题：以下判断正确的有（　　）。

(1) 两公司签订的《借款合同》及《担保合同》是无效的，A 公司所受的损失不受法律保护

(2) 如打官司，两公司均应承担相应的民事责任，银行则承担连带责任

(3) 法院的判决结果可能是：B 公司返还 A 公司本金 100 万元，约定利息则予以收缴

(4) 本案例的实际结果只能是 A 公司自认倒霉，在办理质押时，如果让签发行出具含有"在收到质权人的书面通知前，该存单不得兑付、挂失和提取支取"内容的承诺函，结果可能会好一些

93. 2004 年十国集团同意公布的《新巴塞尔资本协议》中所称的三大支柱是指（　　）。

(1) 最低资本充足率

(2) 监管部门的监督检查

(3) 市场纪律

(4) 信用风险管理

94. 以下哪些关于股权分置及其改革的说法是正确的？（　　）

(1) 股权分置是指 A 股市场的上市公司股份按能否在证券交易所上市交易被区分为非流通股和流通股，这是我国经济体制转轨过程中形成的特殊问题。

(2) 股权分置改革，就是要消除非流通股和流通股的流通制度

差异。

（3）股权分置改革是为非流通股可上市交易作出的制度安排，并不以通过资本市场减持国有股份为目的。

（4）公司股权分置改革动议，原则上应当由全体非流通股股东一致同意提出。

95. 下面关于市盈率的说法哪些是正确的？（　　）

（1）市盈率又称股份收益比率或本益比，是一个反映股票收益与风险的重要指标，其计算公式是：市盈率＝当前每股市场价格／每股税后利润。由于市盈率把股票市价与盈利能力联系起来，其水平高低更真实地反映了股票价格的高低，可以在一定程度上影响投资者的行为。

（2）市盈率的确能从一方面反映股票的投资价值，但单纯根据市盈率决定投资行为是非常不理智的。一般来说，市盈率指标数值越低越小越好，越小说明投资回收期越短，风险越小，投资价值一般就越高；倍数大则意味着翻本期长，风险大。

（3）为了反映不同市场或者不同行业股票的价格水平，也可以计算出每个市场的整体市盈率或者不同行业上市公司的平均市盈率。具体计算方法是用全部上市公司的市价总值除以全部上市公司的税后利润总额，即可得出这些上市公司的平均市盈率。

（4）影响一个市场整体市盈率水平的因素主要有两个，即该市场所处地区的经济发展潜力和市场利率水平。

（5）新兴证券市场的整体市盈率水平会比成熟证券市场的市盈率水平高。欧美等发达国家股市的市盈率一般保持在 15～20 倍。而亚洲一些发展中国家的股市正常情况下的市盈率在 30 倍左右。

三、参考答案及部分答案解说

1.（1）（2）（4）。

《贷款通则》第 20 条规定：（借款人）不得用贷款从事股本权益性投资；国家另有规定的除外。不得在一个贷款人同一辖区内的两个或两个以上同级分支机构取得贷款。第 18 条规定：在征得贷款人同意后，有权向第三人转让债务。第 23 条规定：短期贷款答复时间不得超过 1 个月，中、长期贷款答复时间不得超过 6 个月。第 9 条规定：票据贴现系指贷款人购买借款人未到期商业票据的方式发放的贷款。

2.（1）（2）（3）（4）（5）。

《担保法》第 6 条规定：保证系指保证人与债权人约定，当债务人不履行债务时，保证人按照约定履行债务或承担责任的行为，学校、幼儿园、医院等以公益为目的的事业单位、社会团体不得为保证人。第 33 条、第 63 条规定了抵押（财产）、质押（动产或权利）的定义。第 82 条规定：留置系指债权人按照合同约定占有债务人的动产，债务人不按照合同约定的期限履行债务的，债权人有权依照本法规定留置该财产，以该财产折价或者以拍卖、变卖该财产的价款优先受偿。第 84 条规定：因保管合同、运输合同、加工承揽合同发生的债权，债务人不履行债务的，债权人有留置权。第 89 条规定：当事人可以约定一方向对方给付定金作为债权的担保。第 91 条规定：定金的数额由当事人约定，但不得超过主合同标的额的 20%。

3.（1）（3）（5）。

《担保法》第 37 条规定：学校、幼儿园、医院等以公益为目的的事业单位、社会团体的教育设施、医疗卫生设施和其他社会公益设施，土地所有权等不得抵押。股票、商标专用权等权利是用来作质押的。

4.（1）（2）（3）（5）。

5.（1）（3）（4）（5）。

6.（1）（2）（3）（5）。

7.（2）（5）。

借壳上市表现为上市公司的控股集团公司借助资产重组逐步实现整体上市；分拆上市指将资产拆开分步上市。

8.（4）。

将货币供给量划分为若干层次的目的在于方便中央银行对与经济变动最密切的货币性资产实施监控。按金融性资产转化为现实的流动手段和支付手段的能力大小（流动性）为划分标准。1 元的现金比 1 元的存款货币所代表的社会购买力要大。

9. （3）。

单一产品的盈亏临界点计算公式为：固定成本/（单价 - 单位变动成本）= 1600/（2 - 1.2）= 2000（件）。

10. （1）。

应收账款周转率 = 销售收入/平均应收账款 = 3000/0.5 × （199 + 401）= 3000/300 = 10；存货周转率 = 销售成本/平均存货。应收账款周转天数 = 360/应收账款周转率。

11. （3）。

财务状况良好的标准是：借款人经营正常，财务状况稳定，各项财务指标都较好。一般的标准是：财务状况基本稳定，个别指标不太令人满意。合格的标准是：财务状况稳定，但有些财务指标存在明显的缺陷。不佳的标准是：财务状况很不稳定，部分财务问题甚至比较严重。恶化的标准是：财务状况很不稳定，大部分财务指标较差。见《贷款风险分类原理与实务》（中国金融出版社 1998 年版）第 31 页、32 页。

12. （1）（2）（3）。

资产负债率 = 负债总额/资产总额；负债与所有者权益比率（衡量所有者权益对债权人权益的保障程度，越低越好）= 负债总额/所有者权益总额；利息保障倍数（衡量借款人偿付利息的能力）= 税息前利润/利息费用 = （税后净收益 + 利息费用 + 所得税）/利息费用；流动比率（表示每一元流动负债有多少流动资产作为偿还的保证，反映短期偿债能力）= 流动资产/流动负债；存货周转率反映营运能力（效率指标）。

13. （3）。

存货在流动资产中变现较慢，要经过产品销售和账款收回两个过程才能变为现金，有些存货可能因为不适销而根本无法变现。待摊费用和预付账款本质上属于费用，同时又具有资产的性质，它们只能减少借款人未来的现金付出，却不能转变为现金。故都应扣除。

14. （1）（2）（3）（4）（5）。

法约尔，法国人，为管理过程学派的开山鼻祖，研究领域包括采矿工程、地质学、管理学。担任了30年的矿冶公司总经理，著有《工业管理和一般管理》。认为经营和管理是两个不同的概念，经营包括技术（生产、制造和加工）、商业（采购、销售和交换）、财务（资本的筹集和利用）、安全（保护企业财产和人员安全）、会计（财产清点、制作资产负债表、成本考核等）和管理活动。他提出了管理的14条一般原则：劳动分工、权利与责任、纪律、统一指挥、统一领导、个人利益服从总体利益、人员的报酬、集权、等级序列、秩序（合适的工作岗位）、公平、人员的稳定、首创精神、人员的团结。

15. （1）。

单旗是春秋末年人，史称单穆公，相传景王二十一年（前524）拟铸大钱，单旗反对，提出子母相权论，指出不同的货币之间要确定一定的比例关系，或者作为"母"的货币"权"作为"子"的货币，或者作为"子"的货币"权"作为"母"的货币。实际上单旗提出了大小不同的同一金属币材的两个铸币如何按照一定比例同时流通的问题。作为中国历史上具有代表性、影响最大的货币理论，单旗的子母相权论随着时代的前进在内容上不断被丰富。一直延续到宋、元时期还被扩展并应用到对纸币流通的解释中。南宋杨万里的"钱楮母子说"、杨冠卿的"钱楮实虚说"、元代所谓"银钞相权法"以及元人赵孟𫖯的"虚实相权说"等都是对这一理论思想的发展。直到近代西方金属货币本位理论以及主币、辅币理论传入我国，这一古老的货币理论才被湮没。西汉贾谊提出"法钱"（即法定铸币）概念，主张由政府垄断币材，对后来历代政府的货币政策产生重大影响。司马迁提出了货币自然发生说，"农工商交易之路通，而龟贝金钱刀布之币兴焉。所从来久远，自高辛氏之前尚矣，靡得而记云"（见《史记·平准书》）。他把货币看作是商品交换的产物，从而把货币的发生与商业、交换联系起来。

16. （3）。

《公司法》第46条规定。董事会还具有以下职权：负责召集股东会，并向股东会报告工作；执行股东会的决议；决定公司的经营计划和投资方案；制定公司的年度财务预算、决算方案；制定公司的利润分配方案和弥补亏损方案；制定公司增加或减少注册资本的方案；拟定公司合并、分立，变更公司形式、解散的方案；聘任或解聘公司经理，根据经理的提名，聘任或解聘公司副经理、财务负责人，决定其报酬事项；制定公司的基本管理制度等。

17.（2）（5）。

18.（1）（2）（3）（4）（5）。

19.（1）（2）（3）（4）。

20.（2）。

21.（1）。

22.（1）。

23.（4）。

24.（1）。

25.（3）。

收入最高也可能带来成本上升，从而达不到实现长期盈利性的目标。

26.（1）（2）（3）（4）。

27.（1）。

平均日产量 = 工人人数 × 日产量/工人总人数。

28.（3）。

29.（3）。

30.（2）（4）。

31.（1）（2）（3）（4）。

32.（2）。

33.（2）。

计算公式为：（固定成本 + 目标利润）/（单价 − 变动成本）。假设所求数为 x，则上述公式可由下式推导得出：利润 = 单价 × x − 单位变动成本 × x − 固定成本

34.（2）。

35. （2）（3）（4）。

36. （1）（2）。

37. （2）（3）（4）。

38. （1）（4）。

39. （1）（2）（3）（4）。

40. （1）（2）（3）。

41. （1）（2）（3）。

42. （1）（2）（4）。

43. （1）（3）（4）。

44. （2）（3）。

45. （1）（2）（3）。

46. （1）。

对商业银行的监管职责本来由中国人民银行承担，银监会成立后即转交过去，中国人民银行变成了专司货币政策的政府机构。对保险公司、证券公司的监管分别由保监会、证监会负责。中国保险业协会和中国证券业协会分别是保险行业、证券行业的自律组织，不承担行业监管职责。

47. （1）（2）（4）。

48. （1）（2）（3）。

49. （2）（3）（4）。

50. （1）（2）。

51. （2）。

补偿性余额是银行要求借款企业在银行中保持按贷款限额或实际借款额一定百分比计算的最低存款余额。从银行角度讲，补偿性余额可降低贷款风险，补偿遭受的贷款损失。从借款企业讲，补偿性余额则提高了借款的实际利率。在本题中，10 万元保持 10% 的补偿性余额，则企业可用资金最多为 $10 \times (1 - 10\%) = 9$ 万元，则 $9 \times$ 实际利率 $= 10 \times 12\%$，所以实际利率为 $10 \times 12\% / 9 = 13.33\%$。

52. （1）（3）。

53. （4）。

长期借款的成本指借款利息和筹资费。由于借款利息计入税前成本费用，可起到抵税的作用，因此长期借款资金成本的计算公式为：长期借款年利息％＝（1－所得税率）／长期借款筹资额或借款本金×（1－筹资费用率）或长期借款利率×（1－所得税率）／（1－筹资费用率）。具体到此题为：200×11％×（1－33）／200×（1－0.5％）。

54. （1）（4）。

根据《公司法》第74条规定，股份有限公司可采取发起设立和募集设立方式设立。发起设立是指由发起人认购公司应发行的全部股份而设立公司；募集设立是指由发起人认购公司应发行股份的一部分，其余部分向社会公开募集而设立公司。

55. （1）（4）。

56. （1）（2）（3）（4）。

57. （1）（2）（3）（4）。

58. （1）（4）。

59. （1）（2）（3）（4）。

60. （1）（4）。

61. （1）（2）（3）。

62. （1）（2）（3）。

63. （1）（2）（4）。

64. （2）。

65. （1）（2）（4）。

66. （1）（2）（3）（4）。

67. （2）。

利息＝借款金额（180000）×利率（8‰）×期限（4.5个月）＝6480。

68. （1）。

在已知现值 p、利率 i 的情况下，n 期后的终值可按下列公式计算：p×（1＋i）。故此题为1000／（1＋6％）＝840。

69. （2）（3）（4）。

70. （4）。

71. （3）。

72. （1）（2）（3）。

73. （4）。

74. （1）（2）（3）。

75. （2）（3）。

76. （2）（3）。

77. （1）。

MBO 意为管理层收购，为英文 Management Buy Out 的缩写。在西方国家，MBO 是企业进行重整或反收购的一种特殊方式。管理层进行 MBO 的目的有四个：①帮助上市公司寻求"退市"，降低信息披露成本；②帮助多元化企业剥离或推出某些边缘产业；③反对其他企业并购本企业的企图；④所有者想放弃股权时，由管理者出钱收购，以振奋市场信心。管理层一般需持有目标公司 90% 以上的股份才能达到 MBO 的目的。在我国，由于国有企业难以从整体上借助外部投资者来推动产权制度改革，而内部的管理层和职工却深知企业的价值所在，加之地方政府出于国企扭亏的压力（政府把企业卖给好的经营者，既能套现，又能较好地激发企业的活力，还能保证经济的活跃与繁荣，因而地方政府的积极性也比较高），MBO 就成为我国国企改革的一种现实选择。

CIO 是企业的技术主管，在企业中不仅负责电脑管理系统及制定长期的信息战略，还要创建并管理企业与供应商和客户之间的电子商业关系网。该职位是随着互联网的产生而出现的。

技术型企业家常常需聘请 COO 来帮助整顿他们没有进入正常秩序的企业。在大多数公司中，COO 被认为是进入高层管理班子的敲门砖，正是由于 COO 的工作，CFO 才得以将精力集中在企业广泛的战略和关系上。但也有一些因素正在降低 COO 的影响：①公司经营着不同的业务，所有这些业务很难都让由一个人来统管。②有能耐的管理人员一般都要求担任一些更受人尊重的职务（如 CFO），否则就不会加盟。已有一些公司取消了 COO 的职位，代之以共同执行公司战略的集体班子，其发挥着 COO 的作用：作出跨业务的开支决策、调整生产、执行战略及日常业务。

78.（1）（2）（3）（4）（5）（6）。

梯度推进理论的核心观点是：在承认经济发展水平"梯度差"的基础上首先加强发达地区建设，实施梯度推移战略，带动不发达地区的开发。跳跃式理论的核心观点是：每个时期生产力宏观布局的重点不是依据现有顺序，而是根据经济发展需要和现实可能来确定并超过发达和次发达地区，直接对不发达地区进行开发。生长极理论的核心观点是：不搞平面铺开，而是集中建设一个或几个据点，先把作为区域开发中心的城市经济基础打好，进而去影响和带动周围地区的发展。点轴理论的核心观点是：对主要交通干线、高压输电线、油气管道、供排水和通信设施等尽可能做到配套建设，形成若干条开发轴线，宜重点建设的城市和工业点沿着这些轴线布设。优区位理论的核心观点是：有选择地确定各地带的最优区位，通过各类优区位的开发建设，形成地域经济组织的区位优势。中心地网络体系理论的核心观点是：把各类城市和集镇看成是区域范围内从事开发活动的中心地，同一层次的中心地之间建立协作关系，上一层次带动下一层次中心地，由点到线，由线到网，最终实现共同发展。

79.（1）（2）（3）（4）。

80.（1）（3）（5）。

81.（3）（4）。

82.（1）（2）（3）（4）。

83.（1）。

84.（1）。

85.（1）（2）（3）。

商业含义的变迁在一定程度上可反映我国市场经济的发展历程。在我国，商业一词最初的确带有计划经济的色彩，所谓商业，实际上仅仅指商品买卖的行业（且被认为不创造价值），在中央政府部门设置上更是曾经分出过商业部、粮食部、物资部，而这些部实际上负责的都是商品流通的事。之后，随着经济体制改革的深入，人们对商业含义的理解也大大拓宽，认为任何经济活动均可称之为商业活动。今天，人们再也不会将书店里摆放的"商业图书"（一种以经营管理、市场交易、商界人物、经济活动为主要内容的图书类型）仅仅理解为"关于商品流通领域的图书"了。

86．（1）（2）（3）（4）（5）（6）。

弗里德曼，美国人，1976年诺贝尔经济学奖获得者，在对消费的分析和货币史与货币理论领域取得了成就。莫迪利亚尼，意大利籍美国人，1985年诺贝尔经济学奖获得者，研究了国内储蓄和金融市场的运行方式并提出了莫迪利亚尼—米勒定理。托宾，美国人，1981年诺贝尔经济学奖获得者，分析了金融市场及其与开支、就业、生产和价格的关系。西蒙，美国人，1978年诺贝尔经济学奖获得者，对复杂经济组织内部决策过程进行研究的先驱。科斯，英国人，1991年诺贝尔经济学奖获得者，发现并阐明了交易成本和产权在体制结构和经济运行中的重要性。罗伯特·默顿，美国人，1997年诺贝尔经济学奖获得者，创立了一种确定金融衍生工具的价值的新方法。

87．（1）。

88．（1）（2）（3）。

89．（1）。

90．（1）（2）（3）（4）。

91．（1）（2）（3）（4）。

92．（1）（3）（4）。

93．（1）（2）（3）。

94．（1）（2）（3）（4）。

95．（1）（2）（3）（4）（5）。

★　历史文化测试题及部分答案解说

本测试题主要用于考查银行营销人员对文史哲等人文社科知识的掌握程度。测试题全部为选择题（答案可能有一个，也可能有多个）。由于银行营销人员要同形形色色的客户打交道，与其交谈的内容必然也会天上地下，不局限于经济金融领域，因此本部分专为读者设计了若干历史文化方面的测试题，供大家参考。测试题的设计主要考虑能引起谈话者的兴趣且能显示出谈话者知识广博。对每个试题涉及的话题，读者如果感兴趣的话，可以找相关图书或查阅相关资料作进一步了解。

一、试题范围

本测试题的测试范围涉及文、史、哲相关领域。近年来此类图书大量上市，尤其是面向大众的历史类图书有很多，大家可选择感兴趣的继续拓展阅读。

二、测试题

1. 苏轼曾游览赤壁，并写下前、后《赤壁赋》。请问苏轼游览的赤壁是（　　）。

    （1）三国时赤壁大战所在地

    （2）湖北黄冈的赤鼻山

2. 在探望父亲途中，渡海溺水、惊悸而死的初唐文学家是（　　）。

    （1）王勃

    （2）骆宾王

  （3）王子安

  （4）卢照邻

3. 清华大学的前身清华学校曾设立国学研究院（"清华学校研究院国学门"）。请问国学院四大导师是指（ ）。

  （1）王国维

  （2）陈寅恪

  （3）李济

  （4）赵元任

  （5）吴宓

  （6）梁启超

4. "五四运动"时期的北京大学校址在（ ）。

  （1）沙滩红楼

  （2）燕园

  （3）康乐园

  （4）未名湖

5. 朱自清写的散文《荷塘月色》中的"荷塘"位于哪个大学里面？（ ）。

  （1）清华大学

  （2）北京大学

  （3）北京外国语大学

  （4）中国人民大学

6. 历史上的西南联合大学是由下面哪几所学校组成的？（ ）

  （1）清华大学

  （2）北京大学

  （3）南开大学

  （4）复旦大学

7. "人生百年有几，念良辰美景，休放虚过。穷通前定，何用苦张罗。命友邀宾玩赏，对芳樽浅酌低歌。且酩酊，任他两轮日月，来往如梭。"这是元曲《骤雨打新荷》中的句子，请问作者是谁？（ ）

    （1）元好问

    （2）白朴

    （3）关汉卿

    （4）马致远

8. 说晚清面临"三千年未有之大变局"的是（　　）。

    （1）曾国藩

    （2）李鸿章

    （3）严复

    （4）林则徐

9. 清朝自皇太极（太宗），共有几个皇帝（不含皇太极）？（　　）

    （1）6

    （2）7

    （3）10

    （4）8

10. 霸王别姬的历史典故流传久远。当时项羽被韩信围困在垓下，夜晚"四面楚歌"，不禁伤痛欲绝。突围后一直跑到乌江边，虽有亭长已准备好小船准备渡项羽过江，以备东山再起。但项羽愧见江东父老，遂于乌江边拔剑自刎。请问"乌江"在哪里？（　　）

    （1）安徽和县东北

    （2）安徽灵璧县东南

    （3）贵州遵义以南

11. "八百里秦川"又称"关中"，为什么它被称为"关中"呢？（　　）

    （1）因为它位于潼关以西，嘉峪关以东

    （2）因为它位于函谷关以西，大散关以东，武关以北，萧关以南

12. 我国著名学者王国维论述过治学的三种境界，依次是（　　）（　　）（　　）。

    （1）昨夜西风凋碧树，独上高楼，望尽天涯路

    （2）衣带渐宽终不悔，为伊消得人憔悴

    （3）众里寻他千百度，蓦然回首，那人却在灯火阑珊处

13. 杰克·韦尔奇在担任（　　）公司的董事长兼 CEO 时使这家公司的业务得到大幅度提升？
    （1）国际商业机器公司（IBM）
    （2）通用电气公司（GE）
    （3）霍尼韦尔国际公司

14. 以下哪些学者在敦煌学的研究上有建树？（　　）
    （1）王国维
    （2）陈寅恪
    （3）罗振玉
    （4）季羡林

15. 下面哪句诗词是毛泽东在新中国成立后写的？（　　）
    （1）大雨落幽燕，白浪滔天，秦皇岛外打鱼船
    （2）风雨送春归，飞雪迎春到，已是悬崖百丈冰，犹有花枝俏
    （3）北国风光，千里冰封，万里雪飘
    （4）横空出世，莽昆仑，阅尽人间春色

16. 您如何理解"香格里拉"？（　　）
    （1）"香格里拉"即世外桃源。作为一种社会理想，她是全人类共同的精神向往
    （2）云南丽江纳西大研古镇、玉龙雪山南坡脚下玉湖村的一方水土被誉为"香格里拉"
    （3）滇西东巴文化及当地秀美的自然风光、天然纯净的乡土气息吸引了美籍奥地利学者约瑟夫·弗兰西斯·洛克博士，一位可敬的人类学者，是他发现了香格里拉
    （4）香格里拉本是不存在的地方，但人们却对寻找香格里拉倾注了极大的热情。云南丽江古城的发现使人们找到了自己的精神家园

17. 您认为营销人员最为宝贵的财富是什么？（　　）
    （1）身体健康、心态平和
    （2）知识与经验

（3）客户众多

（4）领导认可

18. 鲁迅曾说过"懂得了（　）就懂得了中国文化的一半"。

（1）道家

（2）儒家

（3）法家

（4）佛教

19. 我国道教是由（　）创办的。

（1）张道陵

（2）老子

（3）庄子

（4）张三丰

20. 中央文献研究室和中央文献出版社都是非常有名的机构，编辑出版了很多好书。其中，"文献"的"文"和"献"分别指（　）。

（1）典籍和人事

（2）文化和贡献

（3）文化和典籍

21. 四书五经是指下列哪九本书？（　）

（1）《论语》

（2）《孟子》

（3）《大学》

（4）《中庸》

（5）《诗经》

（6）《尚书》

（7）《礼记》

（8）《周易》

（9）《春秋》

（10）《战国策》

（11）《韩非子》

（12）《左传》

22. 1928 年，蒋介石掌握大权不久，想提高自己的声望，曾多次表示
要到安徽大学去视察，但当他到校视察时，校园内到处冷冷清清，
并没有他所希望的那种隆重而热烈的欢迎场面。原因在于当时负
责安徽大学事务的（　　）具有傲骨，敢于蔑视强权，他说过一句
话："大学不是衙门。"

（1）刘文典

（2）胡适

（3）傅斯年

（4）陈立夫

23. 以下逸事是说文史大师、校勘学大师与研究庄子的专家刘文典的
是（　　）。

（1）　　　在西南联大开《文选》课，他不拘常规，常常乘兴随
意，别开生面。上课前，先由校役提一壶茶，外带一根两尺
来长的竹制旱烟袋，讲到得意处，就一边吸着旱烟，一边解
说文章精义，下课铃响也不理会。有一次，他却只上了半小
时的课，就忽然宣布说，今天提前下课，改在下星期三晚饭
后七时半继续上课。原来，那天是阴历五月十五，他要在月
光下讲《月赋》一篇。有学生追忆：届时，在校园月光下摆
下一圈座位，他老人家坐在中间，当着一轮皓月大讲《月
赋》，"俨如《世说新语》中的魏晋人物"。

（2）　　　抗战期间，有一天，日机空袭，警报响起，西南联大的
教授和学生四下散开躲避。他跑到中途，忽然想起他"十二
万分"佩服的陈寅恪身体羸弱且目力衰竭，于是便率几个学
生折回来搀扶着陈一同往城外跑去。他强撑着不让学生扶
他，大声叫嚷着："保存国粹要紧！保存国粹要紧！"让学生
们搀着陈先生走。这时，只见他平素蔑视的新文学作家沈从
文也在人流中，便顾不得自己气喘如牛，转身呵斥道："你
跑什么跑？我刘某人是在替庄子跑，我要死了，就没人讲

《庄子》了！你替谁跑?"

（3）　　　1909 年，他在上海为清朝两江总督端方逮捕革命党充当暗探。当端方调任直隶总督后，他随任直隶督辕文案、学部谘议官等职。1911 年又随端方南下四川，镇压保路运动。1915 年 8 月，他又与杨度等人发起成立筹安会，为袁世凯称帝鼓吹。

（4）　　　有一次，他在课堂上兴起，谈及胡适和白话文说：白话与文言谁优谁劣，毋费过多笔墨，比如胡适的妻子死了，家人发电报通知胡适本人，若用文言文，"妻丧速归"即可；若用白话文，就要写成"你的太太死了，赶快回来呀" 11 个字，电报费要比用文言贵两倍，全场捧腹大笑。

24. 他生前，章太炎曾多次劝他著书立说，但终不为所动，因为他有一句经典名言：五十之前不著书。他去世时刚好年仅 50 岁。他虽未出版任何著作，却成为海内外公认的国学大师。他是（　　）。

（1）黄侃

（2）钱钟书

（3）钱玄同

25. 现代诗人卞之琳有一首著名的短诗《断章》："你在桥上看风景，看风景的人在楼上看你。明月装饰了你的窗子，你装饰了别人的梦。"这首诗意蕴丰富而又朦胧，与下面这句"我见青山多妩媚，料青山见我应如是"有异曲同工之妙。请问后一句词的作者是（　　）。

（1）辛弃疾

（2）文天祥

（3）岳飞

（4）叶灵凤

26. 以下关于《史记》正确的叙述是（　　）。

（1）是由司马迁撰写的中国第一部纪传体通史。

（2）是二十四史的第一部。

（3）该书记载了我国从传说中的黄帝到汉武帝太初四年长达3000年左右的历史。

（4）《史记》最初没有书名，或称"太史公书"、"太史公传"，也省称"太史公"。

（5）该书与《汉书》（班固）、《后汉书》（范晔、司马彪）、《三国志》（陈寿）合称"前四史"。

（6）该书与宋代司马光编撰的《资治通鉴》并称"史学双璧"。

27. "而妨功害能之臣，尽为万户侯；亲戚贪佞之类，悉为廊庙宰。"这句话是哪篇文章中的名句？（　　）

（1）李陵的《答苏武书》

（2）司马迁的《报任少安书》

（3）杨恽的《报孙会宗书》

（4）李白的《与韩荆州书》

28. 以下哪些文章是陶渊明写的？（　　）

（1）《五柳先生传》

（2）《放鹤亭记》

（3）《丰乐亭记》

（4）《严先生祠堂记》

29. "文起八代之衰"是用来描述谁的？（　　）

（1）韩愈

（2）苏轼

（3）欧阳修

（4）王安石

30. "竹林七贤"指的是魏晋时期的七位名士，包括嵇康、阮籍、山涛、向秀、刘伶、王戎及阮咸。请问"竹林"位于今天的什么地方？（　　）

（1）绍兴

（2）扬州

（3）焦作

（4）陕西省长安县

31. 20 世纪 20 年代初，朱自清、夏丐尊、丰子恺等曾执教白马湖畔的春晖中学，使得该学校声名鹊起，遂有"北南开，南春晖"之说。请问该学校位于今天的什么地方？（ ）

（1）浙江绍兴上虞区

（2）浙江杭州

（3）浙江宁波

32. 中央工农红军长征集结地是哪里？（ ）

（1）于都县

（2）大余县

（3）瑞金

（4）兴国

33. 南京国民政府中央研究院第一任院长是（ ）。

（1）蔡元培

（2）傅斯年

（3）李大钊

（4）陈序经

34. "安徽"的名称是怎么来的？（ ）

（1）取"安庆"和"徽州"各一字组成

（2）取"使徽地安定"之地

35. 我国著名学者李泽厚认为，与西方不同，中国文化的精神是（ ），即不谈论、不构想此世间的形上世界（哲学）或天堂地狱（宗教），而呈现为"实用理性"和"情感本体"。

（1）罪感文化

（2）耻感文化

（3）乐感文化

36. 下列哪些城市被列入第一批国家历史文化名城？（ ）

（1）曲阜

（2）遵义

　　（3）景德镇

　　（4）北京

37. 我国的旅游标志是（　　）。

　　（1）"马踏飞燕"

　　（2）秦始皇兵马俑

　　（3）敦煌莫高窟

　　（4）红山文化"玉龙"

38. 我国著名的四大传说是指（　　）。

　　（1）白蛇

　　（2）孟姜女

　　（3）梁山伯与祝英台

　　（4）董永和七仙女

　　（5）八仙过海

39. "洛阳纸贵"的故事说的是（　　）。

　　（1）左思写成《三都赋》

　　（2）班固写成《两都赋》

　　（3）张衡写成《西京赋》

　　（4）司马相如写成《子虚赋》

40. 纪晓岚编撰的《阅微草堂笔记》是一种什么小说？（　　）

　　（1）志怪小说

　　（2）神话小说

　　（3）励志小说

41. 抗日战争时期，大后方的教育文化中心有"三坝"之说。"三坝"
　　指的是（　　）。

　　（1）重庆沙坪坝

　　（2）成都华西坝

　　（3）汉中鼓楼坝

　　（4）宜昌葛洲坝

三、参考答案及部分答案解说

1. （2）。

苏轼游览的赤壁不是三国时期魏、蜀、吴进行赤壁大战的赤壁，但苏轼误以为自己游览的"赤壁"就是进行赤壁大战的赤壁，并写下了千古名篇前、后《赤壁赋》。

2. （1）（3）。

王勃，字子安，因此王勃和王子安是同一个人。当时王勃的父亲在交趾（今越南河内附近一带）做县令，王勃前去探望，途径南昌，遇到都督阎某在滕王阁宴请宾客，王勃受邀参加，即席写下《滕王阁序》。其中有诸多佳句，值得反复诵读，如"落霞与孤鹜齐飞，秋水共长天一色。渔舟唱晚，响穷彭蠡之宾；雁阵惊寒，声断衡阳之浦。""天高地迥，觉宇宙之无穷；兴尽悲来，识盈虚之有数。""关山难越，谁悲失路之人；萍水相逢，尽是他乡之客。""老当益壮，宁移白首之心？穷且益坚，不坠青云之志。""非谢家之宝树，接孟氏之芳邻。"等等。

3. （1）（2）（4）（6）。

我们常听人谈起"清华大学国学研究院"，其实清华设立国学研究院时还未由"学校"改为"大学"。

4. （1）。

燕园是原燕京大学的校址所在地。新中国成立后，燕京大学作为教会大学被取消，北京大学迁入燕园，成为北京大学的新校址。康乐园是原岭南大学的校址所在，后岭南大学被并入中山大学，康乐园也成为中山大学校址所在地。未名湖是现在的北京大学校内的一个小湖，但名气很大，甚至成为北京大学的代名词。

5. （1）。

朱自清写《荷塘月色》时是清华大学的教授，荷塘是朱自清经常路过的一个池塘，一到夏天，里面遍布荷花。新中国成立前，我国的著名大学基本上都是综合性的，清华大学也设有中文系。新中国成立后，我国学习苏联，大学大都办成了专科型大学，如清华大学变成了纯理工科大学。改革开放后，我国的大学才又向综合化方向转型，如清华大学重建了外语系、中文系、历史系、哲学系等。

6．（1）（2）（3）。

抗日战争爆发后，大批大学及科研院所内迁。其中较为著名的当属清华、北大和南开。这三所大学组成西南联合大学，在艰难世事中继续办学，并取得举世瞩目的成绩。抗战胜利后，西南联合大学解散，这三所大学陆续迁回原址继续独立办学。西南联合大学也成历史，但其蕴涵的报国精神常年激励着后人。三校回迁后，在西南联合大学昆明校址上成立云南师范大学。

7．（1）。

元好问是金宣宗兴定五年（1221年）的进士。金为元所灭后，他归隐山林，不再走仕途。他抱着为国存史的心愿，收集整理了很多珍贵的金代史料。他虽未能参修《金史》，但他收集的金代史料，却被《金史》大量采用。其他三人均为元曲写作高手，有大量优秀散曲存世。白朴曾作《阳春曲·知己》，有"知荣知辱牢缄口，谁是谁非暗点头。诗书丛里且淹留。闲袖手，贫煞也风流。"之句，关汉卿曾作《四块玉·闲适》，有"意马收，心猿锁，跳出红尘恶风波，槐阴午梦谁惊破？离了名利场，钻进安乐窝，闲快活。"之句，均表达了厌倦名利、追求归隐生活的心态。马致远最为著名的散曲当属《天净沙·秋思》："枯藤老树昏鸦，小桥流水人家，古道西风瘦马。夕阳西下，断肠人在天涯。"元代散曲作者中较著名的还有王实甫、孙周卿、徐再思、张可久、薛昂夫、张养浩等。

8．（1）。

曾国藩是晚清重臣，以书生身份回到湖南老家兴办团练，在镇压太平军起义中建立奇功。虽有能力取代清廷自立为帝，但恪守儒家伦理而解散湘勇，为同治中兴之关键人物。太平天国之所以引起以曾国藩为代表的读书人的反对，关键是因为洪秀全信奉自己所创立的拜上帝会而反对儒家倡导的伦理纲常，这就直接动摇了中国的文化根基。

曾国藩晚年在督办天津教案时因未顾忌世人及民众情感而饱受时人非议。近代以来，自曾国藩以后，在争取民族独立及历次革命活动中，湖南人才辈出，以至于说出"要想中国灭亡，非湖南人死绝"之语。毛泽东、蒋介石等人均推崇曾国藩。近年来，《曾国藩家书》非常流行，其治家格言及做法被很多人效仿。

9. （3）。

清代共有 10 个皇帝在位，即世祖顺治皇帝、圣祖康熙皇帝、世宗雍正皇帝、高宗乾隆皇帝、仁宗嘉庆皇帝、宣宗道光皇帝、文宗咸丰皇帝、穆宗同治皇帝、德宗光绪皇帝、宣统皇帝溥仪。清代皇帝大都励精图治，比明朝皇帝总体要好一些，就连在鸦片战争中战败不得不与英国签署《南京条约》并割让香港的道光皇帝，也是一个非常节俭的人，龙袍上经常有补丁，很多大臣不敢穿华丽的衣服，只好到市场上去买旧衣服，结果导致市场上旧衣服比新衣服还要贵。

10. （1）。

虽然贵州遵义以南也有条江叫乌江，且因红军长征期间强渡该江而著名，但贵州遵义以南的乌江却不是项羽自刎的乌江，项羽自刎的乌江在今安徽和县东北。现在该地行政机构建制有乌江镇，项羽的爱妃虞姬死后被埋在垓下附近，垓下位于今天安徽灵璧县。现在虞姬墓尚存。又，灵璧以出产灵璧石著称于世。灵璧以西不远有宿县大泽乡，为秦末陈胜、吴广起义处。

11. （2）。

我们对函谷关都很熟悉，老子出关即是出函谷关。大散关位于秦岭南麓西端的宝鸡市，武关位于陕西丹凤县，而萧关位于今宁夏固原地区。

12. （1）（2）（3）。

13. （1）。

14. （1）（2）（3）（4）。

这四人在敦煌学研究上均成就斐然。王国维是著名的国学大师，后投湖自尽；陈寅恪精研语言、历史，特别是东方古文字，最早提出

"敦煌学"这一概念，新中国成立后任中山大学教授，是中国知识分子学术风骨的典型代表；罗振玉是较早研究敦煌学的学者之一，但他后来到伪满洲国任职，做了汉奸；季羡林是北京大学著名教授，精通吐火罗语，也是一位国宝级大师。对敦煌学的研究，起始于藏经洞的发现，但发现藏经洞，对中国人来讲却是一段伤心的历史。斯坦因、华尔纳等西方人以卑劣的手段从藏经洞盗窃走本应属于中国的大量文物。

15.（1）（2）。

"大雨落幽燕"句为1954年所作，是《浪淘沙·北戴河》中的句子；"风雨送春归"句为1961年所作，是《卜算子·咏梅》中的句子；"北国风光"句为1936年所作，是《沁园春·雪》中的句子；"横空出世"句为1935年所作，是《念奴娇·昆仑》中的句子。

16.（1）（2）（3）（4）。

17.（1）。

作为一名营销人员，拥有众多的客户无疑非常重要，因为这是营销人员作为职业人士最为成功的象征。拥有丰富的知识与经验，可以有效地帮助营销人员开拓业务，因而也比较重要。营销人员经过努力工作，取得较大成绩，得到领导的认可，是营销人员非常得意的事情。但从本源上来看，什么也比不上自己的健康重要，身体健康、心理健康才是人生最为宝贵的财富。如果在金钱、地位、别人的认可等方面让人选择，99%以上的人肯定会选择健康。当营销人员随着人生阅历的增加、年龄的增长，对这一问题的认识将会更加深刻。

18.（1）。

19.（1）。

道教是由张道陵于东汉末年在今四川大邑县创立的。当时叫五斗米教。道教尊奉道家的创始人老子为先祖，直接从道家学说中吸取营养，但道家学说并不是道家。

20.（1）。

21.（1）（2）（3）（4）（5）（6）（7）（8）（9）。

22.（1）。

鲁迅在其杂文《知难行难》中也曾提到这件事："安徽大学校长刘文典教授，因为不称'主席'而关了好多天，好容易才交保出外。"

23.（1）（2）。

为清廷充当暗探的是经学大师刘师培。以胡适来说白话文与文言文优劣的是著名语言文字学家黄侃。

24.（1）。

25.（1）。

这是南宋著名词人辛弃疾《贺新郎·赋水仙》中的名句。原词全文如下："邑中园亭，仆皆为赋此词。一日，独坐停云，水声山色竞来相娱。意溪山欲援例者，遂作数语，庶几仿佛渊明思亲友之意云。甚矣吾衰矣。怅平生、交游零落，只今馀几！白发空垂三千丈，一笑人间万事。问何物、能令公喜？我见青山多妩媚，料青山见我应如是。情与貌，略相似。一尊搔首东窗里。想渊明《停云》诗就，此时风味。江左沉酣求名者，岂识浊醪妙理？回首叫、云飞风起。不恨古人吾不见，恨古人不见吾狂耳。知我者，二三子。"

26.（1）（2）（3）（4）（5）（6）。

27.（1）。

本题列举的四篇文章都是名篇。每篇文章中都有脍炙人口的佳句值得反复吟读。之所以出此题，是希望广大客户经理多读一些古文。我认为，相对于现代文而言，古文的名篇语言简练，含义丰富，篇幅虽短但意蕴深厚。

28.（1）。

该文实际是陶渊明对自己的写照。刻画了一个生活窘迫但又乐观豁达的读书人形象。尤其是其中的"闲静少言，不慕荣利。好读书，不求甚解；每有会意，便欣然忘食。"成为千百年来读书人追求的境界。

29.（1）。

"文起八代之衰"这句话是苏轼在《潮州韩文公庙碑》中对韩愈

的赞誉，赞扬他发起古文运动，重振文风的历史勋绩。"八代"指的是宋、齐、梁、陈、魏、齐、周、隋。这"八代"时期，骈文风气大盛，不分内容场合，几乎无文不骈、无语不偶，走向了形式主义歧途；内容上大多风花雪月，儿女情态，无病呻吟，趋于堕落。因此，到了唐代中叶，韩愈等人发起了声势浩大的古文运动，主张用散句单行的形式写作散文，使这种散文逐渐代替了此前的骈文，并持续千百年。

30. （3）。

稽康等七人当时常在山阳县竹林之下，喝酒、纵歌，肆意酣畅，故称竹林七贤。当时的山阳县位于今天的河南焦作市。焦作市下辖有山阳区，山阳区为古山阳城所在地。

31. （1）。

1908 年，上虞富商陈春澜捐银五万两，在小越横山创办春晖学堂；1919 年，近代著名教育家、民主革命家经亨颐偕同乡贤王佐，又征得陈春澜二十万银圆续办中学。春晖中学首开浙江中学界男女同校之先河。夏丏尊、朱自清、朱光潜、丰子恺、刘薰宇、张孟闻、范寿康等先后在此执教，实行教育革新，并积极推行"人格教育"、"爱的教育"、"感化教育"、"个性教育"等教育思想。蔡元培、黄炎培、胡愈之、何香凝、俞平伯、柳亚子、陈望道、张闻天、黄宾虹、叶圣陶等来此讲学、考察，推行新教育、传播新文化。朱自清曾作《春晖的一月》、《白马湖》等散文，记录其所见到、所生活过一段时间的春晖中学及附近的白马湖。

32. （1）。

于都县是赣南第一支正规工农武装、第一块红色根据地、第一个县级红色政权的诞生地，是中央苏区时期中共赣南省委，赣南省苏维埃政府所在地，也是中央红军长征集结出发地、中央苏区最后一块根据地、南方三年游击战争起源地、长征精神的发源地、中央苏区全红县之一和苏区精神的形成地之一，共诞生了 16 位共和国将军。1934 年，中央革命根据地 8.6 万红军主力从于都县的于都河上 8 个渡口渡河，踏上震惊世界的二万五千里长征路。当时，河上没有一座桥，是通过搭浮桥、摆渡船，红军才渡过河开始长征的。于都县过去称作雩都县，以境内有雩山而得名。1957年，因字生僻，雩都县改为于都县。

33. （1）。

1927年4月17日，国民党中央政治会议第七十四次会议上，李石曾提出设立中央研究院议案。次年4月10日，《修正国立中央研究院组织条例》颁布，规定国立中央研究院为中华民国最高科学研究机关。宗旨为"实行科学研究，并指导、联络、奖励全国研究事业，以谋科学之进步，人类之光明"。研究范围包括数学、天文学与气象学、物理学、化学、地质与地理学、生物科学、人类学与考古学、社会科学、工程学、农林学、医学等十一组科学。4月23日，特任蔡元培为院长。6月9日，第一次院务会议在上海东亚酒楼举行，宣告中研院正式成立。抗战期间中研院曾西迁昆明、桂林、四川李庄等地。1948年3月26日中研院院士选出，共81人。1949年，国民政府败退台湾。除历史语言研究所的全部以及数学研究所的部分共两千多箱重要图书、文物、仪器、设备运到台湾外，其余研究所皆留置祖国大陆，并成为后来"中国科学院"的主体。迁台后的"中研院"由于多数院士及第一次院士会议所选出的第三届评议员32人都留在祖国大陆或留置国外，在台者仅有吴大猷、朱家骅、凌鸿勋、李先闻、吴敬恒、胡适、傅斯年、李济、董作宾、王世杰、王宠惠等人，不足法定人数，使得"中研院"陷入半停顿状态。后来，台湾国民党当局又陆续建成相关研究所，"中研院"始得重新运行。傅斯年（1896～1950年），字孟真，山东聊城人，又称"傅大炮"，为著名历史学家、五四运动游行时扛大旗者、中央研究院历史语言研究所创办者。抗战胜利后西南联合大学解散，傅任北京大学代理校长，认定"汉、贼不两立"，严格执行他所说的"北大决不录用伪北大的教职员"。1938年，傅担任国民参政员后，曾两次上书弹劾行政院院长孔祥熙。孔的继任者宋子文也难逃此数。傅斯年写了《这个样子的宋子文非走不可》，成为名文。随国民党撤退到台湾后任台湾大学校长，于1950年12月20日因脑出血猝死。傅所提出的"上穷碧落下黄泉，动手动脚找东西"的历史学研究原则影响深远。陈序经（1903～1967 年），字怀民，海南文昌县人。著名的历史学家、社会学家、民族学家、教育家。陈序经虽然是一个地道的中国传统君子的形象，却在 20 世纪 30 年代席卷全国的文化论战中主张"全盘西化"。其作为教育家，最为辉煌的莫过于在 1948 年 8 月 1 日出任岭南大学校长后，很快就把这所当时广东最好的大学之一（当时广东只有两所大学，另一所为中山大学）办成了国内最完善的大学之一，一些院系（如医学院）达到国内一流或最佳水平，拥有了一批国内、国外著名的学者、教授和专家。著名历史学家陈寅恪教授就是在陈掌舵岭南大学时被陈聘请到岭南大学的。1952 年夏岭南大学被取消后，陈序经曾任中山大学副校长、暨南大学校长（不到两年）、南开大学副校长等职。

34.（1）。

我国各地的地名大都有较深含义，值得探究。试举例若干如表 3－1 所示。

表 3－1　部分地名由来

地名	名称由来	下属部分地市名称由来
北京	明朝建立后，朱元璋将首都定在南京。后朱棣从他侄儿手中夺得政权后，将首都迁到这里，故称北京。	东城：地处东直门以内得名。
		西城：地处西直门以内得名。
		崇文：地处崇文门外得名。
		宣武：地处宣武门外得名。
		朝阳：地处朝阳门外之东得名。
		海淀：因为明代是一片水草茂盛的沼泽之地，并有人定居，故称。
		通州：运河北端的终点，取"运河漕运通畅周济"之意。
		顺义：县城"地位高亢"，像一座磨盘，四周为平坦的田地，磨盘之上也为平坦的田地，"四去皆然，顺义以此得名"。
		平谷：因其地形三面环山，中间是平原而得名。
		怀柔：出自《诗经·周颂·时迈》中的"怀柔百神"，意思是招来安抚。
		房山：取名于境内的大房山。
		门头沟：设区时因圈门至风口鞍有条沟叫门头沟，是因沟得名。
		昌平："汉齐悼惠王子印以昌平侯立为胶西王，县名始见于此。"
		密云：因临近密云山而得名。

续表

地名	名称由来	下属部分地市名称由来
山东	山东之称，古指关东，或指太行山以东，后专指齐鲁地区。	济南：因在济水之南而得名。
		青岛：因树木繁多，四季常青而得名。原为一渔村名。
		淄博：因临淄与博山而得名。
		枣庄：因多种枣树而得名。
		东营：因唐太宗东征时，曾在此安营扎寨，设东营、西营而得名。
		潍坊：因潍县与坊子区而得名。
		烟台：明洪武年间，为防海寇侵扰，在芝罘设狼烟墩台，又称"狼烟台"，烟台由此得名。
		威海：明洪武年间，为防倭寇侵扰，设威海卫，取"威震海疆"之意。
		济宁：因希望济水之宁避免水灾泛滥而得名。
		泰安：取"国泰民安"之意。
		日照：宋置日照镇，属莒县，取"日出初光先照"之意。
		莱芜：因境内居住有莱族与芜族而得名。
		临沂：因境内沂河而得名。
		德州：因德水（黄河）得名。秦代曾改称黄河为德水。
		聊城：因古有聊河而得名。
		滨州：因濒临渤海而得名。
		菏泽：因天然古泽得名。为济水所汇，菏水所出，是沟通古济、泗两大水系的天然湖泊，今湮。
安徽		取安庆和徽州两府的首字而得名。因安庆境内有座皖山，又有皖河绕流其间，春秋时期这里曾有过一个皖国，安徽简称"皖"即出于此，因此，人们常说安庆为安徽之源。关于徽州的名称，有三种说法：一是因在绩溪县境内有徽岭与徽溪，二是因在绩溪县境内有"大徽村"，三是"清弘历《徽州府志》记载：'或云：徽，美也，故以为名。'"徽州境内古县较多，名称也各有来头，如：婺源"以婺州水之源，因名"；祁门"以其县东北有祁山、西南有阊门，乃合名祁门。"；绩溪因县境内"北有乳溪与徽溪相去一里并流，离而复合，有如绩焉。"汤显祖一曲："欲识金银气，多从黄白游；一生痴绝处，无梦到徽州。"道出了徽州的美艳凄绝。
江苏	江苏取江宁、苏州两府的首字而得名。	盐城：汉武帝元狩四年（公元前119年）建立盐渎县，当时这里遍地皆为煮盐亭场，到处是盐河，"渎"就是运盐之河的意思。东晋安帝义熙七年（公元411年）时更名为盐城县，以"环城皆盐场"而得名。
		南通：在秦代的时候首次设置县，当时叫通州县，历史上也多半称通州，到了明代，把都城定在了北京，北京现在有一个区，叫作通州区，也叫做通州，那么就有两个通州了，由于南通处在南边，所以就称作"南通"。

地名	名称由来	下属部分地市名称由来
江苏	江苏取江宁、苏州两府的首字而得名。	苏州：公元前 522 年，秦始皇在吴都城设会稽郡、吴县，自此，当时的苏州称为吴县，或有时称为吴州。公元 589 年，隋改吴州为苏州（以苏州城西姑苏山得名。另姑苏山由吴王阖闾建姑苏台得名，现山上仍有遗迹）。
		扬州：别称淮扬。扬州取"州界多水，水波扬也"之意。
浙江	境内最大的河流钱塘江，因江流曲折，称之江，又称浙江，省以江名，简称"浙"。	绍兴：南宋赵构皇帝被金人所逼，于公元 1131 年逃至越州，心情转好，觉得江山会被收复，所以说了一句"绍祚中兴"，并改元为绍兴，越州就成了绍兴。
		杭州：《太平寰宇记·江南东道五》："杭州在余杭县，盖因其县以立名。"
		湖州：隋文帝仁寿二年（公元 602 年），置州治，以滨太湖而名湖州，湖州之名从此始。
福建	以福州、建州各取一字得名。	三明：1956 年 7 月，三元、明溪两县合并时，各取两县原名的首字，合为"三明"作为新建县名，并一直被沿用下来。
河南	因大部分地区位于黄河以南而得名。	南阳：《资治通鉴·周纪五·赧王四十三年》载："秦置南阳郡，以在南山之南，汉水之北也"。
		洛阳：因"洛水之阳"而得名。
		安阳：安阳之名，始于战国末期。古时以水北山南为阳，以其在淇水之北，故名安阳。
湖北	因大部分地区位于洞庭湖之北而得名。	孝感：因东汉孝子董永卖身葬父，行孝感天动地而得名。
		咸宁：宋真宗景德四年（1007 年），为避宋太祖永安陵讳，取《易·乾象》"万国咸宁"之义易名咸宁，寓大家都安宁之意。
甘肃	甘肃省的名字来源于古时的甘州与肃州，这两个地区都位于河西走廊。甘州即今日之张掖市，肃州即今日之酒泉市。	天水：因"天河注水"传说而得名。
		武威：西汉初该地为匈奴所占，公元前 121 年，汉武帝派霍去病征服该地，为了纪念这一胜利，把该地命名为武威，并设武威郡。
		定西：宋时称兰州附近的西头城为定西城，含"安定西边"之意。
		临夏：因其靠近大夏河而得名。与山西临汾地名的由来类似。

35．（3）。

这是李泽厚在《论语今读》一书中分析"学而时习之，不亦说乎？有朋自远方来，不亦乐乎？人不知而不愠，不亦君子乎？"一句时所认为的。

36．（1）（2）（3）（4）。

经国务院批准，我国于 1982 年 2 月 28 日公布了第一批 24 个国家历史文化名城。1986 年 12 月 8 日公布第二批 38 个国家历史文化名城。1994 年 1 月 4 日公布第三批 37 个国家历史文化名城。此后又陆续增补了一些国家历史文化名城。除我们耳熟能详的一些大城市外，一些中小城市也位列其中，如安徽省绩溪县、歙县、寿县、亳州市，河南省凤凰县、浚县，山东省青州市、蓬莱市、曲阜市，云南省会泽县、建水县、巍山县，新疆库车县，西藏江孜县，山西省祁县、伐县、新绛县、平遥县，河北省正定县、山海关区，贵州省镇远县，福建省长汀县等。

37．（1）。

"马踏飞燕"又名"马超龙雀"、"铜奔马"，为东汉青铜器，1969 年出土于甘肃省武威雷台汉墓。"马踏飞燕"自出土以来一直被视为中国古代高超铸造业的象征，并于 1985 年以"马超龙雀"这个名称被国家旅游局确定为中国旅游业的图形标志。武威市也因此被雅称为"中国旅游标志之都"。武威古称凉州，六朝时的前凉、后凉、南凉、北凉，唐初的大凉都曾在此建都。著名的凉州词、曲，西凉乐、西凉伎都在这里形成和发展。

红山文化玉龙有"中华第一龙"的美誉，于 20 世纪 70 年代在赤峰市翁牛特旗三星他拉出土，该大型玉龙产生年代距今 5000 余年，现被设计成华夏银行行徽和赤峰市市徽的主要组成部分。

38．（1）（2）（3）（4）。

39．（1）。

"三都"指的是三国时魏都邺城、蜀都成都和吴都南京。

40.（1）。

《阅微草堂笔记》为清朝文言短篇志怪小说，由纪昀（纪晓岚）于清朝乾隆五十四年（1789 年）至嘉庆三年（1798 年）年间以笔记形式所编写。纪昀还是《四库全书》的总纂官。《阅微草堂笔记》一书与袁枚的《子不语》一书齐名。

41.（1）（2）（3）。

华西坝因处于天府之国的成都，故被誉为"天堂"，中央大学所在的沙坪坝，被戏称为"人间"，而汉中鼓楼坝因条件较差而被称为"地狱"。

★　实战演练

　　掌握有关知识与技能的目的在于将其运用到拓展客户的实际工作中去。本部分，我们提供了两个企业的背景资料，供营销人员模拟作业。设置本部分的目的在于测验一下营销人员实际作业水平的高低，营销人员应凭借自己的实际经验及掌握的知识、技能，设计完善、科学、能打动客户的作业报告或者服务方案。需要说明的是，调查技能、谈判技巧、资料收集等还需要营销人员在实践中加以磨炼。我们在这里假设营销人员已掌握了这些技巧，下述材料即是通过调查而获得的，营销人员只需要根据这些材料对企业作出评价并设计出作业方案或服务方案就行了。当然，营销人员可能会觉得了解一个企业的全部情况仅依赖下述材料还不够，那么请营销人员列明尚需哪些材料。做这样的思考，也有利于营销人员提升自己的分析能力。

　　在每个企业材料的后面，我们都列出了一些思考的问题。营销人员在设计方案时，可针对这些问题展开。

一、专业性案例

（一）背景材料

　　专业物流企业在提高效率、降低成本乃至提高社会整体资源配置效率等方面作用显著，专业化物流服务被越来越多的企业所接受；国内物流企业发展迅速，但大都为过去的物资仓储企业改制而成，真正有竞争力的不多。综合来看，陆运物流股份有限公司（简称"陆运物流"）既面临着难得的发展机遇，又遇到了激烈的市场竞争。

　　陆运物流是陆运集团（有铁路背景）在对其内部物流资源进行整

合基础上发起设立的一家集团性三方物流公司。在宁波、绍兴、温州、杭州、金华、嘉兴、湖州、上海等地拥有 15 个区域分公司和 1 个提供信息技术支持的控股子公司，自有区域配送中心达 20 个，作业部近 200 个，可利用仓储面积 140 万平方米，专用线 140 条且均与铁路干线连接，各储运基地覆盖全国主要城市和交通枢纽。鉴于该物流公司刚刚成立，尚未开展实质性业务运作，故暂无财务报表。①集团划拨过来的优质资产以及集团丰富的物流运作经验与业绩；②陆运物流高管全部来自陆运集团；③已形成总分公司形式的集团架构；④丰富的客户资源，该公司刚一成立就引起业界注目。鉴于上述特点，陆运集团成立陆运物流的目的除整合内部物流资源以进一步发挥自身优势外，另一目的就是争取上市，打通与资本市场的通道。

陆运物流本部设有总经理办公室、证券部、投资开发部、物流事业部、财务部、发展规划部、人力资源部等部门，业务范围以仓储保管为主，涉及陆路运输、配送、货代及物流一体化解决方案（包括采购管理、节点规划、仓储管理、人员培训、供应链管理、法律服务）等。目前，该公司客户主要集中在大型生产企业原料及产成品的物流方案设计及实施，中国家电、IT 行业知名品牌的全程物流，外贸企业产品的跨区及终极配送，零售及连锁商业的后勤物流等领域。

陆运物流基于控股子公司的技术支持，开发了陆运物流网，搭建了陆运物流与客户合作的物流信息技术平台，确立了构建现代物流枢纽中心的发展目标，拟于近期通过收购一批物流仓储企业壮大实力，依靠物流信息和物流运作两个平台树立在国内物流市场上的领导地位。

（二）作业要求

（1）假设上述材料是营销人员初步整理得到的。如要进一步介入此客户，您认为尚需收集哪些资料？从哪些方面对客户进行分析以确定合作价值？

（2）假设该客户有很大的合作价值，请进行以下两项：①写出提交给客户的服务方案，包括服务内容、服务方式、服务条件、服务建议等。②写出自己的工作方案，包括整体设想、服务方式与目标、人员配备及每人职责、时间进度、作业流程、营销策略、风险控制等。

二、综合性案例背景材料

本案例中,我们设计了 GMCC 和银行两个市场主体。我们将本案例划分成三个阶段,营销人员在阅读完每一阶段的资料后,根据要求完成相关作业。

(一) 第一阶段的背景材料及作业要求

1. 企业有关资料

GMCC 为国有独资的中型印刷企业,主要产品为金融票证和一般印刷产品,拥有处于世界先进水平的制版和印刷设备,在技术力量、工艺装备、生产配套能力等方面居于国内同行业前列,担负着印制各种有价证券的重要任务。

该企业经营比较稳定,经济效益也在不断增长,且该企业拥有自己的科研机构——印刷技术研究所,该所产品开发能力较强。

制约该企业进一步发展的问题主要有以下 6 点:①难以摆脱国有企业的机制,效率难以提高。②缺乏使企业规模进一步扩大的资金来源。③产品结构有待进一步优化。④有待于导入科学的决策管理体系。⑤该企业主要负责小额钞票和一些地方性金融票证的印刷,任务不是非常充足。这部分业务基本可以维持企业生存。⑥由于设备的配套性有待于进一步提高,该企业尚不能生产一些附加值较高的印刷产品。其中最根本的是机制转换和低成本的资金来源渠道两个问题。

该企业在本银行仅开有辅助账户。

本阶段主要财务数据如表 3-2 所示。

表 3-2 第一阶段主要财务数据

项目	数值
主营业务收入(万元)	79000
主营业务利润(万元)	29000
利润总额(万元)	5600

项目	数值
净利润（万元）	4300
流动比率	1.34
速动比率	0.75
资产负债率（%）	67.5
应收账款周转率（次）	11.4
存货周转率（次）	3.57

企业所在行业的情况如下：

（1）有价票证印刷。有价票证印刷既有计划的因素，也有市场竞争的因素。例如钞票的印刷，主要受指令性计划的影响；票证、债券等的印刷，则由中国人民银行划定区域；银行、海关等的票据印刷，基本上是市场竞争的结果。由于受政策因素影响的敏感性较大，因而其收入与利润的波动幅度也较大。

（2）印刷包装。从国际市场情况看，全球包装印刷业有58000多个厂商，雇用员工人数150多万，每年薪金支出超过了330亿美元。全球印刷包装厂家中，80%～85%的企业员工人数在20人以下。商业印刷占全行业销售收入总额的32.9%，但呈逐年递增态势。加拿大、墨西哥、欧共体和日本的出口额最高，占了全球的70%以上，而进口额也占了全球的80%。

从国内市场情况看，我国包装业在国民经济中的地位与作用得到迅速提高。随着外向型经济的日益壮大，产品出口为包装印刷业创造了巨大的市场前景。而且随着国际市场竞争的日趋激烈，出口产品对包装印刷的要求也从式样、花色、规格、材料等方面提出了新的要求。包装工业总产值及纸包装制品产量呈爆炸式增长。但包装工业企业个数超过了11000家，包装印刷工业企业个数超过了3000家（县级以上），竞争相当激烈，不仅有来自国有企业的竞争，而且有来自机制远比国有企业灵活的乡镇企业和"三资"企业的竞争。广东、山东、江苏、湖北四省所占的份额较大，为 42%。

从包装行业的发展来看，我国目前塑料编织袋、纸箱、复合软包装、金属桶的产量均居世界前列，年产值以 15% 的速度递增。市场上有 60% 的商品需要纸包装，因而同其他材料相比，纸包装制品行业的发展前景广阔，这必将带动包装印刷业的发展。根据包装行业发展规划，将鼓励包装行业的三个专项部分（包装制品多色印刷技术及设备、纸包装制品生产技术及设备、高阻隔性包装材料生产技术及设备），引进先进、适用的技术，优先安排项目与资金，对国内不能生产的关键设备，进口关税实行公开暂定税率，平均税率比法定税率平均降低 2 个百分点。

从产品导向来看，今后包装业发展的重点项目是出口商品包装、食品包装、易损、易烂及易爆产品包装和环保包装。

2. 企业需求提示

在本阶段 GMCC 对银行的需求主要为日常生产经营过程中的流动资金贷款、结算和项目投资贷款。特别是随着印刷包装行业竞争的加剧，GMCC 认识到提高产品技术含量、向高档印刷包装发展的重要性，希望能够获得银行贷款，引进国外先进的设备和生产线，推动产品的升级换代。该企业在确立了传统印刷包装产品方面的技术和设备优势之后，准备开发生产新的产品。建立在企业印刷技术优势之上的磁卡，被确定为企业今后发展的一个方向。此外，企业拟进行股份制改造，成立专门小组，计划申请发行 A 股。

3. 银行情况

本银行是一家全国性银行在 GMCC 所在市的分行，主要功能和产品有外汇贷款（单一客户外汇贷款在 500 万美元以内）、配套人民币贷款（单一客户贷款在 1000 万元人民币以内）、国际结算、人民币结算和担保（原则上不做，如做则要报上级部门批准）等。

本银行同 GMCC 高层联系密切，发生有一定数量的存贷款和结算业务。发放贷款 492.7 万美元，用于制版印刷设备机械、PS 版软件技术改造。该项目建成投产并达到预期之要求。

4. 作业要求

（1）完成对客户的分析评价，包括财务分析（编制现金流量表）、非财务分析、需求分析、客户价值评价和综合评价。

（2）完成银行能够向客户提供的金融产品和服务方案；并制作向客户营销上述产品和服务的策略、运作方案和作业流程。

（3）制订客户风险控制方案。

（4）根据上述产品和服务方案，计算一个年度内银行的综合收益。

（二）第二阶段的背景材料及作业要求

1. 企业有关资料

GMCC 采用社会募集方式改制为股份有限公司，向社会公开发行了股票，并在证券交易所挂牌上市。

企业通过改制、发行股票和公开上市，形成一个规范运作的股份制公司，确立了一套科学完善的决策管理体系和运营机制。通过资本市场募集了大量资金，有力地支撑了企业主营业务的发展，公司在磁卡和 IC 卡生产方面确定了一定的竞争优势。在夯实主业的基础上，公司开始围绕主业向相关行业延伸，并投资房地产、农业和娱乐业等副业。形成以磁卡、IC 卡系列产品、有价证券与高档包装装潢产品等三大系列的产品结构。该公司是这一阶段我国规模最大的同类产品生产企业，拥有世界一流的磁条卡和 IC 卡生产线。公司产品广泛服务于金融、商贸、交通、邮电、通信、医疗、旅游、安全、办公等领域，公司可为客户制作金融卡，包括银行专用信用卡、ATM 储蓄卡、转账卡、资金账户卡、股东代码卡；非金融卡，包括 VIP 贵宾卡、会员卡、公路卡等产品。

公司在确立主营业务优势的同时，还向主营业务相关领域，如纸制品加工、印刷材料、印刷机械维修、仓储运输、印刷技术咨询等领域扩张，并兼营房地产开发、光缆制造、娱乐和农业等。

公司在职人员总数 1000 人，离退休人员 400 人；公司决策层 6 人，全部为大专或大专以上学历；公司中层干部共有 30 人，其中大专或大专学历以上的占 50%，有各种专业职称的占 56%。中层干部大多是直接在本企业成长起来的，调入的干部中技术人员居多。

公司内部采取聘任上岗、层层承包的方式，收入和个人业绩紧密挂钩。该公司已经建立了"竞争上岗、能上能下、级别工薪"制度。劳动人事部门对车间的人员安排有建议权，没有决定权，如某一车间因为业务扩大，需要工人若干名，劳动人事部门根据车间的申请和提出的条件，向车间推荐，可能是差额推荐，但是最后录用的人数和名单由车间决定，只到劳动人事部门备案即可。

公司始终保持一部分工人处于下岗状态，给在岗者一种压力，同时在岗者和下岗者可以互相交流。对下岗职工，可以推荐工作，只发维持最低生活的补助金。在劳动报酬上，员工只有工资，而没有奖金，工资每月随成本（利润）高低、质量状况、产量状况的变化而变化，同时切实拉大员工之间的收入档次。

生产所需原料以纸张、油墨、磁条、软片为主，并需多种辅助材料，如汽油、煤油、滑石粉、橡皮布等，共计 3000 余种，进口比例较大。公司建立了颇具特色的原料供应系统。为了压缩库存，减小储备资金的占压，同时解决过去因业务不足而造成的人力、物力、财力的浪费，GMCC 将本来是公司一个职能部门的供应科分离出去，组成独立的公司——国际工贸公司，该公司同时具有保障对内供应职能和对外经营职能。国际工贸公司同 GMCC 是一种准市场关系，实行商品交换，同时又不是严格意义上的市场关系。前者承诺在保证质量的前提下，以相对优惠的价格向 GMCC 供应材料。材料采购可分为国际采购和国内采购两种。对国外材料采购，公司进出口部设有询价系统，保证优质优价；而国内材料采购却没有询价系统，以保证"货比三家"。公司有意逐步过渡到完全没有储备材料，而由国际工贸公司完全承担供应职能。储运服务部作为 GMCC 的三产企业，也具有供应职能；以资本联系或业务联系为纽带，使原来一些部门成为子公司或关联公司或者新投资组建一些公司，开始多角化经营的尝试，涉足包括房地产和光缆项目在内的其他行业，减少了市场竞争中存在的单一化经营风险。

在本阶段，公司还采取了一些重大举措，如：从国外引进模切机，从中国台湾引进上光机，组建分厂，从事印刷、糊盒、模切系列业务；在北京、上海、珠海设立了区域性办事处，基本上能够辐射国内市场（公司还在新加坡设立分公司，就地生产，就地销售或从事转口贸易，由此可以向中国台湾出口）；开始重视营销，逐步重视广告宣传在销售中的作用，发动广大职工积极承揽客户、推销产品，对一般职工给予销售金额一定比例的奖励。

公司在这一阶段仍沿袭传统工业企业财务管理模式。在公司内设有财务部，直属总经理领导。部内现有正式人员7人，其中成本核算1人，销售与税务2人，出纳、总账、记账3人。财务部对全公司没有设立预警系统指标。没有建立对经理办公会的定期报告制度，只是一年有一次预决算报告。没有公司全年的资金计划。对重大投资项目，财务部有建议权。车间或经营部内的成本核算、统计人员归属车间领导。原来内部审计归财务部领导，后来撤销。公司内不单设计划部门，其计划职能由财务部、总调度室、各经营部三个部门自行安排。

从行业环境看，磁卡在经济发达国家早已普及，并向高新技术层次发展。磁卡进入我国较晚，但发展速度很快，IC卡目前已广泛用于金融、商业、通信、邮电、交通、教育等各种领域。国家确定了磁卡、IC卡并举，优先发展IC卡的方针，这将为"卡"业公司未来的发展造成影响。从卡业所处的生命周期来看，这时属于快速成长阶段。在这个阶段，技术尚不稳定和成熟，市场进入障碍较低，而利润率高。随着新厂商的不断涌入，竞争将导致该行业在价格、服务以及营销渠道策略的变化。因此，在这个阶段，占有市场、开发与研制新技术、新产品是企业成功的关键因素。由于卡业是新兴行业，其消费领域非常广泛，因而产品促销、销售渠道以及使用功能的延伸与更新都使产业规模有扩大的可能，这种成长缺口将会给卡业带来不同的市场发展机会。

本阶段主要财务数据如表3-3所示。

表 3 - 3 第二阶段主要财务数据

项目	数值
主营业务收入（万元）	54000
主营业务利润（万元）	17000
利润总额（万元）	9000
净利润（万元）	7800
流动比率	1.83
速动比率	0.77
资产负债率（%）	48.9
应收账款周转率（次）	10.1
存货周转率（次）	1.77

2. 企业需求提示

这个时期，公司对银行贷款的需求仍然很大，贷款主要用于进一步扩大卡类产品的生产能力和对其他投资项目进行投入。此外，公司需要银行在投资项目、财务管理、资金管理、风险管理和资本运作方面提供顾问服务。对与银行建立全面深入的战略合作表现出较大兴趣。

3. 银行情况

已全面办理人民币、外汇存款、贷款、结算等商业银行业务并开始尝试通过资产重组等资本市场业务手段，对历史上形成的不良资产进行专业化运作。通过这些复杂项目的运作，银行在资本市场业务方面积累了一定经验，并培养了一批专业人才。提出全面为企业配置资金、资本和专业智力顾问服务的经营战略，并提出将顾问代理型产品作为银行的特色产品。

银行总行调整了对该分行的授权：人民币贷款额度 2000 万元，银行汇票承兑、贴现额度 1000 万元，远期信用证保证金 100%，可以单独办理顾问类业务。

引入熟悉资本市场业务和可以提供专业银行顾问业务的专业人才

1 名，包括 1 名部门经理、1 名部门副经理和 3 名一般业务人员（其中 1 名硕士、1 名注册会计师）。

这个时期银行向 GMCC 所提供的金融服务有：①发放外汇储备贷款 421 万美元，用于公司引进两条金融卡生产线和一条纸卡生产线。②提供人民币短期贷款 3000 万元。③与 GMCC 签订全面合作协议，协议项下包括 9000 万元综合授信和顾问服务，缔结了战略合作伙伴关系。

4. 作业要求

（1）分析客户第二阶段与第一阶段的异同点。

（2）其他作业要求同第一阶段。

（三）第三阶段的背景材料及作业要求

1. 企业有关资料

GMCC 的管理模式向更加合理的方向转化，把财务部门变成利润中心，把各个生产部门变成成本控制中心，为公司的规模和业务扩张提供了管理支撑。完成了三个分厂的改造，即把原来的磁卡车间改造成"磁卡分厂"；把原来的零件和胶印印刷改造成"胶印分厂"；成立盒包装厂（由原来的平面印刷改为盒印刷）。与一批国际上知名的企业签订了合作合同，如摩托罗拉、宝洁公司等。电脑表格印刷产量大幅增加。公司准备再上一条电脑表格生产线，主要负责印刷证券。主营业务投资项目有：①在石家庄与中京集团组建一个合资公司，为追求时效性，不搞土建，购买现成的可以利用的厂房。在 GMCC 本部所在市制卡，在石家庄加密，为中京集团在海外的 16 家分行服务。②中国香港有一个卡厂，系上市公司，GMCC 拟出资 15%，实现对该卡厂的控股。副业投资项目有：①接手一个半拉子工程——金环大厦，GMCC 再投资 1000 万元，即可满足建设资金的需要。②儿童乐园项目，预计投资 5000 万元。③保龄球项目，投资 2300 万元。

在本阶段，GMCC 进行了产业、产品结构的大调整，对部分分厂进行装修及生产设备的更新改造，影响了部分产品的生产进度。尽管如此，公司努力克服市场疲软等各种不利因素，积极采取措施，加大产品营销力度，降低成本，压缩开支，使利润依旧创历史同期最高水平。GMCC 的调整加大了公司主营业务的份额，提高了主营产品中高附加值产品的比重，使公司产品、产业结构更趋合理和完善，增强了公司抵御风险的能力。

公司围绕"调整"这根主线，同时发挥"产品经营、资产经营、资本经营"相结合的优势，加强综合管理，开拓产品市场，主要工作如下：①公司将继续抓好主业的生产经营，努力增收节支，提高主营收益。②实现非接触 IC 卡的批量生产和返销，使公司培育的新的利润增长点尽快产生效益。③积极推进配股工作的进程，争取早日完成。④完善营销机构，整顿营销队伍，开拓新的产品市场。⑤建立现代企业制度，实现公司可持续发展。加大改革力度，转变观念，减员增效，起用新人，在"定岗、定员、定编"的前提下，落实新的分配机制，实现"责、权、利"的统一。⑥实施 CI 工程。⑦实施人才工程，建立学习型组织。

从世界范围来看，半导体与应用电子技术的发展，使 IC 卡在西方国家得到了普及推广，以年均 22% 的发展速度递增。

从国内情况来看，我国陆续引进先进的 IC 卡封装生产线，国内 IC 卡生产厂商 30 多家，生产能力达 1.5 亿张，全国磁卡应用电子产品开发与系统集成商也超过了 500 家。如果以美国的持卡比例为计算标准，我国近 3 亿的城市人口，将产生 10 多亿张的需求；如果以中国台湾的相对城市规模来看，仅北京、上海、广州、深圳等城市的卡需求量就超过了 1.2 亿张。从磁卡市场的发展来预测，未来 3 年内，金融卡的发行量将突破 4 亿张，非金融卡的发行量将突破 6 亿张，而相关市场如计算机、通信、专用数据卡机具市场的发展，将会增加 5000 亿元的市场容量。同塑料磁卡相比，纸卡将是我国未来几年内增长潜力较大的一个市场，如果以年计算，仅交通系统年用纸卡量就有数十亿张。

本阶段主要财务数据如表 3 - 4 所示。

表 3 - 4   第三阶段主要财务数据

项目	数值
主营业务收入（万元）	110000
主营业务利润（万元）	34000
利润总额（万元）	16000
净利润（万元）	16300
流动比率	1.51
速动比率	0.84
资产负债率（%）	55.7
应收账款周转率（次）	30.2
存货周转率（次）	2.60

2. 项目资料

市造纸厂建立于 1942 年。企业的产品，以白板、黑板、灰板为主，火车票纸由于被电子软票迅速取代，导致一度是造纸厂支柱产品的火车票纸迅速萎缩。曾给企业带来滚滚利润的香烟过滤嘴纸也早已成为明日黄花。企业所需原料主要有木浆（产地为美国和加拿大）、苇浆、废纸（美国废纸和国内废纸）。此外，企业客户分散、订货数量少、随机性强，没有稳定的客户。

市造纸厂占地面积 20 亩，其中厂区 70000 平方米，河边泵房 400 平方米。土地属于国家划拨，企业仅有使用权。建筑面积 15000 平方米，年久失修，虽然造纸厂还可以勉强使用，但如换作他用，只能是拆掉重建。该厂的设备严重老化，在账设备 300 台套，主要设备 8 台，包括 4 台造纸机，4 台涂布机，其中：一号造纸机是 1990 年厂内自制，当时造价 240 万元；二号造纸机是 1993 年从市造纸五厂调剂过来的二手设备，调剂价 50 万元；一号涂布机是 1994 年 10 月从市一轻机械厂购入的，价格 164 万元，正在发挥主力作用；二号涂布机是 1988 年购入的，价格 13.9 万元，目前主要用作实验机台。该企业不仅设备严重老化，技术也已过时。如果将这四台主要设备出售，按厂方报价，一号造纸机 70 万 ~ 80 万元，但目前无买主；二号造纸机 30 万元；涂布机一号由于正在使用，价格不高于 30 万元；涂布机二号，厂方说出售较为容易，价格在 6 万 ~ 7 万元。其余设备严重老化，不具备任何重新使用价值。

企业有 2000 千伏安的电力供给；工业用水主要来自河水，日供水能力 6000 吨，生活用水是地下水，日供水能力 400 吨。市水利局每年下达河水用水指标。造纸厂年用河水 170 万吨，水价 0.25 元/吨，排污量按用水量的 80% 计算。排污费 0.36 元/吨；自来水 1.3 元/吨。

全厂共有员工 946 人，在职 617 人，退休 329 人。在职的 617 人中：内退 126 人（每人月生活费 150 元），休假 120 人，待岗、下岗 231 人（每人月生活费 50 元），在岗人员 140 人。按各类技术职称分类，高级职称：6 人；中级职称：30 人；助理级：38 人；技术员：15 人，共计 89 人。

由于生产经营情况日趋衰退。造纸厂目前基本处在半停产状态，产值日趋缩减。1995 年销售收入 4500 万元，1996 年销售收入 4000 万元，1997 年销售收入仅为 2100 万元，且从 1997 年 10 月停产，直到 1998 年 3 月中旬才恢复生产。从 1995 年至今的财务报表显示其账面利润为零，实际每年都处于亏损状态，截止到 1998 年 5 月，累计亏损额高达 806 万元。

从财务结构看，造纸厂的财务结构比较简单，总资产 2635 万元，所有者权益 582 万元，负债总额 2053 万元，由于企业的亏损额为 806 万元，企业实际上已经资不抵债，符合了破产的条件。在 2053 万元的负债中，银行借款 1500 万元，其中：长期借款 320 万元，短期借款 1180 万元。在企业的往来账款中，应收账款 196 万元（其中 90% 为坏账），应付账款 435 万元。

3. 企业需求提示

GMCC 经过上个时期的快速发展，已经步入生产经营与资本经营并重的超常规发展阶段。通过几次配送，股本得到快速扩张，市场筹资能力大大增强，市场知名度和市场形象极大提高和改善，公司已经成长为一个绩优企业。公司拟通过兼并收购和资产重组等资本市场手段，实现资本扩张，向主营业务领域相关的行业渗透，以进一步加强主业竞争优势和适度分散主业风险。

在这个阶段，公司对银行服务的需求除了日常生产经营的融资之外，更加强调对其资本运营方面的资金支持和相应的专业顾问服务。公司需要银行对其新的投资项目、兼并收购项目提供融资安排，需要对其兼并收购、资产重组和配股等提供财务顾问服务。

GMCC 由于地处市黄金地段，加上这几年业务以几何级数增长，业务的发展日益受到空间的局限。尤其是公司大力发展的非接触卡项目的引进在即，拓展空间需求强烈。由于造纸厂和 GMCC 仅一墙之隔，位于整个街区的一角，如果 GMCC 能够兼并造纸厂，则整个街区可以连成一片，利于扩大生产规模，摆脱空间束缚，且有可能使这一整片土地升值。但 GMCC 如兼并造纸厂尚需考虑以下问题：①兼并该企业需要承接其全部债务和人员。②造纸厂的厂房已无任何利用价值，需要拆除、重建，拆除和平整土地。③通过兼并取得该企业土地，仅有使用权，日后更换用途，需另外支付有关费用。④按造纸厂的预算，需要各类支出 5700 万元。⑤根据造纸企业的特点，40000 吨为最小经济规模。一吨纸产量需投资 10000 元，依此推算，年产量 40000 吨的造纸厂需投资 4 亿元。⑥根据初步测算，通过兼并造纸厂取得土地使用权所需资金最少为 3929 万元。如果考虑新建一座纸厂，则需要资金至少为 8995 万元。⑦GMCC 印刷包装用的各类纸张，包括高级书写纸、高档铜版纸、白板纸等，均属于长线产品，价格有下降的趋势，不会发生因产品短缺而延误生产的情况。

4. 银行情况

银行逐渐形成客户拓展工作的专业运作体系，正在试运行规范的营销人员制度，通过营销人员小组的方式来为核心客户提供全面金融服务。在大型客户的开发、维护和管理方面形成较成熟的运作机制和做法。

总行的授权是：人民币贷款 3000 万元，承兑贴现 2000 万元，可以办理顾问类项目。超过授权的授信项目报总行审批。

银行与 GMCC 签订了综合授信和顾问合同，授信额度 15000 万元。

5. 作业要求

（1）读者可根据所给资料，从银行向 GMCC 提供财务顾问服务的角度对兼并该企业提出建议。

（2）从投入、风险、机会成本和 GMCC 发展战略等方面对兼并造纸厂进行分析。

（3）就解决 GMCC 将来发展的地域空间限制提出建议。

兼并方案的设计要求是：

（1）对造纸厂进行投资价值分析。

（2）根据国家有关兼并政策规定，设计对该企业的财务重组，重点分析对无效资产的剥离和债务的重组。

（3）在方案中根据国家有关政策规定，设计人员剥离和安置的方法。

（4）进行效益预测和现金流量分析、盈亏平衡分析、敏感性分析、投资风险和收益分析、银行债权保全和债务偿还分析。

★ 营销业绩测定

客户的营销业绩是反映客户学习效果的最终手段，可主要通过客户拜访效果分析和实际营销业绩考核两种方法来进行。

一、客户拜访效果分析

营销人员的工作成绩是在与客户不断打交道中产生的。每次接触过后，营销人员都应当反问自己的第一个问题应当是"效果如何"。为使效果更好，营销人员应当运用一整套具体的标准来分析自己的感觉并提高作业水平，而不是仅仅凭着自己的感觉去做。也就是说，营销人员的训练应当按照具体的作业标准、以一种连续的、目标明确的、有组织的方式进行。以遵循具体方针和参照系统的标准让营销人员对自己的业务活动进行评估，是一种很有帮助的方式。

表3-5设计的"作业效果评价表"旨在帮助营销人员对每天的作业活动进行评价、分析和反省，这无疑会有助于他们销售技能的提高。

表3-5 作业效果评价表

客　户：_____　　　　作业时间：_____

　　　　　　　　　　　　　　　　　　□原有客户　　　　□潜在客户

作业目标：_____

	是	否
事前准备		
目标明确吗？	——	——
对方是否具备作为客户的条件？	——	——

续表

	是	否
所接触的人是决策者或能够影响决策者吗？		

访问开始

自我介绍效果如何？		
套近乎效果如何？		
访问目标和可能的利益表达清楚了吗？		

客户动机

客户现状与机制讨论了吗？		
（讨论产品前）客户需求是否已得到确认？		
客户的需求得到满足了吗？		

特征与利益

产品信息与客户需求联系得如何？		
传递的产品知识充分吗？		
是否将产品特征与客户利益联系起来？		

问题调查和阶段性确认

运用问题调查发掘需求和指导访问了吗？		
运用阶段性确认检测客户理解与认同程度吗？		
是否认真听取和总结客户需求或讲话？		
对话有进展吗？		

异议与反应

是否运用了异议处理模式解答客户异议？		
是否已将客户异议转化成了销售机会？		

竞争

竞争信息充分吗？		
确定竞争对手了吗？		
收集竞争信息了吗？		

续表

	是	否
对竞争对手的替代产品进行比较了吗？	——	——

提供全部产品与定价

	是	否
是否将所有的关系因素都考虑在内了？	——	——
产品定价是否切合其价值？	——	——

决策者

	是	否
访问前对客户的每一位参加者都进行确认了吗？	——	——
还有其他人会参加会谈吗？	——	——
下次访问之前还需要与其他人会谈吗？	——	——
此次会谈影响如何？	——	——

产品启动

	是	否
下一步工作安排已经确定了吗？	——	——
下一次会谈的参加者都确定了吗？	——	——
下一次会谈所需要的信息都收集好了吗？	——	——

形体语言与销售环境

	是	否
对方形体语言表现积极吗？	——	——
注意座次安排并进行了合理安排吗？	——	——

关系因素

	是	否
与客户的关系融洽与否？	——	——

过程控制

	是	否
在会谈过程中，对客户的控制程度如何？	——	——

结果

	是	否
实现作业目标了吗？	——	——

二、营销业绩考核

营销人员业绩考核有多种方式，但均应定性与定量相结合、营销数量与营销成效相结合。下面介绍的是一家银行针对营销人员制定的考核内容（如表3－6所示）。

表3－6　营销人员季度考核计分表

因素	选用指标	分值			
		基本分50分以下	基本分50~70分	基本分71~90分	基本分91~100分
工作绩效（95分）	授信业务量（15%）	完成授信量不足2亿元。（授信量每低5000万元，在50分基础上减去10分）	完成授信量2亿~4亿元。（授信量每增1亿元，在50分基础上加10分）	完成授信量4亿~8亿元。（授信量每增加1亿元，在70分基础上加5分）	完成授信量8亿元以上。（授信量每增加1亿元，在90分基础上加5分）
	贷款发放量（15%）	发放联动或联合贷款或额度启用不足1亿元。（贷款量每低5000万元，在50分基础上减去10分）	发放联动或联合贷款或额度起用达到1亿~3亿元。（贷款量每增1亿元，在50分基础上加10分）	发放联动或联合贷款或额度起用达到3亿~5亿元。（贷款量每增1亿元，在70分基础上加10分）	发放联动或联合贷款或额度起用达到5亿元以上。（贷款量每增1亿元，在90分基础上加10分）
	客户开发（20%）	在同行业龙头客户签署全面合作协议或统一授信协议或集团结算网使用协议方面取得重要进展。（完成一个工作内容即取分值50分）	同1个行业龙头客户签署全面合作协议或统一授信协议或集团结算网使用协议。（完成一项工作即取分值70分）	同2个行业龙头客户签署全面合作协议或统一授信协议或集团结算网使用协议。（完成一项工作即取分值90分）	同3个行业龙头客户签署全面合作协议或统一授信协议或集团结算网使用协议。（完成一项工作即取分值100分）

因素	选用指标	分值			
		基本分50分以下	基本分50~70分	基本分71~90分	基本分91~100分
工作绩效（95分）	业务研发与推广（20%）	提出1项部内认可的产品开发意见，或有1个客户基本同意采用本银行产品，或对现有产品提出改进意见并被采纳。（完成一项工作即取分值50分）	制定了1项部内认可的产品开发方案，或将新产品在1个客户身上使用，或对现有产品提出了创新性改进对策。（完成一项工作即取分值70分）	制定了1项产品管理办法，或将新产品在2个客户身上使用，或提出的新产品得到本银行的认可，或组织完成一项重要推介活动（如产品培训会、银企见面会）。（完成一项工作即取分值90分）	完成了1项产品管理办法，另1项产品管理办法的初稿已经完成；或将新产品在3个客户身上使用，或提出的新产品得到监管部门的认可，或完成产品推广方案并进行落实。（完成一项工作即取分值100分）
	系统业务指导（20%）	提供3项以下业务信息；或1项营销指导意见已完成初稿，或组织协调1家以上分行联合营销客户。（完成一项工作即取分值50分）	编写1个案例，提供3项业务信息；或完成1项营销指导意见和1项业务报告；或组织协调3家以上分行联合营销客户。（完成一项工作即取分值70分）	编写1个案例，提供6项业务信息；或完成2项营销指导意见和2项业务报告；或组织协调5家以上分行联合营销客户，具有一定的系统效益。（完成一项工作即取分值90分）	编写2个案例，提供6项业务信息；或完成3项营销指导意见和2项业务报告；或主办1项有创意的业务推介活动。（完成一项工作即取分值100分）
	其他工作（5%）	能够完成领导临时交办的其他事宜。（取分值50分）	基本按时完成领导临时交办的其他事宜。（取分值70分）	能够按时完成领导临时交办的其他事宜。（取分值90分）	严格按时、高质量地完成领导临时交办的其他事宜。（取分值100分）

续表

因素	选用指标	分 值			
		基本分50分以下	基本分50~70分	基本分71~90分	基本分91~100分
工作态度（5分）	工作主动性（5%）	能胜任岗位职责，对分行反映的问题能认真对待，工作中极少出差错。（取分值50分）	能认真履行岗位职责，及时完成本职工作，对分行反映的问题能及时处理。（取分值70分）	能积极思考业务问题，不断加强学习，提升业务水平，能主动外出营销客户。（取分值90分）	能主动提出新的工作思路并进行贯彻，能主动协调分支行开展营销工作。（取分值100分）

说明：

1. 本计分表适用于银行营销人员。排序成绩可以适当方式在银行内部公布，并作为营销人员奖金发放、先进评比、职级晋升的重要依据。

2. 本表计分方式为：营销人员个人实际得分 = $\sum$ 分值×权重。各营业单位实际成绩 = $\sum$ 营业单位内每个营销人员得分／营业单位内营销人员人数。

3. 营销人员得分分四档：得90分以上为优秀；得70~90分为良好；得50~70分为合格；50分以下为不合格。协办营销人员按主办营销人员得分的30%取分。

4. 各营业单位负责人按季度根据营销人员业绩记录据实打分，打分结果在季度结束后一周内报银行负责人。

后　记

　　为银行从业人员编写一套实用性较强的营销类图书，是我多年来的心愿。当这个心愿终于完成的时候，原以为会心潮澎湃，没想到内心却出奇的平静。关于业务方面的事，在这套书中，我能想到的，基本上都力所能及地写到了。作为后记，还是聊些别的吧。

　　自 1997 年博士毕业至今，将近 20 年了，俯仰之际，韶华尽逝，我的心境也在不知不觉中发生了重大变化。曾经的希冀早已不在，躁动的内心也已平复，只有奋力写作时才能依稀看到那个曾经努力追求、不敢懈怠的自己。从第一本关于银行营销的专著出版，到今天这套丛书的最终完稿，既为兴趣、责任所驱使，又属"寄兴托益"之作。此时最希望表达的，当是对许多人的谢意。

　　我要感谢我的家人。父母亲对我关爱有加、呵护倍至、以我为豪，二老恭俭仁爱、勤劳善良、与人为善，影响我终生。我与爱人田一恒相识、相恋于学校，相倚、相扶于社会，我们鹣鲽情深、恩爱逾常，她是我今生的最爱。宝贝女儿宋雨轩从出生给我们的家庭带来了无尽的生机与快乐，成为我们夫妻今生和睦如初、努力进取的不尽源泉。现在女儿已是一名中学生了，衷心希望她能一如既往地健康成长，在人生之路努力追求、勤奋耕耘，不断取得进步，对人生抱以积极向上、乐观豁达的态度，也对社会作出持续多样、价值颇大的贡献。

　　我要感谢我学生时代的各位老师，他们让我经常回忆起那登攀书山、泛舟学海、无所顾虑、力争上游的求学好时光。尤其我的博士导师吴世经先生，他在新中国成立前就很知名，在 20 世纪八九十年代的国内工商管理教育界德高望重，但他并不因为我没有背景、当时仅仅是个 23 岁的年轻人就拒绝录取。永远忘不了先生冬日里在膝盖上盖个小毛毯，在家中手捧英文原版营销学教材为我一人讲课的情景。"云山苍苍，江水泱泱。先生之风，山高水长"，先生在我毕业不久就仙逝了，但先生逝而不朽、逾远弥存。我想，只有继承了先生的品格，才是对先生最好的报答。

我要感谢参加工作以来遇到的各位好领导、好同事。高云龙先生是清华大学博士，多年来担任政府高官和企业高管，他节高礼下、修身施事、学识渊博、思路开阔，待人接物充满君子之风，德才雅望、足为人法，俊采懿范、堪为人效。吴富林先生是复旦大学博士，多年来担任金融企业高管，他理论素养丰厚、实践经验丰富、德行为同人所敬仰，做事为人，亦皆所称誉，其言约而蔼如，其文简而意深，吾辈望之弥高而莫逮。此外，尚有余龙文、张岚、王廷科、阎桂军、李晓远、孙强、张敬才、孙晓君、周君、宁咏、赵红石、陈凯慧、韩学智、黄学军、王正明、周江涛、宋亮、丁树博、王浩、陈久宁、王鹏虎、赵建华、耿黎、申秀文、郝晓强、张云、秦国楼、李朝霞、杨超、李旭、王秋阳诸君。这样的名单还可列出一长串。从他们身上，我学到很多东西。

我要感谢经济管理出版社的谭伟同志。我和他几乎同时参加工作，我的博士论文就是在他的青睐下公开出版的。这些年来，他经常督促我把所思所想记录下来并整理成书出版。在书籍撰写和学术交流中，我们成了很好的朋友。

借本套丛书出版的机会，对所有曾经关心过我及这套丛书的朋友，以及为写作本书而参考的众多书目的作者致以衷心的感谢。希望通过这套丛书的出版，能够结识更多的朋友。我一如既往地欢迎各位读者朋友与我联系、交流。我的联系电话常年不变：13511071933；E-mail：songbf@ bj. ebchina. com。

我还要感谢为本丛书出版而辛苦、细致工作的各位编辑，没有他们的努力，这套丛书也不可能如此迅速且高质量地面世。

"年寿有时而尽，荣乐止乎其身，二者必至之常期，未若文章之无穷。"对于古人如此情怀，我虽不能至，但心向往之。我深知我所撰之书，无资格藏之名山，但能收之同好，心愿足矣！

岁月不居，时节如流。四十又三，忽焉已至。"浮生若梦，为欢几何？"人之相与，俯仰一世，如白驹过隙。转瞬之间、不知不觉中我渐渐变成了我曾经反对的那个人。有感于斯，就把这套丛书献给自己吧，就算是送给自己进入不惑之年的一份礼物，也算是对已逝时光的一种追忆。

"往者不可谏，来者犹可追。"多年来的读书生涯，让我养成了对"问题研究"的"路径依赖"。作为一名金融从业者，我会继续以我的所知、所悟、所想、所做，帮助银行从业人员更加卓有成效地开展工作。就我个人而言，东隅已逝、桑榆未晚，我将秉承知书、知耻、知乐、知足的"四知"理念，积极探究未知领域，讲求礼义廉耻、为适而安，努力向上。

言有尽而情无终，唯愿读者安好！

宋炳方

2014 年 3 月